新文科·新广告
高等学校广告专业系列教材

"十二五"普通

普通高等教育

U0590256

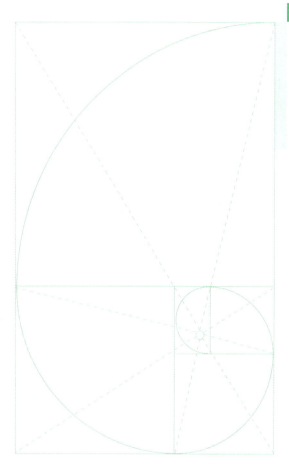

广告经营 与管理

（第三版）

张金海 程 明 等著

中国教育出版传媒集团
高等教育出版社·北京

内容简介

本书曾先后被列入"十五"和"十二五"普通高等教育本科国家级规划教材。

根据近年来广告经营与管理领域的变化，本书在第一版和第二版的基础上作了较大幅度的修订。全书分为五编十四章，以广告市场的构成与运作机制和广告产业的形成与发展为基础，分析了广告公司的经营与管理行为，包括广告公司的类型与组织架构、广告公司业务的经营运作、广告公司的经营理念与相关制度等问题；分析了媒介的广告经营活动，包括媒介与广告的关系、媒介的商业价值、媒介的广告职能与广告机构、媒介广告经营的相关管理制度、传统媒介和网络媒介的广告经营运作等问题；探讨了企业的广告营销行为，包括企业营销与广告、企业的广告管理与广告组织等问题；第五编重点探讨了智能广告的经营与运作，以及智能广告发展的趋向及效应。本书除更新数据、增补新的内容之外，还力求将理论与实践结合起来，强化操作性和应用性。

本书既可供广告学、新闻学、传播学、市场营销学等专业教学使用，也可供广告、营销从业人员学习参考。

图书在版编目（ＣＩＰ）数据

广告经营与管理 / 张金海等著. --3 版. --北京：高等教育出版社，2023.1

ISBN 978-7-04-059367-9

Ⅰ.①广…　Ⅱ.①张…　Ⅲ.①广告-经营管理　Ⅳ.①F713.82

中国版本图书馆 CIP 数据核字（2022）第 160585 号

广告经营与管理（第三版）

GUANGGAO JINGYING YU GUANLI

策划编辑	武 黎　洪世英	责任编辑 洪世英	封面设计 王 琰	版式设计 张 杰	
责任绘图	杨伟露	责任校对 马鑫蕊	责任印制 耿 轩		

出版发行	高等教育出版社		网　址	http://www.hep.edu.cn
社　址	北京市西城区德外大街 4 号			http://www.hep.com.cn
邮政编码	100120		网上订购	http://www.hepmall.com.cn
印　刷	山东临沂新华印刷物流集团有限责任公司			http://www.hepmall.com
开　本	787mm×1092mm　1/16			http://www.hepmall.cn
印　张	16		版　次	2006 年 2 月第 1 版
				2023 年 1 月第 3 版
字　数	360 千字			
购书热线	010-58581118		印　次	2023 年 12 月第 2 次印刷
咨询电话	400-810-0598		定　价	39.00 元

普通高等教育"十五"国家级规划
广告学专业系列教材编委会名单

目　　录

第一编　广告市场与广告产业

第七章　广告公司的经营理念与相关制度　　102

第三编　媒介的广告经营与管理

第八章　媒介与广告　　123

第十一章　企业的广告管理与广告组织　　182

第五编　智能时代网络平台的广告经营与运作

第十二章　网络广告的智能化发展　　205

第一编
广告市场与广告产业

第一章 广告市场

随着市场经济的不断发展和竞争的加剧，广告已成为市场主体生存、竞争和发展的重要手段。广告市场的构成与运行，既体现出一般商品市场的特征，也有其自身特殊的运行规律和机制，深入了解广告市场对广告经营与管理的实施有着重要意义。本章主要探讨广告市场的定义、构成及其特性，分析影响广告市场发展的因素以及中国广告市场的发展状况。

第一节 广告市场概述

广告商品或服务交换的行为的发生需要在一定的广告市场中进行，广告市场是广告经营管理活动的基础和先决条件。

▶ 一、广告市场的定义

市场是在社会分工的条件下产生的。社会分工使人们有了商品交换的需要。有了商品交换，市场才能形成。随着商品交换和商品流通的发展，在长期的发展历程中，市场逐渐具有了经济实质，形成了自身的运行规律。市场是一个商品经济的范畴，是商品内在矛盾的表现，是供求关系，是商品交换关系的总和。市场也是供需双方在共同认可的条件下进行的商品或劳务的交换活动。

于是，我们可以将"广告市场"定义为：一种特殊商品的交换关系的总和。这里，我们将广告活动看作一种商品交换活动、市场行为和市场过程，注重其交换活动、市场行为和市场过程中的交换关系、经济关系和经济利益关系。在广告市场中不仅存在供需双方的现实交换活动，而且存在潜在的交换活动。一个有活力的广告市场既要满足消费者的现实需求，又必须能引起消费者的未来需求。

我们可以从以下两个方面较为全面地认识广告市场的定义。

（一）广告市场是市场的一部分，它必须符合市场的一般规律

广告市场形成和存在的基本条件是广告的社会分工和在广告商品生产基础上的交换关系的实现。广告在市场中作为一种商品进行交换，价值规律对广告市场同样适用。因此，广告也有使用价值。广告客户要达成广告目标，获取广告的使用价值，就必须支付与使用价值相当的费用，反之，广告使用价值的提供者，要想获取更多的价值，按照市场经济等

价交换的原则，就必须尽量提高产品的使用价值。上述行为主要通过广告市场主体之间的交易活动完成。

（二）广告市场同其他市场一样也存在买方和卖方，但是它有特殊性

广告市场中存在两次交易行为。当广告客户向广告代理公司购买广告服务时，广告客户是买方，广告公司是卖方。当广告公司代理广告客户向媒体购买广告刊播的版面或时段时，广告客户和广告公司是买方，广告媒体是卖方。除此之外，广告受众也是广告市场不可缺少的重要组成部分。它是广告的价值镜和参照物。一则广告成功与否，受众的反应是重要指标。

广告市场瞬息万变，广告市场环境的变化是广告人不得不分析和重视的因素。正确地分析广告市场环境，可以提前预测广告市场未来的发展趋势，提高广告经营与管理的水平。广告的市场环境分为一般环境和特殊环境。一般环境包括政治法律环境、经济环境、科技环境、社会文化环境等。它们通常对广告活动产生潜在、长期的影响。特殊环境包括广告活动展开的特定地域环境与特定产业环境。

▶ 二、广告市场的构成

按照经济学的观点，市场是由一定量的商品与劳务、商品的不同所有者、参加交换活动的当事人构成。广告市场的构成主体因广告市场交换关系的多元化而呈现出多元性质。我们将广告主、广告公司、广告媒体、广告受众称为广告市场的四大主体。

（一）广告主

广告主主要是提出发布广告的企业、团体或个人，他们是商品生产者、经营者或服务提供者，又称为广告客户。广告产业化能否实现，广告主的作用不容忽视。广告主为了推销商品或服务，委托广告公司或其他可以代理广告业务的部门代理广告业务，并为此付出一定的费用。

广告主是广告活动的源泉和发动者。广告主素质的高低直接影响广告活动的质量。在多元的广告市场中，广告需求来自两个方面，一是广告主，二是广告受众。受众不直接支付广告费用，也无法直接发动广告活动。因此，广告主是否有广告需求，是否支付广告费用，就成了广告活动能否顺利开展的首要条件。

广告主的多少、广告主货币支付能力的大小、广告主对于广告投入的大小，决定着广告市场的容量与规模。当广告市场上广告主众多、具有强大的购买力，并且充满着购买欲望的时候，广告市场就具备了良好的发展潜力。广告主的购买欲望，主要是指他们的"广告意识"。广告主是否具有科学的广告意识，对于整个广告市场的规范化程度具有举足轻重的意义。因此，广告主对广告的认识，以及他们对广告活动所抱的基本态度，也是影响广告市场发展的重要因素。

现代企业和现代广告的发展，需要具有科学的现代广告意识的广告主。这就要求广告

主不仅要正确认识广告活动对于企业营销活动的重要性，还要求广告主有科学的广告观。作为一个优秀的广告主，要能够正确选择适合企业特点、能帮助企业达成广告目标的广告代理公司，并能很好地与之合作，还要对广告活动的全过程及广告的效果做基本把握，最大限度地发挥广告的作用。改革开放初期，市场经济的不完善，广告市场的欠缺，广告公司业务能力的不足，传统广告观念难以改变，现有企业经营管理理念的滞后等，都是阻碍我国广告主科学利用广告与广告公司获取最大经济效益的因素。但目前，能科学利用广告与广告公司并获取最大效益的广告主越来越多。

（二）广告公司

何谓广告公司？在我国，一般将广告公司界定为广告经营者，它接受委托提供广告设计、制作、代理服务的广告业务。具体而言，广告公司的职责就是：接受广告客户的委托，为广告客户从事相关的市场调查，配合广告客户的整体营销策略，拟定广告战略与策略，负责具体实施，为广告客户策划制作各种形式的广告，并策划媒介战略，直至最后的广告效果测定。目前广告公司主要分为综合型的代理公司以及专门化的代理公司。

广告公司的出现是市场发展的必然要求。19世纪专业广告公司的出现是广告产业化的重要条件。专业广告公司的出现，标志着广告业已经发展到较高的水平，广告客户需要更为专业的广告代理服务，媒体的广告部门和企业本身的广告部门都已经无法满足广告客户的需要。

从广告公司在广告市场运作中所处的地位来看，广告公司是广告活动不可或缺的关键的环节。在广告市场的四大主体中，广告客户是广告信息的发布者，广告受众是广告信息的接收者，广告媒体是广告信息的传播载体，这三者的活动都必须由广告公司的广告活动连接起来。

广告公司同时是市场经济的重要参与者，对市场经济的发展起重要的作用。20世纪50年代以来，由于卖方市场向买方市场的转移，企业的经营观念发生了重大的变化。企业不仅关心"生产"问题，也开始将较多的精力投入到"销售"问题上来。现代广告公司为企业调查市场、制定广告战略，有的甚至还涉足企业其他营销领域，为企业实行整合营销战略策划。从媒介方面来看，现代传媒业离不开广告。从最初的广告掮客的出现到现代跨国广告公司的形成，广告代理业的发展状况，一直都与媒体对广告的需要紧密相关。广告代理的出现，不仅能为媒体与广告客户牵线搭桥，而且可以制作出更为精良、更为科学的广告。优秀广告的刊播可以提升媒体在受众心目中的形象，从而优化广告刊播的媒介环境，形成良性循环。尽管仍有不少受众对广告充满了抵触情绪，但是无可否认，生活在现代社会中的每一个人都无法逃离广告的影响，在需要的时候，人们甚至还会主动地寻求广告。专业的广告公司一向都很重视受众的广告需求。受众市场调查数据使它们能够做出更加符合受众需要和接受习惯的广告，最终方便广告消费者的生活。实际上，在现代广告业中，衡量广告市场成熟与否的一个重要的标准，就是看广告公司在广告市场中的地位、成长发育状况及代理服务功能。

（三）广告媒体

在规范化的广告市场中，广告媒体与广告客户、广告公司一同成为广告市场的主体，是广告传播过程中重要的一环。但是，在广告代理制产生之前，媒体是身兼多职的。它不仅要担负发布广告的职能，还要直接面对广告客户，向广告客户出售版面和时间。我们通常将这一时期称为"媒介时代"。

从"媒介时代"向"广告代理业时代"过渡，媒体经历了从多职能向单一的发布职能的转型。这一转型在西方早已完成。我国由于社会主义市场经济起步晚，媒体的产业化状况也不能与西方同日而语。因此，我国现在仍没有完成这一过渡。正如前面提到的，专业广告公司和广告代理制度的产生都是市场经济发展到一定阶段的产物，是适应广告客户和媒体的需要而产生的，不可能用行政强制手段来实行。1993年，国家工商行政管理局试点推行广告代理制受到媒体的强烈抵制可以为鉴。现阶段，我国媒体在广告市场中的角色尚未厘清，媒体往往扮演着多重角色，集承揽、制作和发布多种职能于一身，甚至在很长一段时间内，充当了广告市场的主导角色。这种状况的产生主要是旧有体制的长期影响。随着广告市场结构走向规范，一个重要的问题就是由"媒介时代"走向"广告代理业时代"，实现媒体角色的转换。

媒体进入产业化阶段，广告成为媒体最为主要的收入来源。一方面，媒体必须向受众提供高品质的节目，恪守职业道德和规范，维护自己在受众心目中的形象和威信；另一方面，媒体也必须通过产业化运作，实现资源的补偿和增值，进行扩大再生产。为了适应受众和市场发展的需要，媒体必须在自身的形式和技术方面不断更新。以网络媒介为代表的新媒介的出现就是现代传媒技术不断创新革命的结果。网络的出现弥补了传统四大媒体互动性弱的最大缺憾。但是，媒体对广告的不断适应并不意味着媒体对广告来者不拒。任何一种大众传播媒体都面对着广大的受众，它们对整个社会具有无可比拟的影响力。因此，除了市场原则，媒体还必须遵循道德原则。对广告刊播来说，媒体必须有一整套完善的广告审查制度。

媒体与广告之间存在着一种相互依存、相互促进的关系。媒体就是在这种对广告的限制与适应中不断发展、完善，并对广告经济乃至整个市场经济作出了重要的贡献。

（四）广告受众

在广告活动中，受众是广告信息传播的目标，是广告活动的终点，是广告活动成败的衡量标准。广告受众同时是广告传播活动的参与者、广告传播符号的译码者、广告信息的消费者和广告传播效果的反馈者。因此，在广告市场中，所有的广告活动最终都是围绕受众展开的。

但是，广告受众又是广告四大主体中最善变、最不易把握的因素。他们不仅数量庞大，而且由于人口因素（包括年龄、性别、收入、文化程度、民族、宗教、职业、家庭状况等）、地理因素（包括所处的自然环境、自然条件、经济区域、地理位置等）的不同，受众消费心理、消费习惯、消费欲求以及对广告的认知心理和态度千差万别。受众的众多性、流动性、混杂性、分散型和隐匿性的特点，使受众研究成为一个长期的、艰巨的、细致的，但又必不可少的工作。

广告受众在广告市场中的特殊地位和角色使得他们成为广告活动的直接受益者。广告受众不仅通过广告获得各式各样的商品信息，还因为广告成为媒体的重要经济来源而免费或廉价享受媒体服务。然而，对广告毫无好感的受众仍然比比皆是。这种现象主要是由两方面的因素造成的。一是传统观念对于广告的偏见，二是现有广告经营体制的不完善造成了一些粗糙、虚假广告的出现。要改善广告在人们心目中的形象也必须从这两方面入手。

广告受众自觉自愿参与广告市场活动，是广告市场发展到更高层次的要求。其一，必须努力提高广告受众的广告意识，使他们充分认识到广告与社会、广告与自身生活的密切关系，认识到广告对于市场经济中买卖双方都是十分必要的。其二，从事广告市场活动，必须加强对于广告受众的研究。只有从受众的需要出发做出的广告，才能真正成为受众喜闻乐见的广告。这样的广告也更能发挥广告的作用，达成广告目标。

▶ 三、广告市场的特性

市场是商品交易的场所，跟一般市场相比，在广告市场中，进行交换的商品具有特殊性。广告市场商品的特殊性又使广告市场中价值的实现过程呈现特殊性。另外，广告市场中交换关系和运行方式也具有特殊性。这些特殊性决定了广告市场除了具有一般市场的特征外，还表现出一定的特殊性。

（一）广告市场交换商品的特殊性

广告市场上的商品主要是出于满足广告主需求，由广告主付费，针对其产品或劳务经广告经营单位制作完成并通过广告发布者传递到广告受众中的商品或服务信息。这些信息不同于一般市场产品，它们具有不可复制性与偶发性，广告市场中任何一个构成因素的更改都能造成广告商品的变更。

（二）广告市场交换活动的特殊性

在广告市场中，从事广告商品交换的主体——广告主、广告公司和广告媒体之间存在着特殊的交换关系。广告公司通过广告作品和广告代理劳务满足广告主的需求，这是广告主和广告公司之间的第一次交换；然而，广告作品只有通过媒体发布后才能真正实现其使用价值，因而代表着广告主的广告公司和广告媒体之间存在着第二次交换。

（三）广告市场商品价值实现过程的特殊性

由于广告商品和交换活动的特殊性，广告商品价值的实现过程也呈现出不同于一般商品价值实现的特性。广告公司与广告主之间的交换是广告商品价值实现的第一步；广告公司与广告媒体之间的交换是广告商品价值实现的第二步，这时，市场行为结束。然而广告活动是为了传播信息而发生交换的，没有信息的传播，也就没有了广告交换存在的基础。因此，广告商品价值实现，还存在着另一个重要环节，即媒介所发布的广告信息与消费者之间的交流。广告信息传播到此才真正结束，广告的商品价值才最终得以实现。

（四）广告市场运作机制的特殊性

广告市场的运行需要相应的运作机制提供保证，广告市场与其他经济市场运行一样，必须遵循普遍的市场规律。广告市场的运行机制和运行过程又与一般经济市场的运行有着差异，体现广告市场的特殊性。

广告市场的运行不仅是以代理的方式进行的，而且存在双重代理和双重交换关系。双重代理的主要执行者是广告公司。首先，广告主和广告公司之间构成第一重代理关系，形成第一层特殊的商品、劳务和货币的关系。广告主提供费用，广告公司提供代理、策划和制作服务。其次，广告公司与媒介之间形成第二重代理关系和交换关系。广告公司代表广告主向广告媒体购买媒介资源（版面、时段），媒介支付广告公司代理佣金。

综上所述，广告市场是将广告作为一种特殊商品的所有交换关系的总和。在广告市场中，广告活动是一种商品交换活动，一种市场行为和市场过程，广告市场的运行机制和运行过程符合市场运行的一般特点，同时与一般经济市场的运行有着差异，体现广告市场的特殊性。

第二节 广告市场的发展

中国广告市场从 1979 年起至今经过了 40 多年的发展，虽然目前跟西方广告强国相比仍有差距，但其巨大发展势头与增量空间是不容忽视的。中国广告市场的成长和发展有自身的过程和规律，在了解广告市场的一般知识以后，有必要进一步了解中国广告市场的现状与发展。

▶ 一、广告市场的发展分期

广告虽然早就出现在人类历史发展的长河之中，但广告市场实际上是在近代才随着社会经济的发展而逐渐发展起来的。广告市场的发展阶段可以划分为以下三个阶段。

（一）前广告市场阶段

在远古年代，人类生产力水平极其低下，人类种群所生产的产品只能满足自身或种群内部的需要，因而没有产品交换的需要，广告当然也无从谈起。

随着生产力的发展，人类社会逐渐产生了剩余劳动产品，人们开始有了产品交换的需要。这种需要促使人们开始通过各种原始的途径发布有关产品的信息，广告活动也随之产生了。但是，在这一阶段漫长的岁月里，人类社会的生产力水平仍然非常低下，商品交换的规模和范围都非常有限，人们只需要通过一些原始的手段，如吆喝、实物陈列等方式，就能够实现信息传播的目的。

由此可见，在这一阶段，虽然有广告行为，但是社会经济对广告的需求量很低，媒介、社会分工等各方面条件也不成熟，因而广告市场在这一阶段并未形成，故称为前广告市场阶段。

（二）广告市场的形成阶段

广告市场的形成阶段是在 19 世纪初。在这一阶段，有几个因素共同促成了广告市场的形成。首先，社会经济在近代有了长足的发展，商品经济的迅猛发展使社会经济对广告的需求无论从规模上还是范围上都有了极大的提升；其次，媒介技术迅速发展，广告信息传播有了更便捷和快速的途径；最后，激烈的市场竞争状况使广告客户产生了对专业化广告代理服务的需求。在这些因素的综合作用下，广告市场逐渐形成并发展起来。从 19 世纪开始，现代传播进入大众化的历史阶段，1869 年，美国费城出现了第一家现代意义上的广告代理公司——艾耶父子广告公司。大规模的广告需求、现代化的广告传媒，再加上能够提供全面广告代理服务的广告公司，所有的必要条件都已具备，时机成熟，广告市场在此一阶段终于形成。

（三）广告市场的高速发展阶段

20 世纪 70 年代之后，广告市场进入高速发展阶段。广告市场规模不断扩大，广告专业服务水平不断提高，广告市场在整个市场经济中所占的比重也不断提升。

广告市场的国际化程度不断加快。不断深入和深化的经济全球化，对广告市场影响巨大。不仅全球性的广告客户需要在全球广告市场中获得广告专业服务，而且本土广告客户的广告传播的范围也在迅速扩张。

广告服务的专业化水平不断得到提升。在信息时代，广告信息服务的方式和传播的渠道在迅速更新。同时，在复杂的营销环境下，广告公司提供的服务范围越来越大，服务项目也更为庞杂，各种传统的广告服务项目和非传统的广告服务项目被整合起来，整合营销传播的意识不断加强。

在以网络媒体为代表的新媒体的冲击之下，广告媒体正在更新换代，通过新的广告媒体，广告信息同受众的沟通方式也正在更新。

广告目标受众越来越个性化。他们对广告信息呈现方式和呈现渠道的要求越来越高，而且比传统广告受众拥有更多的选择权和选择能力。

总体而言，自 20 世纪 70 年代以来，广告市场已经进入高速发展阶段。这对广告经营管理而言，是一个机遇与挑战并存的时代。广告经营者唯有积极应对，才能适应这种发展与变化，最终推进整个产业和市场的健康发展。

▶ 二、衡量广告市场的基本标准

广告市场作为市场体系的构成部分之一，遵循着市场运行的基本经济原理。根据经济学对市场进行衡量的理论，可从以下几方面对广告市场进行衡量。

（一）广告经营总额及占国内生产总值（GDP）比重

广告经营总额代表的是广告市场的经济总量，在 GDP 中所占比重主要反映在一定的社会经济发展环境中，广告市场所处的地位。

国际上，通常根据广告经营总额占 GDP 比重的大小，将广告市场的发展进程分为以下四个阶段：

起步期——广告经营额占 GDP 的比重在 0.5% 以下；

起飞期——广告经营额占 GDP 的比重在 0.5% 到 1% 之间；

成长期——广告经营额占 GDP 的比重在 1% 到 2% 之间；

成熟期——广告经营额占 GDP 的比重在 2% 以上。

从表 1-1 和图 1-1 中可以看出，自 1996 年开始，我国广告经营总额占 GDP 的比重就超过了 0.5%。根据国际划分标准，我国广告市场已处于起飞期，接近成长期，若保持目前的发展水平，则 3 ~ 5 年后，广告经营总额占 GDP 的比重即将超过 1%，中国广告市场发展即将进入成长期。

图 1-1　1981—2019 年我国广告经营总额占 GDP 比重图

我国广告经营总额 1979 年为 0.1 亿元，2018 年发展到 7 991.49 亿元，占 GDP 比重为 0.87%，增长速度成为全球广告市场最快的国家之一，大多数年份广告经营总额的增长水平都超过同期 GDP 的增长水平。广告经营总额占 GDP 的比重不断增加，这充分反映出我国广告市场发展的活力。

（二）广告公司的数量

广告公司是市场经济的重要参与者，对市场经济的发展起重要的作用。实际上，在现代广告业中，衡量广告市场成熟与否的一个重要的标准，就是看广告公司在广告市场中的地位、成长发育状况等。截至 2018 年，我国广告市场共有广告经营单位 1 375 892 户，其中主营广告业务公司有 451 102 户，广告媒体中，互联网参与经营广告的网站有 96 116 家，广播电台有 1 090 家，报社有 1 654 家，电视台有 2 507 家。[①] 我国广告市场中的广告公司的数量已经达到了相当的规模。

（三）广告产品的差异

广告公司向广告主提供的广告产品和代理服务，根据广告主需求不同可分为不同的种类，如广告设计、广告制作、广告代理、广告发布等。每家广告公司能够提供的产品与服务都有差异，并且即使在同一类产品、服务中，由于广告产品制作生产受到市场环境及媒介环境的影响、广告从业人员主观创作的不同，相互之间也存在着较大的差异。

（四）广告市场运行机制

广告市场的平稳、有序运行需要一套完善的运行机制保证，国际上通行的广告市场运作机制是广告代理制。广告代理制是否完善是衡量广告市场成熟与否的重要标志，代理的运行机制应是广告市场的发展方向。广告代理制的实行会使广告市场中广告主、广告公司和广告媒体之间责权利明晰，有利于实现三者之间的利益动态平衡，最终使广告市场的运行走向规范。我国于 20 世纪 90 年代逐步推行广告代理制，目前，我国广告市场的运作尚不成熟，还存在诸多的问题，但是，我国的广告代理制正在不断发展和逐步完善中。

▶ 三、我国广告市场的发展现状

自 1979 年我国恢复广告业务以来，广告市场一直作为经济发展的风向标，呈现出强劲的发展势头，绝大多数年份的广告经营总额的增长水平都超过同期 GDP 的增长水平。

（一）我国广告市场经营总额的增长状况

在广告市场经营的 40 多年中，我国广告市场的经营总额由 1981 年的 11 800 万元增长至 2019 年的 86 945 898 万元（见表 1–1），经历了艰难起步和快速增长（见图 1–2、图 1–3），成长为一个充满生机和活力的市场。

表 1–1 1981—2019 年我国广告经营总额增长状况表 [②]

年份	营业额（万元）	增长幅度（％）	占 GDP 比重（％）
1981	11 800	686.67	0.024
1982	15 000	27.12	0.028
1983	23 407	56.05	0.039
1984	36 528	56.06	0.051

---

① 中国广告协会、《现代广告》杂志社编：《中国广告年鉴 2019》，机械工业出版社 2020 年版，第 29 页。
② 中国广告协会、《现代广告》杂志社编：《中国广告年鉴 2019》，机械工业出版社 2020 年版，第 34 ~ 35 页。部分数据来源于 CEIC 数据库。

年份	营业额（万元）	增长幅度（%）	占GDP比重（%）
1985	60 523	65.69	0.067
1986	84 478	39.58	0.083
1987	111 200	31.63	0.093
1988	149 294	34.26	0.100
1989	199 900	33.90	0.118
1990	250 173	25.15	0.134
1991	350 893	40.26	0.161
1992	632 216	93.36	0.252
1993	1 264 374	97.63	0.379
1994	2 002 623	49.35	0.416
1995	2 732 690	36.46	0.450
1996	3 666 372	34.17	0.515
1997	4 619 638	26.00	0.585
1998	5 378 327	16.42	0.637
1999	6 220 506	15.66	0.694
2000	7 126 632	14.57	0.718
2001	7 948 876	11.54	0.725
2002	9 031 464	13.62	0.751
2003	10 786 846	19.44	0.794
2004	12 645 601	17.23	0.791
2005	14 163 487	12.00	0.773
2006	15 730 018	11.06	0.742
2007	17 409 626	10.68	0.698
2008	18 995 614	9.11	0.632
2009	19 844 758	7.45	0.609
2010	23 405 076	14.67	0.588
2011	31 255 529	33.54	0.663
2012	46 982 719	50.32	0.905
2013	50 197 459	6.84	0.843
2014	56 056 033	11.67	0.870
2015	59 734 000	6.56	0.867
2016	64 891 296	8.63	0.873
2017	68 964 051	6.28	0.840
2018	79 914 851	15.88	0.870
2019	86 945 898	8.80	0.881

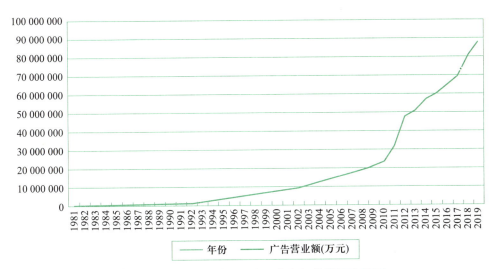

图1-2 1981—2019 年我国广告经营总额变化图

图1-3 1982—2019 年我国广告市场经营总额增长幅度变化图

　　广告业是一个关联度极高的产业，经济环境对广告市场的发展起到了直接作用，广告市场的发展也见证着我国经济发展的趋势。从 1978 年开始，我国的 GDP 始终保持着高速发展，而广告业的发展速度还远远高于我国经济发展的平均速度。从表 1-1 中可以看到，从 1981 年到 2019 年，整个广告业市场总量增长了 7 300 多倍。在我国经济 GDP 增长幅度较大的几年，如 1985 年、1992 年、1993 年，广告业的增长也最快，最高达到了 97.63%，1998—2010 年，广告经营总额的增速保持在 GDP 增幅的两倍内，两者增幅的差距才没那么明显，而 2011 年、2012 年两年，广告经营总额又以高出平均速度的增幅增长，远远超过 GDP 增幅。2013 年至 2019 年期间，广告经营总额再次恢复平缓的增长速度，与 GDP 增幅差距不大。

　　国际广告协会主席阿兰·卢瑟福德 2012 年 5 月 28 日在北京举行的中国广告产业发展

高峰论坛上表示，中国已成为全球第二大广告市场[1]，各家跨国公司竞相争取获得中国市场的支配权。在这样的背景下，中国广告市场的发展既有机遇又面临挑战，充满健康活力的中国广告市场必将迎来更大的发展空间。

（二）我国广告市场发展所处的阶段

自改革开放以来，我国广告业的发展经历了不同阶段。根据广告经营总额的增长速度和我国广告市场在不同阶段表现出的不同特征，可以将之分为迅速恢复期（1979—1987 年）、高速增长期（1988—1997 年）、平缓发展期（1998—2010 年）、再次腾飞期（2011—2012 年）、再次平缓发展期（2013—　　）五个阶段。

1979 年以前，我国社会主义市场经济还没有建立，广告业几乎为零。全国经营广告的公司不过 10 家，报刊、广播、电视基本上不经营广告业务。1979 年实行改革开放的政策以后，广告业开始恢复。1979 年 1 月 14 日，《文汇报》发表了一篇署名为丁允朋的《为广告正名》的文章，文中提出"有必要把广告当作促进内、外贸易，改善经营管理的一门学问对待"，引发了学界对广告市场的一些初步探讨。1979 年 11 月，中共中央宣传部下发《关于报刊、广播、电视台刊播外国商品广告的通知》，标志着我国对广告业发展的首次认可。学界和政界对于广告认可的态度，为我国广告业顺应市场经济的发展而迅速扩张创造了良好的条件。自 1979 年以来，我国广告业的发展一路上扬，形成了一个具有巨大市场潜能且发展态势良好的广告市场。1981—1987 年的七年间，广告经营总额平均增速为45%，广告产业迅速恢复和发展。至 1987 年，全国广告经营总额首次突破 10 亿元，广告公司增加到 795 家，报纸杂志为 3 032 家，广播电台和电视台增至 758 家，广告从业人员达到 92 279 人。这一时期是我国广告业的迅速恢复期。至此，我国广告市场从各方面来看已初具规模，在最初近乎一穷二白的底子上搭建起了一个基本的运作平台，为广告市场在1987 年以后继续发展创造了良好的条件。

1988 年至 1997 年这 10 年的时间，是我国广告业发展的高速增长期。有了前面 9 年发展的基础，我国广告不再仅仅处于恢复阶段，而是拥有了一个更高的起点。在此期间，我国广告经营总额的增速有起有伏，增长率最高达到了 97.63%，最低也达到了 25.15%，年均增速达到 40% 以上。从整体来看，这段时间，我国广告业是在一个较高的起点上超常规高速发展。简单地说，这一时期的极速扩张使我国广告业走过了西方国家大约 40 年时间才走完的路程。高速增长期是我国广告业在当时的政治、经济条件下的一种必然的选择，也是我国社会主义市场经济发展和广告业发展的需要。不超速发展就无法适应超速发展的社会主义市场经济和其他产业的需要，也无法缩短与西方国家广告业的差距，中国广告业在国际大市场上就无法生存。我国广告业在高速发展后需要一个相对平缓的时期，对广告市场做出调整。

1998 年，我国广告经营总额的增长率为 16.42%，首次降到了 20% 以内。1998—2010 年的统计结果显示，我国广告经营总额的增速一直在 20% 之内徘徊，尽管 2003 年增速为

---

[1]　牛春颖：《中国已成全球第二大广告市场》，《中国新闻出版报》2012 年 5 月 30 日。

1998 年以来最高,达到 19.44%,但仍然没有突破 20% 的门槛,而且 1998 年以来广告经营总额增速的波动要小得多,没有超过 6 个百分点。我国广告业在此期间发展的显著特征就是发展速度的持续平衡,因此,我国的广告市场自 1998 年一直到 2010 年处于平缓发展期。

2011 年,我国广告经营总额增速达到 33.54%,2012 年发展更为迅猛,增速达到 50.32%。我国广告市场经过长达十几年的平缓发展,又开始再次起飞。这主要得益于国家大力发展文化产业的强国战略和国家产业政策调整,2011 年国家产业目录调整把广告产业纳入鼓励类发展产业,《广告产业发展"十二五"规划》的出台为广告产业发展指明了方向。在政策的支持和经济发展的支撑下,中国广告产业在这两年间得到了迅速的发展。

2013 年开始,我国广告经营总额的增速再次放缓,2013 年广告经营总额的增长率减低至 6.84%,此后一直保持在 10% 左右。增速的放缓一方面受宏观经济影响,另一方面我国广告市场仍处于持续调整中。2018 年广告经营额增长率达到 15.88%,为六年来最高,主要是得益于这几年产业内部的不断调整、转型和重构(见表 1-1)。

(三)我国广告市场发展中存在的问题

我国的广告市场 40 多年来取得了长足的发展,广告也成为社会经济发展强大的驱动力和润滑剂,极大地促进了我国的经济建设和社会的进步。然而发展并不能掩盖我国广告市场存在的一些问题。

1. 广告市场的总体发展仍处于较低水平

从人均广告费来看,我国广告经营总额增长较快,但是人均广告费依然较低。20 世纪 80 年代初我国人均广告费只有 1 角钱,截至 2019 年,人均广告费也只有 621.02 元人民币。而美国人均广告费现已达到 700 美元之多,可见中美广告之间的差距。我国广告市场历经 40 多年的发展,虽然与过去相比有了长足的进步,发展速度也相当惊人,但与国外相比,我国广告市场的总体发展仍处于较低水平。

从广告经营单位来看,我国广告市场中马太效应日益明显,大公司越来越强,中小公司逐渐走进死角,两极分化初现端倪。广告经营单位总数已经从 1981 年的 1 160 家发展到 2019 年的 1 646 733 家,广告经营额由 1981 年的 1.18 亿元发展到 2019 年的 8 694.59 亿元,但是每户的经营额只有 52.80 万元,从业人员人均营业额 14.57 万元(见表 1-2)。我国广告业市场因其庞大的公司数量,导致广告行业普遍存在以量取胜、低价竞争的现象。市场中 160 多万家广告公司,在中国广告协会挂号的一级资质的广告公司只有几百家。恰恰是这几百家广告公司占据了我国绝大部分广告市场的份额,而大多数中小型广告公司的市场份额所剩无几,这就直接导致了我国广告行业"头重脚轻"的金字塔现状。[1]

---

[1] 王玉洁、黎泽潮:《融媒背景下中小广告公司发展模式转型研究与实践》,《东南传播》2011 年第 4 期。

表1-2　2018—2019年全国广告公司经营状况[1]

	2019	2018	比较（%）
户数（户）	1 646 733	1 375 892	19.68
广告从业人数（人）	5 968 925	5 582 253	6.93
广告经营额（万元）	86 945 898	79 914 851	8.80

2. 广告市场发展不均衡

改革开放以来，我国的经济发展呈现出明显的地区发展不平衡情况，中西部地区与东部沿海地区差异明显，城乡差异明显。在广告市场中，这种差异依然存在，并且有逐年扩大的趋势。统计资料显示，2017年，北京、广东、江苏、上海、浙江五个省市的广告经营额为4 621.74亿元，占全国广告经营总额的67.02%，2018年这五个省市的广告经营额为5 456.38亿元，占全国广告经营总额的68.28%（见表1-3）。

表1-3　2017—2018年全国各省、市、自治区广告经营额前五[2]

地区	2017年广告经营额（万元）	2018年广告经营额（万元）	增长（%）
北京	17 323 439	24 077 745	38.99
广东	9 708 140	9 970 639	2.70
江苏	8 029 637	8 680 765	8.11
上海	5 644 458	5 932 226	5.10
浙江	5 511 688	5 902 405	7.09

造成这种现象的最主要原因就是地区经济发展不平衡，广告经营额的多少与GDP关系密切。但除此之外，还有其他因素影响着各地区的广告市场的发展。一般来说，工业化、商业化发展水平较高的地区，其广告业也比较发达，如北京、上海、天津和重庆。而以农业为经济支柱，或是商业化比较落后的地区的广告业就相对薄弱。如我国农业大省河南省和商业欠发达的河北省2018年的GDP分别位于全国的第5位和第9位，但是它们当年的广告经营额却只排在第11和第14位。[3]当然，除了经济环境，也不能忽视企业、广告公司、媒介等因素的作用。在我国，本土广告公司力量尚比较单薄，因而媒介对广告业的拉动作用尤其不能忽视。

3. 强媒体弱公司现象依然存在

媒体与广告公司是广告业务的主要经营者，我国广告市场的经营总额主要由两者的广告经营额构成，媒体与广告公司是广告市场的两大主体力量。在广告市场上，广告公司与传媒之间既有合作也有竞争。不论在实行广告代理制之前还是之后，广告公司与传媒之间

① 中国广告协会、《现代广告》杂志社编：《中国广告年鉴2019》，机械工业出版社2020年版，第34—35页。
② 中国广告协会、《现代广告》杂志社编：《中国广告年鉴2019》，机械工业出版社2020年版，第33页。
③ 中国广告协会、《现代广告》杂志社编：《中国广告年鉴2019》，机械工业出版社2020年版，第33页。

都存在着业务的交叉部分，即产业内部业务边界并非截然分开。广告公司在与媒体的博弈过程中，一直处于弱势地位。直到近些年，广告媒体在市场上占绝对优势的情况才有所改变。截至 2018 年，我国广告市场中四大传统媒体共有 8 458 家，营业额 2 072.39 亿元，互联网媒体经营额为 1 278.62 亿元，媒体总营业额达 3 351.01 亿元，占全国营业额的 41.9%。

一般来说，现代广告产业的发育成长，都会首先经历媒介强盛时代，然后再进入以专业广告公司为中心的"广告代理业"时代。我国的广告业中媒体仍处于较为强势的地位，需要继续建设以具有全面综合服务能力的广告公司为主干的合理的行业结构和体系，加强专业广告公司在产业中的主体力量。

4. 广告市场经营管理机制仍需进一步健全

就广告审查制度来说，目前我国仍采用广告经营单位集经营与审查于一体的管理体制，虚假广告现象较为严重。广告经营除了服务质量和工作业绩的竞争，还夹杂着权利、关系、价格等方面的不公平竞争，整个经营秩序有些混乱、复杂。

除此以外，我国广告市场还存在不规范的操作、盲目的投资、经营意识与经营机制滞后等问题，这些问题的存在一直是我国广告市场进一步发展的障碍。这些问题，有的是发展过程当中必然出现的现象。问题的解决也必然有一个时间过程，有待于整体经济环境的综合治理，有待于广告行业的综合治理。

（四）我国广告市场发展的思考

我国广告市场出现的诸种问题，是现阶段广告市场发展过程中的问题，有其必然性，广告市场要实现良性发展，反思、调整不可缺少。但是，我们也应该看到，无论从人均广告营业额，还是从人均广告费这些指标来看，我国广告市场还处在低水平发展阶段，因而也预示着我国广告市场还存在着巨大的增量空间和增长可能。如何解决目前广告市场中出现的这些问题，关系到我国广告市场发展的未来。

1. 规范市场管理，推行广告代理制

首先，规范广告市场的管理，从广告审查制度开始。广告预审制是现代国际上最有效的广告管理手段之一，由于我国广告审查制度的监督控制作用较弱，要规范市场交换行为，必须先改变现行的审查方式，变自审为他审。这在我国广告发展史上曾有过先例，1951 年上海市工商局规定，公开播出的商业性广告内容应该有电台、报刊的负责人签名盖章，送同业公会初审，然后再交由工商局审核后才能发布。

其次，在广告市场运作中，还要进一步加强对广告代理制的推行，让市场向双重代理运行制方向发展，双重代理行为使广告市场的活动表现出与一般商品市场活动不同的交换关系和运行方式。这种双重代理的执行会使广告市场中广告主、广告公司和广告媒体之间责权利明晰，有利于实现三者之间的利益动态平衡，最终使广告市场的运行走向规范。

2. 优化产业结构，发挥规模效应

为适应广告市场全面代理的发展需要，广告公司应打破地区、部门的界限，在平等竞争中实现优化组合，同时扩大广告产业规模，加快信息的传播与交流。另外，广告公司也应注重产品细分，最大限度地保障广告的高质量和专业化；在发展的过程中，也要意识到，

根据各自情况不同，有针对性的个性化竞争优势，为广告主提供个性化服务，树立公司品牌。

广告公司在提升核心竞争力的过程中，一方面可借助优秀国有企业和民族企业的优势资源，用中国企业的发展带动中国广告业发展，再用强势广告业加快推进中国品牌的国际化进程；另一方面要充分借鉴国外的经验，如国外的电通模式，组建大型本土广告集团，发挥广告媒体资源的规模效应。①

3. 提升广告素养，更新广告观念

广告素养教育是为了提升人们的广告素养而推行的大众教育。它包括广义的广告素养教育和狭义的广告素养教育。广义的广告素养教育对象包括广告从业人员和其他一切与广告有关的人员，而狭义的广告素养教育对象是指除广告从业人员以外的一切与广告相关的人员，如广告媒体的从业人员、广告管理人员和普通的广告受众。对广告受众来说，主要是提高其对于广告信息的理解度与利用度。广告素养教育使受众不仅能够正确理解自身真实需求，也能准确把握广告传播中的合理信息，并且学会通过广告获取信息。对广告主来说，通过提升广告主对于广告的认知，使广告主自觉规范自身广告行为。当受众广告素养水平逐渐提高，他们对于广告信息的解读、评判以及使用能力就会不断加强，虚假广告便丧失了生存的空间。在此情况下，广告主必须自觉规范自身行为，提升对于广告的认知。对广告媒体来说，通过增强媒体紧迫感、提升媒体使命感，使媒体减少对于虚假广告、恶俗广告的刊播。对广告公司来说，在创作优质广告作品的前提下，要更多考虑到广告信息有效传播的实施。

广告作为经济的晴雨表，与经济发展密切相关。我国经济总量已经跃居世界第二，成为世界第二大经济体。与此相对应，我国广告市场也理应成为世界最有影响的广告市场之一。我们也看到，我国广告市场规模在不断扩大，这意味着我国广告市场将持续地向着未来更大、更强的方向发展。广告经营者在自身未来发展战略的选择与制定上，必须针对这一发展趋势做出足够的估计和充分的关注。

思考题

1. 广告市场的特殊性表现在什么地方？
2. 影响广告市场的因素有哪些？
3. 我国广告市场目前存在哪些问题？该如何解决。

本章即测即评

---

① 何利莉：《浅析中国广告市场的现状及发展前景》，《中国外资》2011 年第 18 期。

第二章　广告市场的运作机制

　　自我完善的市场机制的形成和确立，是衡量一个行业市场成熟的重要标志。广告行业在其长期的历史发展过程中，逐步形成和建立起一套科学的管理体制和规范的市场运作机制——广告代理制。本章重点探讨代理与广告代理、广告代理制的确立与发展、我国广告代理制的实施与发展等。

第一节　代理与广告代理

　　代理作为一项独立的民事法律制度，是近代资本主义商品经济发展的必然结果。在当代西方发达国家，为适应高度发展的市场经济的需要，代理制度已得到普遍的发展。

▶ 一、代理与代理制

（一）代理及其特征

　　代理是一个法律术语。由于历史和法律传统的差异，人们对代理概念的理解和认识不尽一致。依据其所适用的范围，代理主要分为民事代理和商事代理。民法上的代理是指代理人在代理权限范围内，以被代理人名义与第三人实施民事法律行为，从而对被代理人直接发生权利义务的行为；商法上的代理是指代理人根据与被代理人达成的某种合同关系，从事合同规定领域、程度、时间的商务活动行为。商法上常见的代理包括项目代理、产品代理等。

　　代理经常出现在法律和商业行为的委托关系中。代理具有如下基本特征：代理人在代理权限范围内实施代理行为，代理人以被代理人的名义进行代理行为，代理主要是实施民事法律行为，被代理人对代理人的行为承担民事责任。

（二）代理制的形成

　　代理制是代理关系制度化的产物，代理双方经过长期的合作建立较为稳固的代理关系，通过双方认可的机制和制度约束代理与被代理行为，虽然代理活动和代理行为出现较早，代理制度的形成却是近代的事情。从 17 世纪起民法领域开始出现各种关于代理的学说。1804 年的《法国民法典》有了关于"委托"的规定。1900 年的《德国民法典》，第一次在立法上确立了现代意义的代理制度。从此以后，代理便成为一项独立的法律制度，为绝大多数国家的民法所规定。

代理制度确立和完善是一个行业自身发展的产物和内在要求，也是衡量一个行业发展成熟与否的重要标志。代理制度最早出现在诉讼代理和营销代理当中，广告代理制度虽然出现较晚，但是，从初创至今，经历一个多世纪的发展，已经成为国际通行的广告运作方式与市场经营机制。

（三）广告代理

根据上述代理的定义及其分类，广告代理属于商事代理，具有明显的委托代理的性质。因此，所谓广告代理，是指广告经营者（代理方）在广告被代理方（广告客户）授予的代理权限内，以广告被代理人的名义，所开展的广告活动。

广告代理具有双重性质和作用，一方面广告代理公司接受广告主的委托，代理其广告业务，通常叫作客户代理；另一方面广告代理公司接受媒体的委托，向广告主销售媒体版面或时段，通常称为媒介代理。广告代理要求广告主与媒体之间有关广告的种种问题，均应委托广告代理公司居中代为洽商解决。若非必要，媒体与广告主之间不得直接接触。

与营销代理和诉讼代理类似，广告代理也是为了节省交易中的成本，降低直接交易的风险，通过代理公司专业化的服务，满足被代理方的需求，这是对广告代理必要性的认识。

▶ 二、广告市场运作的双重代理机制

任何一个行业，都在其长期的历史发展过程中，形成和建立起相应的经营机制。广告业属于服务性行业，广告公司在为企业和媒介提供代理服务的长期实践中，逐渐形成了一套科学的运营机制，这就是世界范围内通行的广告代理制。

（一）广告代理制

广告代理制就是广告公司在广告经营中处于主体和核心地位，为广告主全面代理广告业务，向广告主提供以市场调查为基础、广告策划为主导、广告创意为中心、媒体发布为手段，同时辅以其他促销手段的全面性服务。

广告代理制是世界广告行业通行的广告市场运作机制。在广告市场主体构成——广告主、广告公司和广告媒体中，广告公司占据中间位置，是广告主与广告媒体连接的桥梁。广告公司实质上实行双重代理：一是代理广告主开展广告活动，即从事市场调研、拟订广告计划、设计制作广告、选择媒体安排刊播，提供信息反馈或效果测定；二是代理广告媒介，寻求客户，销售版面或时间，扩展广告业务量，增加媒体单位的广告收入。

（二）广告代理制的基本内容

第一，广告客户必须委托有广告代理权的广告公司代理业务，不得直接通过报社、广播电台、电视台、网站等广告媒体发布广告。实行广告公司代理的范围，不包括分类广告，即广告客户发布简短的礼仪、征婚、挂失、书讯、节目预告以及开业广告，可以直接委托报社、广播电台、电视台、网站等广告媒体办理。

第二，兼营广告业务的报社、广播电台、电视台、网站发布的广告，必须委托有相应经营资格的广告公司代理，媒体本身不允许直接承揽广告业务。

第三，代理广告业务的公司要为广告客户提供市场调查服务及广告活动的全面策划方案，提供落实媒体的计划。广告公司为媒体承揽广告业务，应具有与媒体发布水平相适应的广告设计、制作能力，并能提供广告客户广告费支付能力的经济担保。

第四，实行广告代理制后，广告客户与广告媒体可以自主地选择服务质量好的广告公司为其代理广告业务。

（三）广告代理制运行的基本要点

1. 承揽与发布分开

广告代理公司承揽广告业务，将设计制作好的广告投放在媒介上；而媒介单位专司发布广告，提高信息的传播、接受质量。双方分工协作，优势互补。

2. 代理认可制

广告代理公司从事广告代理必须经过有关机构核准，才有资格在规定的范围内从事相应的广告代理业务。但是，由于广告代理是代理人（广告代理公司）在被代理人（广告客户或广告媒体）授权的范围内，以被代理人的名义来从事广告活动的，因此，还存在一个被代理人对代理人代理权限的确认问题。被代理人要经过对代理人的能力、资信等方面的综合考察，才有可能将其代理权通过一定的形式委托给代理人。广告代理公司代理广告客户的广告业务，必须得到相应客户的认可和委托；代理媒介广告，必须得到相应广告媒体的认可和委托。

3. 实行佣金制

广告代理公司主要收入来自媒介广告版面或时段的售出给予的佣金。按国际惯例，大众传播媒体的佣金比率是广告费的15%，户外广告为16.67%；我国2011年修改的《广告管理条例施行细则》规定，广告代理收费标准为广告费的15%。

（四）实行广告代理制的意义

实行广告代理制，要求广告公司处于广告经营的主体地位，可以使广告业内部形成良性运行秩序，最大限度地发挥广告主、广告公司与媒体的长处。这有利于实现广告专业化、社会化，提高广告策划、创意水平，提高广告的社会经济效益。

实行广告代理制有利于加强对广告业的宏观调控。政府有关部门可以采取措施，扶持各种类型的广告公司，促进完善其经营机制与提高从业人员素质，还可提高广告业全面服务水平。并且可以集中力量，抓住广告管理重点，防止虚假违法广告的传播。

实行广告代理制有利于制止广告业中不正当竞争的行为。可以促使广告行业内分工明确，广告主进行投资决策，委托广告公司策划、实施；广告媒体负责广告的编排发布，各司其职，互相协作，有利于消除争拉广告的混乱现象。

实行广告代理制有利于保证广告客户广告计划的实施。广告公司能提供有熟练技能的广告人员为客户服务。对多数客户来讲，聘用广告专职人才是不合算的。而且，广告公司人员有广泛的市场营销经验，一般比广告主自己的人员有较大的客观性、创造性。因此，客户可以依靠广告公司，全面实施自己的广告计划。

实行广告代理制有利于为广告媒体提供销售版面或时段的经济方法。因为广告媒体无须与成千上万个广告主洽谈生意，只需与少量的经认可的广告代理商打交道即可，从而减少了信用的风险。并且，广告制作的形式和内容，也会更加符合要求和规范。

第二节　广告代理制的确立与发展

广告代理的产生与广告代理制的建立，是广告业自身发展的产物和内在要求。广告代理从初创到发展成为一种国际通行的广告市场运作机制，有一个较长的历史过程。

▶ 一、广告代理制的实质与内涵

（一）广告代理制的实质与遵循的原则

广告代理和被代理是一种市场交易行为，广告代理制的实质是一种市场运作机制，而不是一种行政管理体制。它的最大意义在于促进专业化分工和广告产业的独立发展，保证广告市场高效率的运作。

广告代理制是市场经济的产物，是一种市场运营机制，必然受市场经济基本原则，即成本原则、自身利益原则、"双赢"原则以及完全信息原则的制约。

1. 成本原则

在市场经济中，利益的驱使使得市场经济中的交易双方想方设法降低成本。如果甲方乙方直接交易的成本高于委托第三方进行交易的成本时，委托第三方进行交易必然是最佳选择，广告活动也是如此。当广告主在长期的市场营销实践中发现，委托第三方即广告代理公司代理其广告业务，要比自己单独完成广告业务所花费的成本低得多的时候，广告主必然会选择委托第三方代理其广告业务，这就是广告代理制产生的内在原因。委托广告公司代理业务之所以能降低成本，在于广告公司专业化的生产经营，在面对众多的广告主完成目的各不相同的一系列广告行为时，它可以重复使用一定数量的生产要素，如设备、技术、信息，而重复率越高，效率越高，成本就越低。

更重要的是，广告代理商具有专业服务优势，更能对市场和消费者保持独立和公正的看法，帮助广告主做出客观的广告决策，为委托人增加品牌价值，并在消费者和产品之间建立亲密、信任关系。创造这种无形价值，便是专业广告代理服务的真正价值所在。全球最具实力的跨国企业持续不断地委托广告代理公司为其进行广告策划、实施的全程服务，证明了广告代理的经济价值所在。而广告媒体之所以可以建立由最初自行招揽广告到委托专业广告代理商销售其版面或时段资源的过程，正是由于广告代理商的专业服务一方面可以促进其广告资源价值的实现，另一方面可以使广告媒体将主要精力集中于提高主体信息服务质量上，减少其后顾之忧，从而降低广告媒体进行广告经营的成本。

2. 自身利益原则

注重自身利益的卖方在广告上面的公开竞争会使同样注重自身利益的买方获得更低的价格和更多的产品。在广告代理制中，一方面，作为提供广告服务的卖方——广告公司，为了自身利益获得广告业务，必然会在竞争中提供更加优质的服务，并以更为公平的价格赢得广告主的青睐，这就促使广告公司不断提高自身专业服务水平，有利于广告公司的长远发展。另一方面，作为获取广告服务的买方——广告主，也必然会根据自身利益原则，以更为合理的价格获取更为专业的广告服务。然而，仅仅基于利己原则的市场交易活动是不可能成交的，它同时应该满足"买卖双方的增长"的"双赢"原则。

3. "双赢"原则

"买卖双方的增长"是自由市场经济体系的基本前提之一，其本质就是"双赢"。同出于获利目的的买卖双方能够达成交易的条件，就是交易后都比交易前好（或至少不比交易前差），这也正是"双赢"原则的作用和体现。在广告代理活动中，广告代理所涉及的三方都会考虑到自身的利益，只有在三方都获利的情况下，广告代理制才能顺利地进行。对广告主来说，他们之所以要广告公司代理其广告业务，是希望凭借广告公司的专业服务，以获取更大的利润；而广告媒体则希望同样多的版面或时段的媒介服务，能获得最大效益；广告公司通过广告代理获得自身的发展。

实行广告代理制，最大的受益者应当是广告主。广告公司有系统的市场信息传播组织，集中了大批广告业务专家和各类广告专门人才，拥有精良的广告制作设备，以及长期在广告实践中所积累的丰富经验，他们能为企业提供综合性的全面广告代理服务，帮助企业提高广告活动的水平和质量，提高广告宣传的有效性。这是企业能从广告代理中获取的最大好处。此外，即使单纯从广告经费的角度考虑，企业委托广告公司代理其广告业务，也是一项省钱省力省时之举。

实行广告代理制，对广告媒体来说也是有百利而无一弊。广告媒体通过广告代理公司承揽广告业务，不必直接面对极度分散的广告主，从而极大地减轻了招揽广告业务、应付众多广告业务员的工作烦劳；也不必再承担广告设计、制作任务，减轻了广告媒体的人力、物力负担；媒体刊播广告的费用，由广告公司负责向广告媒体支付，广告媒体不必再对广告主逐个进行信用调查，不必再承担广告主违约的经济损失，减少了信用风险。总之，在广告代理制中，广告代理公司负责为广告媒体招揽广告业务，有计划地向广告媒体输送创造成型的广告，既减轻了广告媒体从事广告业务的工作任务和工作成本，又保证了广告媒体广告业务的正常开展，使其能集中精力去更好地履行其更为重大的社会责任。从广告业的发展来看，广告代理制有利于广告公司和广告媒体发挥各自的优势，互相配合，协调发展。

广告代理制的产生，也正是由于"双赢"原则的推动——企业通过广告代理商促进产品或服务的销售，增加品牌价值，广告媒体借助广告代理商销售版面或时段资源而获利，广告代理商则通过为二者提供专业服务而获得自身的发展。这种相互依存的利益格局正是广告代理制产生和发展的内在推动力。

4. 完全信息原则

买卖双方均可在任何时候得到有关产品、产品质量、产品价格的信息，这使得产品之间的竞争更加激烈，产品价格更低。表现在广告代理过程中就是：广告代理所涉及的不同广告主与广告公司、广告公司与广告媒体之间处于错综复杂的激烈竞争中，他们在价值规律这只"看不见的手"的操纵下，交易各方在成本原则、自身利益以及"双赢"原则的支配下，根据众多目标交易对象提供的有关自己产品、产品质量、产品价格等信息来选择最终的交易对象。

综上所述，广告代理制并不是一种真正的制度，而是一种市场运行机制；它虽是必然的，但不是一种法律的规定，而是一种经济的原则。从实践上看，它也是非强制所能推行的。它的实施，一方面在于广告公司要不断提高自身实力，为企业和媒介提供专业化的服务；另一方面政府和行业协会组织要规范广告公司的行为并促使其提高服务水平。只有广告行业各主体本着诚信的原则，自觉遵守经济原则的必然，同时借助行业协会的力量，广告代理制才能最终推行。

（二）广告代理制中广告公司居于核心地位

在广告业三方关系中，应确立广告公司的核心地位。广告公司核心地位的确立，是以其专业化的服务能力为前提的。企业和广告媒体委托广告公司进行广告代理，对广告公司的专业服务能力也提出了更高的要求。

大致说来，广告代理有综合型代理与专门型代理两大类型。综合型代理，属于综合型广告代理公司的代理职能，是指能向各类广告主提供各类商品、各类媒体的广告代理，提供从广告市场调查到广告活动策划，从广告设计与制作到广告发布与广告效果测定等各类广告业务的代理。此类广告代理机构，功能齐全，所以综合型代理也称全面型代理。世界上著名的广告公司，多属于此类代理公司。专门型代理，是指只专门代理某种或某一类企业的广告，某种或某一类商品或服务的广告，某一媒体或某一类媒体的广告，或是只专门代理广告活动中某一项或某一类专门工程。因此，专门型代理，又可细分为若干小的类型，如专一产业的广告代理、专一商品的广告代理、专一媒体的广告代理、专一广告工程的代理、专一广告调查的代理、专一广告制作的代理、专一广告策划的代理等。综合型代理和专门型代理这两类广告代理，顺应社会对广告业的多元需求，各有其存在发展的理由和优势，并在广告产业的多元发展中，形成功能互补的优化结构。无论综合型广告代理公司还是专门型广告代理公司，都必须为企业提供专业化的服务，这是广告代理和广告代理公司存在的前提。否则，广告主和媒介便没有必要选择广告公司代理其广告业务。

广告公司必须具备一定的条件，才能为企业和媒介提供高质量的专业代理服务，满足其多样化或专门化的需求，并最终确立广告公司在广告代理活动中的核心地位。就综合型广告代理公司而言，至少有以下几方面的条件是必须具备的。

1. 功能齐全，具有高质量、高水平的全面代理服务能力

综合型广告代理的工作内容和服务范围是全方位的，集中起来无外乎两个方面：一是围绕广告活动本身展开广告信息传播活动。它包括：广告活动所需的有关市场、企业和商品资讯的收集、分析与研究，即所谓广告活动的信息前馈；在广告信息前馈的基础上所进行的一系列信息处理与转化工作，即依据广告信息调查的结果所作的整体广告活动策划，

广告创意、设计与制作；进行科学的媒体选择与组合，发布广告；测定广告及广告活动效果，完成信息的反馈。二是围绕广告主的整体营销战略展开一系列营销推广活动，如为广告主的市场营销所策划并实施的公关、展销、博览活动等。因此，从事综合型广告代理的机构必须具备信息调研、整体策划、广告创意、作品设计与制作、媒介传播，以及营销推广等几项基本功能。而衡量一个综合型广告代理机构是否具备全面的、高质量、高水平的代理服务能力，关键看两个因素：一是是否拥有一批高质量、高水平的各类广告专业人才，二是是否具备精良的广告制作设备。因为这是策划并实施高质量、高水平的广告活动，制作高质量、高水平的广告作品的根本保证，而前一个因素尤为重要。在综合型广告代理机构中，各个部门各个岗位的各类广告专业人才都不可或缺。没有市场调研专家，就不可能准确获取有关市场信息，并在此基础上为广告主策划出切实可行的市场营销与推广计划；没有广告创意与设计、制作专家，就不可能为广告主生产出出色的广告作品；没有媒介专家，就不可能为广告主实施有效的媒体战略。缺少任何一种人才，阵容都显得不够完整，都可能导致广告活动效果的减弱、不成功甚至失败。

2. 必须有科学化、规范化的管理

广告活动，往往都是一项环节众多、过程复杂的系统工程。而一家代理公司，往往又同时代理数家广告客户的广告业务。从事综合型广告代理的代理公司，必须具有相应的规模，不管其采取何种类型的组织结构，都必须具有科学化的管理。否则，就会造成各工作环节的脱离，影响各部门间的协调配合，甚至造成工作过程中不应有的疏忽和失误，错过机遇。任何一个工作环节的些微闪失，往往会造成整个广告活动不可估量的损失。而活动时机的把握，又正好是广告活动成功的关键。

3. 必须具有充足的财力

这主要是指有充足的周转流动资金。综合型广告代理所代理的，往往是较大规模的广告主较大投入的广告业务，其代理营业额，往往大大超过其资本额。广告代理公司代理广告客户的广告业务，代表广告客户向媒体预定版面或时间以刊播广告，媒体费用由广告公司直接向媒体单位支付。视广告代理的具体活动情况，广告客户向广告公司支付媒体广告刊播费用，往往迟于媒体向广告公司规定的缴款期限，有的按事先协定推迟付款，有的则因种种原因拖欠付款。广告代理公司若无足够的资金垫付能力，按媒介规定的期限向媒介交付广告刊播费用，媒介可以拒绝刊播广告，不要说扩大经营，甚至连广告业务活动也不能维持。若遇上远远超过其资本额的大项广告代理业务，广告代理公司根本就无法接受并实施代理。

▶ 二、广告代理制的确立

广告代理制是广告代理发展到一定历史阶段的产物，即广告代理发展到独立的专门化代理时代后，广告代理公司、媒体和广告主，都需要一种制度来规范市场主体行为，保障市场各方利益，因而在充分协商的基础上，确立了广告代理制。广告代理制的确立与发展，促进了广告市场的专业化分工和广告产业的独立发展，并成为一种国际通行的广告运作机制。广告代理的产生与广告代理制度的建立，是广告业自身发展的产物和内在要求。广告

代理的发展经历了处于媒介依附地位的媒介推销时代、脱离媒体的媒介掮客时代、独立的专门化代理时代三个阶段。

（一）媒介依附地位的媒介推销时代

报纸、杂志成为大众化媒介后，一些富有商业思维的企业家开始利用报纸和杂志刊发广告。早期的广告代理，是应媒介自身发展的需要，以媒介代理者的立场而诞生的。大众化媒介发展最早的是报纸。具体说来，早期的所谓广告代理，本身从属于报业。其中一部分为报业自身的广告业务员，他们直接面对广告主销售报纸版面，这成为报业重要的经济来源；另一部分为受雇于报业的社会人员，代表报业向营销主推销版面，并收取广告费，然后按报社所定的佣金取得个人酬劳，其本身不属于报业，报社也不向其支付固定薪金。因此，早期的广告代理实际上就是一种"版面推销"。它并非独立的，而是紧紧依附于媒介。

（二）脱离媒体的媒介掮客时代

随着社会经济的发展，企业的广告活动日趋频繁，早期广告代理的缺点和局限已逐渐显现。于是，一方面，各媒体为拓展广告业务，在其组织内部纷纷正式设置广告部，集中经营广告业务；另一方面，原先受雇于媒体、专为一家媒体做版面推销的雇佣推销人员，同时推销起多家媒体的广告版面，并进而脱离媒体，独立从事起版面的贩卖，不再像过去那样只是充当特定媒体的业务代表，而是介于媒体与广告主之间，从各种媒体廉价批发购买版面或时段，然后将其分割、组合，高价零售给各广告主，从中赚取买卖差额利润，成为自主的媒介版面或时段的掮客。

1841 年，美国的福尔尼·帕尔默（Volney Palmer）在费城开办了第一家广告代理店，主要为自己所代理的多家报纸销售版面，自称为"全国的报纸代理商"，同时为企业客户购买报纸版面，酬金从企业客户支付给报社的广告费中按 25% 比例提取。1865 年，美国的乔治·罗威尔（George Rowell）在波士顿创办广告公司，探索出具有媒介掮客性质的经营模式。他与 100 家当地报纸签订为期 1 年的版面合同，收取 25% 的佣金，然后把版面划分为若干小的单位，以略高于购进价格但低于企业客户自行购买价格的售价，以零售的方式转卖给企业客户。这种广告代理，虽然已经有独立经营的性质，但在职能上仍保留着媒介业务代表的性质，只是单纯的媒介代理。但对媒介来说，这些媒介掮客能不断开发广告客户，确保媒介一定的广告数量，并能减轻媒介自身招揽广告之劳及媒介在广告费收取上的呆账风险。比起早期的广告代理，它无疑又向前迈进了一大步，初步具有了广告代理的性质。

（三）独立的专门化代理时代

19 世纪中叶及 20 世纪初，美国经济在宏观层面进一步发展（具体表现在市场经济制度的确立、法律环境的逐渐完善，以及信用制度的建立等），为科学的广告运营机制的建立提供了外部条件，现代广告业发展最为重要的营销环境和媒介环境也发生了一系列的变化，催生了现代广告代理制。由于市场不断拓展和日益复杂化，企业间的竞争加剧，企业营销意识与广告意识不断提升。所以，不论媒介自身的广告推广部门，还是单纯的媒介代理，其服务内容都已经很难满足广告客户的要求，亟须既具有媒介专门知识又能向广告客户提供广告策划、广告创意、广告设计制作、广告调查等多方面服务的广告代理公司来全面代理广告业务，于是这促进了广告代理由单纯的媒介代理向不仅是独立的、而且是多样化的专门化的代理演进。1869 年，美国艾耶父子广告公司成立，其经营方法有了新的发展，经营重点由单纯销售广告版面转向为企业提供较全面的广告代理服务，即开始为客户提供全程式的广告策划服务，成为第一家真正意义上的广告代理公司。此后，不同规模但类型相同的广告代理公司相继涌现。据 1922 年出版的《美国广告代理年鉴》统计，美国当时的广告代理公司达 1 200 家。

广告代理制得以确立，其中一个很重要的因素，就是 19 世纪 60 年代以后，广告代理进入独立的专门化代理时代。一大批具有现代意义的广告代理公司的成立，加速了广告产业的独立发展。从此广告公司作为一种独立的经营实体为企业和媒体提供专业化的广告代理服务。

广告代理制得以确立的另一重要因素，是广告代理佣金制的提出和确认。19 世纪 80 年代初，被称为"现代广告公司的先驱"的美国费城的艾耶父子广告公司的创始人弗朗西斯·艾耶，率先提出了一项新的收费建议，即如实向广告主收取购买媒介版面的实际费用，另按一定的比例向广告主收取一笔代理佣金。这一新的收费方式，正式建立了广告公司与客户的代理与被代理关系。稍后，美国著名的出版界大亨柯蒂斯出版公司也宣布了一条新规定，该公司同意向广告公司支付佣金，条件是广告公司负责替媒介向广告主索取全价媒介刊播费，并不得将从媒介取得的佣金退回给广告主。后来这一规定逐步推广开来，形成制度。不过，当时佣金的比率由各媒体自行规定，最低为 10%，最高达 25%。1917 年，美国广告公司协会成立，呼吁把广告公司的代理佣金比例固定在 15%，同年，美国报纸出版商协会予以认可采纳。以 15% 为标准的代理佣金制在美国正式确立，标志着广告代理制度的正式确立。

虽然代理制最初表现为 15% 的媒介代理佣金，但广告代理制并不等同于媒介代理制甚至 15% 的媒介代理费制。从经济学角度来看，一种经营机制包括两个方面的内容：分工机制和交易机制。分工机制确定各市场主体的分工，交易机制确定各市场主体的利润分配，以保障分工机制的运行。广告代理制作为一种经营机制，其核心内容也包括这两个方面。

由于广告主与广告媒体的直接广告交易和广告活动不符合市场经济原则，因而任何广告活动都必须通过广告公司这一中介。这实质上就是广告代理制的分工机制，也是广告代理制的核心机制和根本原则。这是必须被执行的，否则就不是真正的广告代理制。

交易机制是广告代理制的辅助机制，它是为了保障分工机制的运行，这可以看作广告代理制实现的具体形式，因而不是唯一的。广告代理制的利润机制最初是佣金制，后来发展为多种利润机制，如服务费制、成果回报制等，其实这是广告代理制越来越成熟的表现，而并不是对广告代理制的偏离，更非广告代理制的终结。

▶ 三、广告代理制的发展

广告代理制是动态发展的，不是一成不变的制度模式。对此，我们可以从其代理业务范围的不断扩展以及代理费的发展变迁来考察。前文中我们介绍了广告代理业务的发展，下面重点介绍广告代理制收费方式的变化。

广告公司如何收费，一直是广告代理中的热门话题。广告公司的取酬方式有别于其他专业公司的取酬方式，会计、医生、律师和咨询顾问往往按手续费取酬，而广告公司往往按代理费或加价方式收取报酬。在某些情况下，佣金额的比例是固定的，并且即使是在需要对价格进行一些协商的情况下仍将保持在那个水平。而在另一些情况下，为适应竞争的需要，佣金额也可以通过协商而被降低。因此，在实际操作中，代理费的收取也呈现弹性变化。

在广告代理制的发展过程中，作为国际通行惯例，15% 的广告代理费是弹性变化的，并不是固定不变的。它从建立之日起即受到挑战。随着广告业务范围的拓展和广告市场的分工，这种单一的收费模式和固定的佣金比例已经不能适应广告代理业的变化。1960 年，奥美广告公司总裁大卫·奥格威（David Ogilvy）率先打破陈规，在服务壳牌广告业务时采取"成本加成"的"实费制"方法，每年通过协商收取费用，以取代传统的收取 15% 的收费方式。随后，更多的广告代理商开始根据客户需要和实际情况采用更为灵活的收费方式。

广告代理费之所以遭遇挑战，主要集中在媒介代理方面。一是随着广告媒体刊播费用的加大，媒体刊播价格的提高，广告公司从媒体收取的代理费增多。广告公司在其他各项投入基本不变的情况下，媒体刊播费用越大，代理费就越高，于是出现了广告公司为了一己的利益而鼓励广告主加大媒体刊播费用，或不顾实际需要建议广告主使用高价位的媒体时段或版面，以获取高额的代理费。二是广告公司媒介谈判能力的下降，有些广告主甚至能拿到比广告公司更低的价格。三是广告主对广告公司的广告效果以及媒介投放效果测定结果的不信任，因而对代理费的收取提出了质疑。

广告主越来越精明，越来越会精打细算。广告公司时常因在收费问题上无法与客户达成协议，而不得不放弃一些代理业务。力求在广告代理中建立起一个统一的收费模式已不可能，市场应该允许多种收费方式存在。但不管何种收费方式，都必须建立在广告主与广告公司双方充分协商的基础之上。

从广告代理制开始实施到现在，广告代理费的收取主要有以下几种：佣金制、协商佣金制、实费制、效益分配制、议定收费制（详见本书第七章第四节）。

尽管为了适应市场的变化，广告代理制在代理业务上进行了不断的扩展，各种收费制度也逐渐建立，广告代理制的制度内涵也因时而变，但代理的本质从未改变。而广告代理收费制度的不确定，以及代理业务的不断扩展，正表明广告代理制只是一种市场交易行为。

第三节　我国广告代理制的实施与发展

1979 年，我国重启广告市场。我国广告产业的先天不足，如在广告市场经营机制上，存在广告公司与传播媒介的职能交叉、功能错位与功能替代等弊端，影响了广告业健康正常而迅速地发展。因此，建立健全科学完善的广告市场经营机制是我国广告产业发展的必然要求。

▶ **一、我国广告代理制的早期推行**

广告代理制的实行，需要具备一定的外在与内在条件。外在条件，主要是指完善、成熟的市场经济环境；内在条件，主要是指广告产业自身的发育成长状况。

（一）我国广告代理制早期推行的艰难经历

就世界范围而言，广告代理制的实行，往往是在经济较为发达、市场经济较为成熟的国家和地区。我国的社会主义市场经济体制从确立到不断完善经历了一个艰难的历程，从而决定了我国广告代理制的全面推行，也是一个艰难的历程。

我国现代广告代理制的问题在 20 世纪 80 年代初就随着西方现代广告理论的引入而被提及，但此问题并未引起理论界和实务界的真正注意，到了 80 年代中期，随着现代市场经济因素的增加，以及相关的广告市场体制改革的提出，一部分广告公司和企业才真正注意到这一问题的重要性。此时，北京广告公司、广东省广告公司就已经尝试实行广告代理制，并影响到国内的广告界。

1987 年年初，陈志宏在《试论代理制的优越性》一文中介绍了实行广告代理制的诸多好处。接着，在 1987 年 8 月广告协会广告学术讨论会和学术委员会成立大会上，北京广告公司的程春、上海三菱电梯公司的吴德江对广告代理制的历史发展和基本内涵，以及在中国建立广告代理制的现实困难与变通方式提出了自己的看法。

1990 年 5 月 30 日，国家工商行政管理局采纳了浙江工商行政管理局历忠辉关于在温州实行广告代理制的建议，下达了《关于在温州市试行广告代理制的通知》，并于 9 月 1 日开始正式实施。1993 年 7 月，国家工商行政管理局和国家计划委员会联合制定的《关于加快广告业发展的规划纲要》明确提出，将建立广告代理制作为未来十年转换广告经营机制的主要目标。同年 7 月，国家工商行政管理局发布了《关于在部分城市进行广告代理制和广告发布前审查试点工作的意见》，以及《关于进行广告代理制试点工作的若干规定（试行）》等文件，并从 1994 年开始逐步在全国范围推行广告代理制。

（二）我国广告代理制早期推行的阻力

广告代理制经过了二十多年的风风雨雨，发展情况却并不尽如人意，广告公司、广告主、媒介对广告代理制的推行仍然持不同的观点和态度。

广告主目前对广告代理制的认识普遍不足，还没有完全意识到他们从广告代理制的实行中将得到的利益和好处，或者说他们还没有完全意识到，他们将是实行广告代理制的最大受益者。他们习惯于自身做广告，习惯于自身实施广告计划，习惯于直接面对媒介发布广告，而视广告代理为多余的中介。他们在痛苦的经历中，意识到企业的生存发展必须做广告，但是还没有意识到如何去做广告，如何通过和利用广告公司来从事有效的广告活动。

传播媒介也是我国早期推行广告代理制的障碍之一。我国早期的传播媒介，在经济体制改革中，还没有完全走向市场，它们中的大多数在广告业中具有得天独厚的优势，占有强势地位。他们认为，实行广告代理制，会削减他们的市场占有份额。因此，当我国广告代理制刚一出台，他们为了保持住既得利益和已有地位，便联手加以抵制。

实行广告代理制的中心环节，是广告公司自身。"单从数量来看，1993 年我国广告公司已达 11 044 家，也算可观了。据有关方面调查，仅在北京，每 28 小时，就有一家广告公司诞生，发展速度相当快。"[①] 但实际上，我国早期许多广告公司不过是几个人临时拼凑起来的，并不具备应有实力，至少有 80% 的广告公司缺乏资金、缺乏技术，不具备相应的规模，不具备全面代理的能力。即使强行实行广告代理制，这些广告公司也很难担当起代理的责任。广告公司成熟与否，是代理制能否顺利推行并获得成功的关键。

▶ 二、我国广告代理制的实施现状

尽管广告代理制在我国的推行已经有近 30 年了，但广告代理制的实施并不顺利。由于我国广告代理制是在国家工商行政局的规定与倡导下开始实施的，长期以来，广告业界和学界对广告代理制形成了这样一种倾向，认为广告代理制是一种行政管理体制，并把它作为一种规范化的制度来理解，认为广告代理制是一种硬性规定，是一种必须强制执行的制度。实际上，这种理解脱离了广告代理制的本质。目前，我国广告代理制度在实施中仍存在以下几个方面的问题：

（一）市场需求复杂，广告代理主体混乱

依据国际上的广告产业经营机制，广告代理制度大体可以分为美国的第三方代理的模式、日本的以媒介代理为主的模式和韩国的以客户代理为主的模式。美国实施的第三方代理模式，强调广告代理公司的中立性，其与媒介和广告主都不能有过于密切的关系。广告公司在交易过程中是作为一种类似房产中介式的角色，兼顾广告主和媒体双方的利益。日本和韩国的广告代理制度与美国不同，广告代理公司在交易过程中，是会以媒介或是广告主其中一方为主体，努力为主体方争取利益最大化。这两种经营模式是日韩两国在广告代理制度发展过程中，依据实际情况不断改进而最终形成的，因此较为符合两国国情。我国的广告产业起步晚，在推行广告代理制度时，基本采纳了美国的第三方代理制度，却与当

---

① 张金海主编：《广告经营学》，武汉大学出版社 2002 年版，第 72 页。

下国情不符。我国的大多数广告公司规模仍较小，业务能力不足，难以满足市场复杂的需求，难以兼顾广告主和媒体的利益。因此，我国现今的广告市场难以实施这种完全中立的第三方代理制度。

（二）市场竞争激烈，佣金模式名存实亡

在西方发达国家，广告代理收费为广告费的15%，这一收费标准可以保证广告公司的利润。我国2005年颁布的《广告管理条例实施细则》采纳了这一费率标准，但这一制度在我国实际市场活动中难以严格执行。一方面，我国广告市场竞争激烈，部分广告公司用降低收费标准的方式来争夺客户资源。在恶性竞争的作用下，广告公司的代理费不断降低，甚至出现部分零代理现象。另一方面，部分广告主和媒体建立了自己的广告公司，操控广告代理费标准。在这种情况下，我国广告代理制度的佣金制度基本名存实亡。

（三）广告经营模式单一，不符合大数据时代要求

在传统广告市场中，广告主和媒体需要通过广告公司作为中介来进行交易。广告公司需要负责双方的接洽与合作事宜，从而向双方收取代理费。然而随着大数据时代到来，广告主可以通过程序化购买和实时竞价模式直接向网络媒体购买媒介服务。根据比特币中国的数据统计，2016年有30%的数字营销产品是通过程序化购买和实时竞价模式进行交易的。广告主不再需要通过广告公司进行中介工作，而是可以与媒体直接交易，由于这样不需要额外付出代理费，广告主和媒体都乐于采纳这种交易方式，从而导致广告公司的代理作用大幅降低。广告公司必须提升自身的资源整合能力，调整代理费用的收费模式，实现广告效果与代理费的挂钩，从而提升广告代理公司的价值与地位。

思考题

1. 什么是广告代理制？
2. 为什么说广告代理制是一种市场运作机制？
3. 简述广告代理制发展的几个阶段及其发展状况。
4. 我国推行广告代理制的问题与阻力有哪些？
5. 如何在我国建立科学的广告代理制？

本章即测即评

第三章 广告产业

伴随着广告市场的繁荣，广告产业已经成为对社会、经济、文化等有着巨大影响的产业。作为企业个体的广告经营单位，在研究自身经营管理问题的同时，也需要了解中观经济层面的广告产业，以便在把握广告产业的性质、特点、规律和趋势的基础上，更合乎广告产业发展的规律。

第一节　广告产业概述

▶ 一、广告产业的概念

（一）产业与产业分类

产业有多种指称，如实业、工业、行业、不动产业、动产业、经济部门等。英文 Industry 一般译为"产业""工业""行业"等。

在产业经济学中，"产业是一些具有相同生产技术或产品特征的经济活动集合或系统，由微观企业的集合而构成，又是国民经济的组成部分，产业的集合与消费者和政府的经济活动构成国民经济"[①]。

市场需求催生了企业的诞生，社会分工促进不同类型产业的形成，新技术的发明及其应用和企业创新推动着产业的发展演变，形成了庞大的产业体系。

理论上，人们根据不同的标准把庞大的产业分为：第一产业（农业、林业、畜牧业、渔业等）、第二产业（采矿业，制造业，电力、热力、燃气及水的生产和供应业，建筑业等）、第三产业（批发和零售业，交通运输、仓储和邮政业，住宿和餐饮业，信息传输、软件和信息技术服务业，金融业，房地产业，租赁和商务服务业，科学研究和技术服务业，水利、环境和公共设施管理业，居民服务、修理和其他服务业等）；劳动密集型产业、资本密集型产业、知识密集型产业；基础产业、瓶颈产业、支柱产业、主导产业、先行产业；朝阳产业、夕阳产业等。广告业属于第三产业、知识密集型产业、先行产业、朝阳产业。

在产业发展的管理上，不同的国家和地区有大同小异的产业分类，也会随着产业的发展变化对原有的分类做出调整。我国最新的产业分类标准是 2017 年国家统计局颁发的《国民经济行业分类（GB/T4754–2017）》，它共分为 20 个门类，广告业属于租赁和商务服务业门类中的"商务服务业"。

---

① 芮明杰主编：《产业经济学》，上海财经大学出版社 2012 年版，第 141 页。

国家发展和改革委员会发布的《产业结构调整指导目录（2011 年本）》，把产业分为鼓励类、限制类、淘汰类。广告业第一次被列入 40 项鼓励类产业之一的"商业服务业"，属于国家鼓励类产业。

国家统计局发布的《文化及相关产业分类（2018）》，将行业分类中与文化相关的类别重新组合成"文化及相关产业"，广告业属于"文化核心领域"中第三大类"创意设计服务"的第一类"广告服务"。世界上最早于 1998 年提出发展文化创意产业的英国，把广告业排位于 13 项文化创意产业的第一位。广告业属于文化产业，属于文化创意和设计服务产业的第一产业。

（二）广告产业的含义

广告产业，也称为广告行业、广告业。

《国民经济行业分类（GB/T4754–2017）》对广告业的解释是："指在报纸、期刊、路牌、灯箱、橱窗、互联网、通讯设备及广播电影电视等媒介上为客户策划、制作的有偿宣传活动。"

《产业结构调整指导目录（2019 年本）》对广告业的界定是："广告创意、策划、设计、制作、代理、发布等广告服务。"

廖秉宜对广告业的定义是："所谓广告产业，是指代理广告业务或提供相关营销传播服务的广告公司与承揽并发布广告的广告媒介在同一市场上的相互关系的集合。广告产业的主体是广告公司和广告媒介，其中又是以广告公司为主导。"[1]

张金海、余晓莉对广告业的定义是："广告产业即广告业。广告业是一个庞大而复杂的专业化社会组织的集合，由多种机构共同参与构成，包括从中形成经济利益和参与运动支持的各种经济群体。同时，广告产业的概念是根据其所提供的特殊服务类型而确定的，即指以广告为专门职业，也就是专门接受客户委托，从事广告代理服务的行业。"[2]

所谓广告产业就是按照有关法律政策规定，以提供广告服务为专门职业，接受客户委托，利用一定的技术和设备，专业从事广告调查、广告策划、广告设计、广告制作、广告代理发布等各种代理服务并从中获取利润的专门化行业。

我们认为，理解和定义广告产业，应该把握广告产业实际的服务内容、国家有关部门的界定和概念表述的一般逻辑。

自 20 世纪 90 年代以来，我国广告公司向客户提供的服务内容已不仅仅局限于传统的广告策划、广告创意、广告设计和广告制作，而是涵盖了传统广告、销售促进、公共关系等整合营销传播服务转变。国家工商行政管理总局印发的《广告产业发展"十二五"规划》也提及了由传统广告服务向市场调查、营销诊断、资讯支持、管理咨询、整合传播等服务功能延伸拓展。着力培育一批广告企业品牌、广告创意设计品牌、广告制作技术品牌、广告设备制造品牌、媒体代理品牌。支持开发低成本的替代广告材料，支持广告业专用硬件和软件的研发，尽快形成一批具有自主知识产权的广告服务技术工具。

---

① 廖秉宜：《自主与创新：中国广告产业发展研究》，人民出版社 2009 年版，第 1 页。
② 张金海、余晓莉主编：《现代广告学教程》，高等教育出版社 2010 年版，第 50 页。

《广告业发展"十三五"规划》提出推动广告业创新发展要把握"四个结合"原则：市场运作和产业政策相结合，创新引领和融合发展相结合，全面发展和重点突破相结合，监管监督和行业自律相结合。同时，明确了扩大产业规模、增强创新能力、提升社会效益、深化行业改革、优化发展环境等发展目标。"十三五"时期，我国广告产业迅速发展，新技术、新业态、新模式不断涌现，广告产业在服务国家创新发展、促进消费和扩大内需、推动社会主义精神文明建设中进一步发挥作用，彰显价值。

2022年4月，国家市场监管总局印发《"十四五"广告产业发展规划》，明确了"十四五"时期广告产业发展坚持正确导向、坚持服务大局、坚持新发展理念、坚持规范发展、坚持更好满足美好生活需要等基本原则，提出了广告产业向专业化和价值链高端延伸、产业发展环境进一步优化、发展质量效益明显提升、产业创新能力和服务能力不断提高、广告法制体系进一步完善、广告作品质量进一步提升、广告市场秩序持续向好等发展目标。

国家深化改革开放，再加上互联网、大数据等新媒体、新技术的快速发展，新形态、新业态的发展，极大地开拓了新的广告服务领域，为广告产业创造了新的增长点。

在数字技术和以互联网为代表的新媒体的推动下，广告业已经发生了翻天覆地的变化，其新的生存形态和运作形态也要求广告公司的专业服务随之改变和提升。[1]

鉴于上述分析，参考已有定义，广告产业可以表述如下：

从狭义的角度看，广告产业指向广告客户提供整合营销传播服务的企业的集合。整合营销传播服务包括资讯获取、市场研究、营销咨询、策划、创意、设计、制作、发布、销售促进、公共关系、活动等。

从广义的角度看，广告产业指向广告客户提供整合营销传播服务的企业以及为这种服务提供相关支持的企业的集合。为整合营销传播服务提供相关支持的企业包括广告技术、软件、设备、材料、广告教育与人才培养、广告研究、广告行业组织等。

（三）广告产业链

产业链以生产某一种最终用途的产品和服务为导向，由所有相互联系、相互依赖、彼此之间具有供求关系的生产和服务环节构成。[2]完整的产业链由上游产业链、下游产业链、侧翼产业链和主体产业链组成。

广告的最终产品和服务是在广告媒体上发布广告作品以及开展营销传播活动，所有围绕广告作品及其发布以及营销传播活动的生产和服务环节都是广告产业链的组成部分。

广告产业链庞大而复杂，具体来看，其上游产业链包括：市场调查和研究公司、广告教育与学术研究机构、广告技术与软件研发机构、广告设计工具生产商、广告设计素材供应商、广告设备生产商、广告材料生产商等。这些机构为广告的最终产品和服务提供基础支撑。

广告产业的下游产业链包括：广告产品生产、制作与安装建造机构〔摄影棚、演播室、

---

① 张金海、余晓莉主编：《现代广告学教程》，高等教育出版社2010年版，第248—252页。

② 芮明杰主编：《产业经济学》（第二版），上海财经大学出版社2012年版，第105页。

制作公司、霓虹灯厂、发光二极管（LED）企业］等。这些机构是广告最终产品的生成部门。

广告产业的侧翼产业链包括：营销咨询机构、演艺公司、公共关系公司、设计公司、会展公司、销售代理公司、文化公司等。这些机构为广告最终产品和服务的生成提供横向合作。

广告产业的主体产业链包括：综合性广告公司、广告媒体代理公司、专业广告公司、广告媒体公司等，具体承担广告最终产品和服务的筹划、运作和执行，也是狭义上的广告产业。

优质、高效、顺畅的广告生产和服务，需要完整、紧密的广告产业链条上的各产业链相互之间的良好互动，所以，打造尽可能完善的广告产业链，是广告产业发展的基础条件。

▶ 二、广告产业的性质

广告产业究竟是一个什么性质的产业？广告业是我国现代服务业和文化产业的重要组成部分。它具有双重属性：服务属性和文化属性。

广告产业的服务属性主要表现在：为企业的产品和服务提供咨询、策划、执行等营销传播和活动服务，促进其产品和服务的商品化，实现企业的价值增值，并最终促进社会经济的良性循环和持续再生产，因而也被誉为企业的"保姆"或"智囊"、经济发展的"助推剂"。同时，广告产业还为广告媒体提供广告发布代理服务，促进其传播价值和受众价值的市场化，实现其广告产品的资本化，为其正常运行贡献最重要的资金保障并推动其发展壮大。广告产业还借助广告作品及其发布，为消费者提供消费信息，服务于消费者的购买活动，提升消费者生活品质，成为消费者的生活、工作、成长和交往助手。

广告产业的文化属性主要表现在：为了达成与消费者有效的信息沟通，进而说服消费者产生预期的认知、态度、情感和行为，以策划为手段、以创意为核心的广告活动会使出浑身解数，以艺术化、心理化、闯入式、融入式等方式告知、说服乃至诱惑消费者，从而对消费者的价值观和行为方式产生广泛而深刻的影响。所以，广告产业也具有非常明显的文化属性，其内容和形式都有着很高的品质和规范要求。

▶ 三、广告产业的特征

把握广告产业不同于其他产业的特性，是顺应广告产业规律，做好广告经营管理的基础。广告产业的特征主要有以下几点。

（一）依附性

广告产业的依附性特征源于其商业服务属性。

企业是广告产业的需求方，也是广告产业的资本供给方，是广告产业最重要的服务对象，其经营策略、经营状况、经营理念、广告审美等直接决定了对广告的使用方式、使用程度和最终的评价与认可。广告是企业的保姆，是企业的外脑，但也仅仅是企业营销整体运作中的一个或多个音符，其价值实现也必须融入企业的营销大合唱，而不能离开企业营销整体而活动。

由于不同产业的市场营销的致效机理和模式多有差别，因而与广告的关联度高低不同，有些产业依赖广告多一些，有些依赖少一些，有些甚至没有依赖。这种广告关联度的差异，导致广告产业对于不同的产业有了相应的依附性，比如对于替代性强、竞争激烈的产业，广告的依附性就强，反之，依附性就弱。传媒业最重要的利润来源是广告，所以，传媒业对于广告产业高度依赖。

广告是经济发展的晴雨表，也是一个地区市场繁荣与否的标志。一般情况下，经济发达地区，广告业就发达，广告业多集聚于城市地区、经济发达地区，即依附于城市和经济中心。

（二）关联性

广告产业的关联性源于其对于相关产业市场营销的重大影响以及广泛而深刻的社会影响。

在从产品到商品，再从商品到品牌的两级惊人"跳跃"中，最重要的基础因素是产品的质量、需求的满足程度以及价值质素，但最重要的促进因素是广告。

对广告高关联度的产业来讲，广告活动的实际市场效果在一定程度上决定了其市场命运。效果良好，可以推动其产品销售，实现投资的回报，可持续性地生存、发展和壮大，并且推动经济的良性循环和人们社会生活品质的提高。效果不良，就起不到促销的作用，投资不易收回，持续运营难以为继，也导致社会生产与消费循环迟滞。因而广告产业不仅对于广告高关联度的产业具有重大的市场价值，它对于一个区域社会经济的整体发展也具有重要的意义，这也是为什么把广告产业称为"先导产业"的重要原因。

广告作为具有广泛而深刻社会影响力的公开、持续、艺术化的信息传播活动，对于人们形成品类中的品牌倾向、品牌忠诚乃至品牌崇拜，具有重大的影响。而这种品牌认知、态度和行为上的选择必然导致排他性，也由此激发同类品牌的市场反弹并在广告活动、产品更新、服务提升等方面积极应对，市场竞争由此强化，这就是广告的市场竞争策动作用。竞争将促动产业的不断转型与升级，最终促进社会经济的良性发展。

虽然自身体量不大，但对于产业发展和社会经济进步具有高关联性，这应是广告产业的独特价值所在。

（三）复合性

广告产业的复合性源于其商业服务属性和文化产业属性。

广告属于商业服务业，但其内容是信息，形式是艺术，内含是文化，价值是创意，活动是传播，载体是传媒，可称作"商业文化"。

广告属于文化产业，但其功能是商业促销，是市场投资，是企业经营行为，可称作"文化商业"。

这种双重属性使广告产业成为服务产业、文化产业、艺术产业、时尚产业、创意产业、信息产业、传媒产业等的重要组成部分，因而具有了复合性的产业特征。

广告产业知识密集、技术密集、人才密集的定位正是这种特征的反映。

第二节 广告产业的形成与发展

▶ **一、广告产业的形成**

1

"产业的形成是指从事同一生产或经济活动的企业从无到有、从少到多的发育过程，且逐步达到一定规模构成产业的基本要素后从母体分离出来形成独立产业的过程。"[①] 产品剩余、社会分工、科学技术、企业创新等是推动广告产业形成的关键因素。

作为人，我们不得不传播，传播是我们的生存方式之一。广告作为一种传播活动，与人类的发展相伴相生。从广义的广告含义来看，人类早期的信息发布和交流，就是一种广告形式。但从广告的主体和狭义的角度，即商业广告来看，在古代社会随着生存力的提高而出现了产品剩余之后，人们为了更好地满足自身需要而与他人进行剩余产品交换，而交换的前提则是产品信息的告知。所以，伴随着商品交换的出现，商业广告活动随之产生了。

根据广告史的相关研究，早期的广告活动都是由出售商品者个人通过有声语言、音响、图画、符号、文字等手段，独立进行的商品销售活动的一部分，广告形式主要是叫卖、幌子、陈列、招牌等。

到了北宋时期，毕昇发明了活字印刷术，催生了我国最早的印刷广告，这便是济南刘家针铺所用的广告铜版雕刻。[②] 印刷广告的出现不仅延长了广告的存留时间、扩大了广告的发布地域，也应视为广告活动分工的开端，由此，广告主、广告创作者、广告制作者的角色从集于出售商品者自身而趋于分化。不过，这些角色的扮演者所承担的广告工作只是偶尔的"客串"而已，职业化、专业化的广告人并没有出现，重农轻商的文化以及大众媒介的缺位，使得我国的古代广告业在数千年的演进过程中没能得到充分发展。在西方，1610 年，英国第一家广告代理店是詹姆斯一世让两个骑士建立的。1612 年法国创立了"高格德尔"广告代理店。[③] 这些广告代理店的出现，标志着专业的广告代理服务机构和职业广告人的诞生，广告活动的承担者进一步分化。同样遗憾的是，这些专业的广告代理服务机构和职业广告人，只是零星的个案，没有形成规模和影响力，只能称之为"广告分工的最初萌芽"。

广告产业的真正形成是其"广而告之"功能的实现以及广告代理店的经营创新。

1445 年，德国人约翰·谷登堡制成了铅活字和木制印刷机械，成为举世公认的现代印刷术的奠基人。[④] 1457 年，世界上第一张印刷新闻纸诞生于德国的纽伦堡[⑤]，随后印刷报纸

---

① 刘家顺、杨洁、孙玉娟编著：《产业经济学》，中国社会科学出版社 2006 年版，第 15 页。

② 陈培爱：《中外广告史新编》，高等教育出版社 2009 年版，第 27 页。

③ 陈培爱：《中外广告史新编》，高等教育出版社 2009 年版，第 234 页。

④ 杨海军：《中外广告通史》，高等教育出版社 2012 年版，第 319 页。

⑤ 陈力丹：《世界新闻史纲》，福建人民出版社 1988 年版，第 2 页。

在欧洲各国开始盛行，不过这些早期的报纸大都局限于社会上层的读者，还没有成为实际意义上的大众媒介，影响范围有限。1650 年，世界上最早的报纸广告出现在英国的《新闻周刊》上，广告开始成为报纸经营收入的新来源，报纸的双重（发行、广告）盈利模式雏形显现。不过，当时广告量不大，报纸在经济上对于广告的依赖程度不高。报纸及报纸广告的出现使广告产业的诞生迈出了重要的一步。

工业革命在 18 世纪中叶始于英国，19 世纪初在北美登陆，其影响波及各行各业和家家户户。[①] 大规模的工业化生产刺激了经济增长，消费经济逐步确立，城市居民大量增加，报刊业以及报刊广告得到了快速的发展，为报纸承揽广告成为有利可图的职业，报纸的推销员转身成为广告业务员，广告代理业进入媒体掮客时期。到了 19 世纪 30 年代，真正意义上的大众媒介"便士报"出现了，报纸开始从社会上层走向底层民众。这些报纸作为大众化的商业媒介，市场化的生存逻辑，使其对于广告的依赖度大大增强，双重盈利模式成为报纸赖以生存的基本方式。报纸及其双重盈利模式的确立，造就了一批专门从事报纸广告代理销售的媒体广告代理公司，广告活动的专业化分工呈现了专门化和行业化，但其能够提供的广告服务仅仅停留在简单的报纸广告版面的代理推销方面。

1869 年，弗朗西斯·艾耶在美国费城开办了艾耶父子广告公司，一改当时的广告代理公司单纯代理报纸广告销售的单一经营模式，增加了代理广告客户进行文案撰写、广告设计、广告效果调查等多方面的广告业务，实现了对于媒体广告销售与广告主广告活动双重代理的经营创新，成为世界上第一家现代意义上的广告代理公司。从此，广告代理公司完全从广告主、广告媒体的附属和衍生中独立出来，成为一种新的行业，广告业进入规范化的发展阶段。此后，同类的专业广告代理公司在欧美以及日本相继涌现，世界主要国家和地区的广告产业就此形成。

在我国，现代广告产业的出现大约要追溯到 20 世纪三四十年代，其主体也是西方和日本广告公司的在华分支机构，本土广告公司因大都是设计制作类的小企业而难以向广告客户提供多样化的广告服务。中国广告产业的形成是在 20 世纪 80 年代，伴随着市场经济的发展和媒体广告经营的恢复而开始的。

▶ 二、广告产业的规模化发展

广告产业的规模化发展有三个层次的含义：一是广告企业的数量和广告经营额大量增加，形成产业规模；二是单一广告企业的集团化，做优做强做大；三是大量广告企业在一定地域内的集聚，形成区域规模化的广告产业集群。

从广告产业规模化发展的历史进程来看，这三个层次是渐次展开的，是一场历时性的产业升级过程。

自广告产业形成以来，在自由市场竞争、市场化媒介和消费社会等多重因素的推动下，

---

① 　［美］朱丽安·西沃卡：《肥皂剧、性和香烟——美国广告 200 年经典范例》，周向民、田力男译，光明日报出版社 1999 年版，第 26 页。

美国的广告产业一直走在世界各国的前面。广告代理公司不仅数量大量增加，而且，为了满足广告客户的多方面需求和有效地应对竞争，其服务内容也趋向综合化、全面化。为广告客户提供全面的广告代理服务的综合型广告代理公司成为美国广告产业的主体，率先实现了广告产业的第一次升级。随着市场环境和传播环境的日渐复杂、企业之间竞争的加剧，使得企业产生了包括广告、促销、公关、企业形象识别（CI）策划等在内的整合营销传播代理的需求，广告公司的代理服务也从广告运作层面的代理走向企业整合营销传播的代理。这可以看作广告产业的又一次升级。两次产业升级率先在欧美广告业发达国家和地区展开，从而大大提升了广告产业的服务领域和盈利空间，加速了欧美国家广告公司的规模化和集团化进程。[①]

随着广告产业规模的扩大、广告公司数量的增加以及市场竞争的加剧，到了 20 世纪 60 年代，以集团化为标志的广告产业升级导致市场集中度不断提高。1962 年，美国前十家广告公司的经营额占广告公司总经营额的 38%，1966 年这一比例则提高到 42%。[②] 以美国为代表的欧美国家通过广告公司的集团化发展，广告产业的集中度大幅提升，广告产业结构趋于合理，广告产业资源的配置进一步优化，广告产业绩效得以保障。

对于经济发展和城市有相当强依附性的广告产业，在规模化的过程中，最终都追随经济中心在特定区域集聚而形成了规模化的广告产业集群，反映了广告产业集聚发展的基本特性。世界范围内的三大广告业中心在 20 世纪 80 年代逐步在美国纽约、英国伦敦、日本东京形成。美国纽约的麦迪逊大道由于众多大型广告公司集团集聚于此，而成为美国广告业的代名词。

在我国，由于广告产业的历史较短、经济持续高速发展的强力推动、市场化的自然生长环境、外资广告公司几近控局的市场地位等因素，广告产业的规模化发展仅仅表现在广告经营单位的数量上。截至 2018 年年底，我国广告经营单位数量达到了 137.6 万户。尽管这种粗放式的广告产业规模化使我们以 7 991 多亿元人民币的广告经营额位居世界第二大广告市场，但广告产业还存在结构较为松散、广告产业绩效不高、广告服务水平较低等不足。

▶ 三、跨国广告公司集团的全球化扩张

（一）跨国广告公司集团全球化扩张的基本动因

从一般意义上说，只要有国际贸易以及出口市场的准许，就会有陪伴出口产品而来的广告公司，早期广告公司集团的扩张应该就是这样形成的，这也是广告公司集团海外扩张的原初动因。"跨国企业在全球拓展市场的过程中，需要广告公司能够提供统一标准的服务，因而伴随欧美跨国企业的全球化，欧美广告公司也逐步发展为全球性广告集团。"[③]

另一个全球扩张的动因是广告公司集团在本土的广告市场中已经处于竞争激烈的"红海"，而在广告产业处于发展初期或者成长期的国家和地区，跨国广告公司集团就能够凭

---

① 张金海、廖秉宜：《中国广告产业发展的危机及产业创新的对策》，《新闻与传播评论》2008 年卷。
② 《中国媒体发展研究报告》2005 年卷，武汉大学出版社 2006 年版，第 421 页。
③ 廖秉宜、付丹：《广告产业经济学理论与实践研究》，学习出版社 2012 年版，第 201 页。

借其先发优势和强大实力，通过对广告资源的强势占有和高水准的广告专业服务，占据广告市场竞争的主导权和有利地位，进而获取大量的广告业务和经营利益，进一步提高其规模化水平以及与其他全球性的广告公司集团之间的竞争实力。

（二）跨国广告公司集团全球化扩张的过程

事实上，欧美等广告产业先发国家的广告公司在本土以外的扩张早已开始。"在20世纪初及20年代前后，外商便开始在上海创办广告公司，如英、美商创办了克劳广告公司、麦克广告公司、彼美广告公司、美灵登广告公司等。"① 由此可以推断在跨国广告公司集团开始大规模的国际化扩张之前，欧美等广告产业先发国家的广告公司开拓国际市场的历史已有半个世纪左右了。

跨国广告公司集团的大规模国际化扩张，是从20世纪60年代开始的。第二次世界大战结束后，西方世界的经济开始恢复发展，国际贸易频繁，带动了跨国广告公司追随跨国企业的国际化发展。由于东西方冷战以及不同的经济体制，这个时期欧美、日本广告公司集团的扩张还局限在西方世界和自由市场国家。

到了20世纪80年代以后，随着中国的改革开放以及苏联解体和东欧剧变，开放性的全球化市场逐步形成，欧美、日本等广告业发达国家的强势广告公司集团，才从区域性的国际化拓展演变为真正意义上的全球性扩张，纷纷进入亚太、拉丁美洲、非洲等开放市场的广告后发国家和地区，在全球建立起几十家乃至上百家的分支机构，成为世界性的广告企业。比如WPP集团的公司分布在113个国家和地区；奥姆尼康集团有1 500余家的广告代理公司，员工超过7万人；电通集团有100余家子公司和合资公司。

（三）跨国广告公司集团全球化扩张的路径

学者根据对于奥姆尼康、WPP、IPG、阳狮、电通全球五大广告公司集团全球化扩张的实证研究，发现这些跨国广告集团的全球化扩张主要是通过如下路径实现的。

收购与兼并。自20世纪80年代开始，依靠强大的经济实力和娴熟的资本运作能力，欧美、日本等广告业发达国家的广告公司集团，通过兼并和收购手段，在世界各地广告市场上掀起了购并狂潮，造就了巨型的具有世界性影响力的顶尖广告企业。"美国学者Jaemin Jung曾做过相关统计，在20世纪的最后20年间，全球广告市场共发生603次大型的跨国并购活动，其中主要是由美国247次……"②

合资经营。收购和兼并成功的前提至少有两个，一是有雄厚的资本支撑，二是对被并购公司所在地的市场有足够的了解，没有这些条件，就难以通过并购实现扩张。另一种路径就是选择与当地优质广告公司进行合资经营。合资经营可以规避某些政策限制，减少资金投入，还有利于借助合作方对当地市场的了解以及市场资源来提高经营成功的可能性。在上述购并狂潮进行的同时，欧美、日本等广告业发达国家的广告公司集团也在世界各地

---

① 刘家林：《新编中外广告通史》，暨南大学出版社2000年版，第176页。
② 廖秉宜、付丹：《广告产业经济学理论与实践研究》，学习出版社2012年版，第207页。

建立了 150 余家合资公司。随着合资公司的运行趋于稳定，跨国广告公司集团都会有意增加所占股份甚至控股该公司，从而强化对合资公司的实际控制和支配。

独资经营。在进入其他国家或地区广告市场时就开办独资的广告公司，这种情况较为少见。因为不少国家和地区的广告市场都有个逐步放开的过程，到一定程度比如本国或本地区广告产业已经有了很强的竞争力或者到了履行国际市场开放协议的时限等，才会完全放开广告市场，允许外资开办独资的广告公司。到了这个时期，跨国广告公司集团对当地的广告市场有了基本的了解，多从合资广告公司退出而创办独资的广告公司。独资公司凭借专业优势和实力优势，吸聚所在地优秀的广告人才，不断强化其在当地广告市场的影响力。

国际化也是我国广告产业发展的一种战略选择。《广告产业发展"十四五"规划》提出：加快构建以国内大循环为主体、国内国际双循环相互促进的新发展格局，加快培育完整内需体系，加快推进社会主义文化强国建设，开展中国品牌创建行动，赋予广告产业更广阔的发展空间和更大的责任担当。在这种有效的制度安排下，我国广告产业的国际化发展步伐不断提速，已有几家大型广告集团积极拓展海外业务，取得一定成果。例如蓝色光标集团通过连续收购知名海外广告公司，迅速进入海外市场，2021 年蓝色光标"出海"广告投放收入达到 283.93 亿元，同比增长 16.3%，占总营收的 70.84%，成为业绩增长的主要贡献端。[1] 省广集团则通过拿下 TikTok Ads 出海核心代理，一度带动公司股价大涨。随着经济全球化的进程，"出海"已经成为我国广告公司发展的一大趋势，开拓海外市场或成为中国广告产业腾飞的关键点。

第三节　世界广告产业的几种发展模式

世界各国各地区由于不同的历史发展阶段以及社会、政治、经济、文化背景的差异，选择了不同类型的广告产业发展路径，也由此形成了在世界广告产业格局中的缤纷景观。但总体来讲主要有两种代表性的广告产业发展模式：欧美广告产业发展模式和日韩广告产业发展模式。

▶ 一、欧美广告产业发展模式

欧美作为市场经济率先发展的国家和地区，选择了基于自由市场竞争环境中的独立产业发展模式，其特征是：高度市场化背景下的自由竞争和独立于媒体与企业之外的产业发展。这种模式的典型代表是广告产业最为发达的美国。[2]

---

① 数据来源：《北京蓝色光标数据科技股份有限公司 2021 年年度报告》。
② 《中国媒体发展研究报告》2005 年卷，武汉大学出版社 2006 年版，第 420 页。

（一）美国广告产业的领先发展

美国的国家历史是在英法等欧洲国家殖民地开篇的，其最早的广告出现在 1704 年创刊的《波士顿新闻报》，广告发展直接从报纸广告起步。1890 年美国广告经营额已占 GDP 的 2.75%（2.00% 即意味着广告业进入成熟期），率先进入成熟发展阶段。20 世纪 60 年代，美国又在全球率先完成以集团化为标志的产业升级，并同时率先开始了大规模的全球扩张，广告公司的分支机构和服务范围遍及世界各地，实现了广告业的国际化，成为全球广告规模、广告实力、专业水平、理论研究等全面领先的第一广告大国。这种地位自第二次世界大战结束以来尚未改变。

（二）美国广告产业长期领先的原因

美国广告产业率先发展、实力强大、地位强势的形成，是因为它选择了一种适应美国社会、政治、经济、文化环境的广告产业发展模式。

美国长期推行相对自由的市场经济，鼓励企业通过自由的市场竞争获得发展。除短期内战外，美国本土一直处于和平发展的环境中，自 19 世纪末期以来经济发展一直领先于全球，企业之间的自由竞争、市场化的传媒业对于广告经营的极大依赖，双双为广告业发展提供了庞大的广告需求和广告资本供给，为广告业发展营造了丰厚的土壤。"由于广告产业对美国经济的高度依附性，以及人们对广告产业作为一个产业类别的认识弱化，美国对广告产业的垄断规制程度要较制造业企业和传媒企业明显弱化。"[1] 这种规制也对美国广告产业的集团化发展和集中度提高起到了保护作用。

（三）美国广告产业发展模式的基本内容

严格的广告代理制。美国的广告业长期以提供专业化广告服务的广告代理公司为核心，逐渐形成了广告主、广告代理公司、广告媒体、广告行业组织之间界限分明、分工合理的广告代理制这种有效的广告行业制度安排，从而保障了广告服务的高效率和专业化，也为广告业的核心机构——广告代理公司的发展创造了宽松、优裕的环境。在这种制度安排下，广告主把广告业务委托给广告代理公司而获得专业化的广告调研、策划、创意、设计、发布和整合营销传播服务，保障了广告活动的有效性，自身则专注于企业的经营管理和市场营销；广告媒体把自己的广告资源委托给广告代理公司销售而获得专业化的广告代理发布服务，提高了广告资源的利用和销售效率，自身则专注于新闻传播等主体业务。由广告主、广告代理公司、广告媒体联合组成的广告行业组织，作为第四方独立机构，为三方的合作、代理佣金、利益协调、市场规范化、服务标准化等制定规则，监督执行，维护着广告市场和广告产业的良性运行。广告代理公司在广告行业组织制定的合理的运作框架下从广告主和广告媒体双方获得广告代理业务，形成稳定可靠的业务来源和收入来源，从而保障自己能专心于广告服务和服务水平提高，向广告主和广告媒体提供高水准的广告专业服务。

---

① 刘传红：《广告产业组织优化研究》，湖北人民出版社 2012 年版，第 180 页。

市场与政府双重支持下的规模化发展。市场经济体制下，企业通过兼并等手段实现规模化发展进而建立寡头垄断式产业结构是其内在逻辑，但市场垄断又成为市场自由竞争的障碍，因而美国实行一种既鼓励竞争又限制垄断的政策，制定了《谢尔曼法》等反垄断法律。但由于广告产业在美国产业方阵中的比重不大，所以，对其规模化和垄断的规制就比较弱化，这就为美国广告公司的规模化发展创造了宽松的条件。

先发优势的全球化扩张。美国广告产业的规模化过程同时伴随着国际化，自冷战结束后又走向了全球化扩张，把广告产业的先发优势（广告学说、广告理念、广告准则、广告运作模式、广告体制等）扩散到了全球，实现了美国广告模式的全球覆盖，收割了先发优势全球推广的巨大红利，形成了世界广告市场中的广告霸权。

▶ 二、日韩广告产业发展模式

起步晚于欧美的日韩"追赶型"广告产业，结合本国的实际情况，选择了另一种有效的广告产业发展模式，即国家政策与行业标准双重维护下的媒介、企业共生型发展模式[1]，广告代理公司与媒介和企业形成稳固的产业共同体，有效地抵御了跨国广告代理公司的市场侵入，助推本国广告产业实现了快速升级发展，成为世界广告强国。

这种模式的基本特征，一是在产业发展初期，广告代理公司或依附于媒介或依附于企业；二是建立有国家政策和行业标准的双重产业维护。

（一）自我保护下日本广告产业的跨越式发展

世界上最大的广告代理公司之一的日本电通广告公司脱胎于通讯社，成立于1901年，以信息服务换取报纸的广告版面，与媒介关系密切。随后的连年战争打断了广告产业的持续发展。"二战"后，日本政府制定了一系列的政策法律，有力地促进了广告产业的快速起飞，1947年制定了《禁止垄断及公正交易法》等法律；1950年颁布了《外资法》，对外资企业进入日本广告市场进行了详细的说明和规制，对本土广告产业实行保护式发展。1952年，日本广告主协会、日本报刊发行量核查机构（ABC）等成立，公开发布印刷媒体的发行量等数据，为广告主和广告代理公司的广告投放决策提供权威可靠的依据，也维护了广告市场的公平竞争。1953年，全日本广告联盟成立，发布了《广告伦理纲领》，成为日本广告界共同遵守的最高行业准则。上述措施有效地促进了日本"广告产业的急成长"[2]。

在本国广告产业获得良好的发展之后，日本广告市场从20世纪60年代开始逐步开放。在此后十年左右的时间里，通过有条件地与跨国广告代理公司的合资、合作等方式，日本广告代理公司从欧美广告先发国家的跨国广告代理公司学到了先进的广告理念和经营模式，将自己提升为成熟化的具有国际运作水准的现代型广告服务机构，实现了广告产业的快速升级和跨越式发展，步入广告产业的高速成长期。1973年，电通广告公司年度广告经营额

① 《中国媒体发展研究报告》2005年卷，武汉大学出版社2006年版，第441页。
② 樊志育：《世界广告史话》，中国友谊出版公司1998年版，第218页。

首次排名世界第一，并长期占据此位置。美国《广告时代》公布的 2005 年度世界广告公司排名中，日本的电通、博报堂、旭通三家公司进入前十位。日本曾多年稳居世界第二大广告市场。目前，日本广告市场为世界第三大广告市场，广告总支出稳步增长，2021 年日本广告市场规模达到 6.8 万亿日元，是全球广告产业发展的强劲驱动力。[①]

（二）依托于大型企业集团的韩国广告产业

韩国广告产业的真正发展起步于朝鲜战争之后。1967 年，韩国最早的综合性广告代理公司合同通讯社的广告企划室成立。1973 年，三星集团成立第一企划。进入 20 世纪 80 年代，韩国颁布了《韩国放送广告公社法》，成立了韩国放送广告公社，直接推动了企业集团纷纷开办广告代理公司，乐天集团的大弘企划、现代集团的金刚企划、乐喜金星集团的 LGAD 等大型企业集团所属广告代理公司都创办于这个时期。1989 年韩国 ABC 成立，开始向广告界公布监测的印刷媒体发行量等广告专业数据。韩国广告产业由此进入成长期。

虽然在 1984 年美国就要求韩国开放广告市场，但直到 1989 年第一家外资广告公司才正式进入韩国广告市场。次年，韩国广告市场全面开放，韩国广告产业在获得长足发展的同时，受到了跨国广告代理公司的冲击。面对市场冲击，韩国通过 in-house 广告公司[②]的独特发展模式，通过多元化的产业经营、竞争性的激励机制、全球性的市场拓展、开放性的人才战略等经营策略，有效地保护了本国广告产业的发展，并诞生了一批世界级的广告集团。[③]

（三）日韩广告产业发展模式的基本内容

日韩广告产业在"二战"后的快速发展不仅受惠于其经济的快速起飞，更受惠于其独特的符合本国实际的广告产业发展模式。这种模式的主要内容如下：

媒介、企业、广告代理公司的广告产业共同体。在日本，最初的广告代理公司就与媒介有密切的关系。在随后的发展中，不少企业也开办了自己所属的广告代理公司。日本排名前十位的广告代理公司中，有三家属于企业集团所有，另外七家广告代理公司不是媒介集团所有，就是媒介或企业持股。在韩国，广告代理公司主要依托于大型企业集团，比如依托于三星集团的第一企划、依托于现代集团的金刚企划等。2003 年第一企划在本土广告经营收入中，三星集团的业务占了 72.7%。[④]第一企划一直是韩国广告市场的领头羊，2013 年其全球营业收入达到 27 199 亿韩元。[⑤]日韩广告代理公司借助于与媒介或企业集团的利益关联，获得了丰富的媒介资源和稳定充足的客户资源，也有效地阻止了本土广告资源的外流。

---

① 数据来源：Statista 全球统计数据库。
② In-house 广告公司又称广告主衍生广告公司或广告主自建广告公司，专指由广告主出资组建，专门负责该广告主的广告业务的广告代理公司。
③ 廖秉宜：《韩国广告产业发展的经验与启示——数字时代的再思考》，《中国媒体发展研究报告》2014 年第 00 期。
④ 《中国媒体发展研究报告》2005 年卷，武汉大学出版社 2006 年版，第 431—432 页。
⑤ 《中国媒体发展研究报告》2014 年媒体卷，武汉大学出版社 2016 年版，第 304 页。

1

国家政策与行业标准的双重维护。"二战"后，日本政府采取了一系列保护本国产业发展的政策和法律，引进外资不是为了市场的拱手相让，而是借此引进先进技术和学习先进的经营管理模式，促进本土产业的快速升级。日本依靠《外资法》等，抑制了外资在广告产业领域的直接投资，即使合资广告代理公司，外资占有的股份比重也很低。由于日本的广告代理公司与媒介和大型企业集团的经济关联，外资广告代理公司难以获得丰富的广告媒介资源和客户资源。日本颁布的多种广告法律和严格的广告行业自律，也推动了广告企业的规范化和专业化运作，能够有力地应对外资广告代理公司的竞争。在韩国，由于主要的广告代理公司都是大型企业集团所有，广告客户资源牢牢控制在本土广告代理公司手中。韩国推行独特的广播电视广告销售制度，广告代理公司能够从放送广告公社获取的 14% 的代理佣金里分到 11% 的绝大部分收入，这也保证了广告代理公司的稳定收入。

本土广告产业发育成熟后的对外开放。日韩虽然都开放了国内广告市场，但开放的速度非常缓慢，且在开放之前本土的广告产业都获得了相当程度的发育，即使外资广告公司进入也难以撼动本土广告公司对本土广告市场的强势控制地位，这就使得本土的广告公司不仅可以在广告市场的逐步开放中习得跨国广告公司先进的经营理念和经营模式，也实现了本土广告产业的升级发展。

思考题

1. 请比较几种有关广告产业的定义。
2. 你如何理解现代广告产业链的基本构成？
3. 你如何理解广告产业的基本属性？
4. 你如何理解广告产业的基本特征？
5. 为什么广告产业首先在美国形成？
6. 美国广告产业是如何进行规模化发展和国际化扩张的？对于中国广告产业发展有什么启示？
7. 世界广告产业有哪些代表性的发展模式？这些发展模式是如何形成的？其特点如何？

本章即测即评

第四章　我国广告产业的发展

　　快速发展的中国广告产业，创造了世界广告史的奇迹，并深刻地影响着全球广告产业的发展。2011年5月24日，国际广告协会主席阿兰·卢瑟福德在长沙举办的国际广告节上表示，中国已成为世界第二大广告市场，并正在从低成本生产过渡到创新和营销创意为主的生产，迈向世界广告大国。在了解世界广告产业的形成与发展之后，有必要进一步了解我国广告产业的发展历程、发展模式、存在的问题及政策走向。

第一节　我国广告产业的发展历程与发展模式

▶ 一、我国广告产业的发展历程

　　由于受高度集中的计划经济体制的影响，在新中国成立以后的很长时期内，广告产业发展十分缓慢，未能成为一个真正意义上的产业。尤其是在"文化大革命"期间，广告被彻底否定，全国的广告经营活动几近停止。党的十一届三中全会后，在以经济建设为中心、坚持改革开放的基本路线指引下，商品广告也得以恢复出现。以此为起点，我国广告产业发展经历了四个时期。

（一）迅速恢复发展期（1979—1987）

　　在改革开放的春风吹拂下，被压抑了几十年的经济大潮如决堤的江水，迅速汹涌澎湃起来。在涌动不安的经济潮流中，作为经济生活中最活跃的因素，广告做了第一个"吃螃蟹"的冒险者。尽管当时国家对广告的政策尚不明朗，但从1979年年初开始，过去被斥责为资本主义"毒草"的广告，竟纷纷登陆报纸、广播、电视等各级国家权威媒体。[①]

　　1979年1月4日，《天津日报》刊登了天津牙膏厂五种牙膏产品的广告，这是改革开放后国内媒体最早发布的广告。1月23日，上海《文汇报》刊发了第一条外商广告。1月28日，上海电视台播放了第一条国内商业电视广告——参桂补酒广告。3月15日，中央电视台率先播放第一条外商电视广告——西铁城星辰表广告。上海人民广播电台于1979年3月5日在全国广播电台中第一个宣布恢复广告业务；同年，中央电视台成立了广告科。同时，全国各地广告牌纷纷出现。

　　广告业的快速恢复，并不是一帆风顺的，也遭遇了诸多非议与阻力；因此，在实现突

---

① 黄勇编著：《中外广告简史》，四川大学出版社2003年版，第91页。

围的同时，广告迫切需要为自己恢复名誉，在学理上和意识形态上获得合法性。1979 年 1 月 14 日，上海《文汇报》发表丁允朋的文章《为广告正名》。文章指出，对资本主义的生意经要一分为二，要善于吸取它有用的部分，广告就是其中之一。广告能指导商品的流向，促进销售。这一点，对于我们社会主义经济来说，也是可以用来促进产品质量，指导消费的。因此，有必要把广告当作促进内外贸易，改善经营管理的一门学问对待，应该运用广告沟通和密切群众与产销部门之间的关系。

在此观念的引导下，自 1979 年以来，我国广告产业呈现良好的发展态势。1979 年全国广告年度经营额约为 1 000 万元，广告经营单位 13 户，广告从业人员 1 000 人左右。至 1987 年，全国广告年度营业额首次突破 10 亿元，达到 11.12 亿元，广告经营单位达到 8 225 户，广告从业人员 92 279 人，广告费占国民生产总值的 0.093%。至此，我国广告产业初具规模，在最初近乎一穷二白的底子上搭建起了一个基本的运作平台，为广告产业的高速增长奠定了坚实的基础。

（二）高速增长期（1988—1997）

随着改革开放的逐步深入，社会主义市场经济得到发展，我国逐渐告别商品短缺时代，进入商品竞争时期。多数企业和商家开始意识到广告对商品销售、引导消费所具有的重要作用，因此加大了对广告费用的投入。广告业成为国民经济发展中成长最为迅速的新兴产业之一。

1990 年 5 月 30 日，国家工商行政管理局发出《关于在温州市试行广告代理制的通知》，启动了广告代理制的试点工作，助推了温州经济的腾飞，对"温州模式"的形成与发展起到了重要作用。1993 年 7 月 15 日，国家工商行政管理局下发《关于在部分城市进行广告代理制和广告发布前审查试点工作的意见》，广告代理制试点在全国各大城市铺开，以调整广告客户、广告公司与广告媒体的关系，规范广告市场，促进广告产业的健康发展。国际通行的广告经营机制被引入中国，我国广告产业逐步走向成熟。

从整体来看，这段时间，我国广告业是在一个较高的起点上超常规高速发展。1988 年全国广告经营额 149 294 万元，广告经营单位 10 677 户，广告从业人员 112 139 人，广告经营额占国民生产总值的 0.1%；到 1997 年，全国广告经营额达到 4 619 638 万元，广告经营单位增加到 57 024 户，广告从业人员 545 788 人，广告经营额占国民生产总值的 0.585%。尤其是 1992 年、1993 年，我国广告产业年增幅分别达到 93.36%、97.63%，创造了全国广告发展史上的奇迹。

伴随着此时期的极速扩张，我国广告产业快速地走过了西方国家大约 40 年时间才走完的路程。高速增长期是我国广告业在当时的政治、经济条件下的一种必然的选择，也是我国市场经济发展和我国广告业发展的需要。不超速发展就无法适应超速发展的市场经济和其他产业的需要，也无法缩短与西方国家广告业的差距，我国广告业在国际大市场上就无法生存。

（三）平缓发展期（1998—2010）

1998 年我国广告经营额的年增长率为 16.42%，首次降到了 20% 以内，标志着我国广告产业告别了"低起点、高速度"的发展阶段，进入平缓发展的新时期。

1998—2010 年的统计结果显示，我国广告经营额的增速一直在 20% 之内徘徊，尽管 2003 年增幅为自 1998 年以来最高，达到 19.44%，却仍然没有突破 20% 的上线；而且，在 2003 年之后，我国广告经营额的年增幅持续回落。到 2009 年，广告经营额年增幅仅为 7.45%，首次低于国内生产总值年增幅 1.75 个百分点，创下我国广告发展史的最低纪录；广告经营额占国内生产总值的比例也明显回落，2010 年仅为 0.588%，为自 1997 年以来的最低值。

在此背景下，国家开始调整广告产业政策，于 2008 年出台了《关于促进广告业发展的指导意见》，为我国广告产业的再次腾飞夯实了基础。

（四）再次腾飞期（2011—2012）

为贯彻落实"加快发展文化产业、推动文化产业成为国民经济支柱性产业"的国家宏观产业政策，国家工商行政管理总局 2012 年发布了《关于推进广告战略实施的意见》，提出实施广告战略的具体办法和政策扶持措施，同年印发了《广告产业发展"十二五"规划》，这是我国首个被纳入国民经济与社会发展规划体系的广告业中长期发展规划，再度明确了国家将加大对广告业的扶持力度，对行业结构进行优化，推动自主创新，进一步完善法制和监管体系。

国家宏观产业政策的支持为广告业加速发展奠定了坚实的基础，营造了良好市场环境。各级政府积极响应国家政策，出台了一系列支持广告业发展的具体措施和落实办法，各地区扶持广告业发展的相关政策纷纷到位。至 2012 年年底，国家工商总局和财政部在 20 个广告产业园区开展中央财政支持广告业发展的试点工作，总局与 10 个地方政府签署了支持广告业发展的战略协议，强有力地促进了全国广告产业的升级与快速发展。2012 年全国广告经营额达到了 4 698.271 9 亿元，创造了自我国广告业恢复以来的最大增长值，上涨幅度达到 50.32%，创造了自 1993 年以来最大增幅，广告营业额在 GDP 中的占比也首次突破了 0.9%（见表 4-1）。2011 年和 2012 年两年是我国广告产业高速发展的黄金时期。

表 4-1　1990—2019 年中国广告产业发展状况[①]

年度	经营单位（户）	从业人员（人）	广告经营额（万元）	增长幅度（%）	占 GDP 比重（%）	户均广告经营额（万元）	从业者人均广告经营额（万元）
1990	11 123	131 970	250 173	25.15	0.134	22.49	1.90
1991	11 769	134 506	350 893	40.26	0.161	29.82	2.61
1992	16 653	184 279	632 216	93.36	0.252	40.67	3.66
1993	31 744	310 638	1 264 374	97.63	0.379	42.21	4.30

---

① 中国广告协会、《现代广告》杂志社编：《中国广告年鉴 2019》，机械工业出版社 2020 年版，第 34—35 页。部分数据来自 CEIC 数据库。

续表

年度	经营单位（户）	从业人员（人）	广告经营额（万元）	增长幅度（％）	占GDP比重（％）	户均广告经营额（万元）	从业者人均广告经营额（万元）
1994	43 046	410 094	2 002 623	49.35	0.416	46.52	4.88
1995	48 082	477 371	2 732 690	36.46	0.450	56.83	5.72
1996	52 871	512 087	3 666 372	34.17	0.515	69.35	7.16
1997	57 024	545 788	4 619 638	26.00	0.585	81.01	8.46
1998	61 730	578 876	5 378 327	16.42	0.637	87.13	9.30
1999	64 882	587 474	6 220 506	15.66	0.694	95.87	10.59
2000	70 747	641 116	7 126 632	14.57	0.718	100.73	11.12
2001	78 339	709 076	7 948 876	11.54	0.725	101.47	11.21
2002	89 552	756 414	9 031 464	13.62	0.751	100.85	11.94
2003	101 786	871 366	10 786 846	19.44	0.794	105.98	12.38
2004	113 508	913 832	12 646 601	17.23	0.791	111.41	13.84
2005	125 394	940 415	14 163 487	12.00	0.773	112.95	15.06
2006	143 129	1 040 099	15 730 018	11.06	0.742	109.90	15.12
2007	172 615	1 112 528	17 409 626	10.68	0.698	100.86	15.65
2008	185 765	1 266 393	18 995 614	9.11	0.632	102.24	14.99
2009	204 937	1 333 087	19 844 758	7.45	0.609	99.56	15.31
2010	243 445	1 480 525	23 405 076	14.67	0.588	96.14	15.81
2011	296 507	1 673 444	31 255 529	33.54	0.663	105.41	18.68
2012	377 778	2 177 840	46 982 719	50.32	0.905	124.37	21.57
2013	445 365	2 622 053	50 197 459	6.84	0.843	112.71	19.14
2014	543 690	2 717 939	56 056 033	11.67	0.870	103.10	20.62
2015	672 000	3 073 000	59 734 000	6.56	0.867	88.90	19.44
2016	875 146	3 900 384	64 891 296	8.63	0.873	74.15	16.64
2017	1 123 059	4 381 795	68 964 051	6.28	0.840	61.41	15.74
2018	1 375 892	5 582 253	79 914 851	15.88	0.870	58.08	14.32
2019	1 646 733	5 968 925	86 945 898	8.80	0.881	52.80	14.57

（五）再次平缓发展期（2013—　）

受我国宏观经济增长放缓、广告行业监管力度加大及行业内部结构调整等因素影响，2013 年起我国广告产业增长速度回归平缓增长态势，2013—2017 年经营额增长幅度均低于 15%，其中除 2014 年外增长幅度均低于 10%。但值得注意的是，2017 年我国广告经营单位 112.31 万户，同比增长 28.3%，首次突破了百万户关口，2018 年，我国广告产业经营额增长幅度达到 15.88%，为六年来最高值。我国广告产业一直处于稳中有升的状态，相信经过近几年的调整与积累，在未来几年内有望进入加速增长状态。

▶ 二、我国广告产业的发展模式

改革开放 40 多年来，我国广告产业取得了长足的发展，广告也成为社会经济发展强大的驱动力和润滑剂，极大地促进了我国的经济建设和社会的进步。但是，在巨大的成绩面前，有必要冷静地对我国广告业的发展状况进行研判，对我国广告业形成较为客观的认识。

（一）基本特征

虽然我国广告业发展速度惊人，但相对于世界广告产业而言，尤其是与广告业发达国家相比，我国广告业总体发展仍处于较低水平。

从人均广告费来看，我国人均广告费从 20 世纪 80 年代的 1 角钱，增长到了 2019 年的 89.9 美元（约 619.6 元）。但是，与美国（735.0 美元，2019 年）、日本（358.7 美元，2019 年）等广告业发达国家之间依然存在着很大的差距（见表 4-2）。

表 4-2　2019 年广告收入前十名国家的人均广告费情况[①]

排名	国家	人均广告费（美元）
1	美国	735.0
2	中国	89.9
3	日本	358.7
4	英国	434.3
5	德国	298.4
6	法国	200.3
7	巴西	61.1
8	韩国	246.0
9	澳大利亚	450.0
10	加拿大	294.0

① 数据来源：国家统计局和前瞻数据库。

从广告经营机构方面的情况看，我国广告经营机构数量多、规模小是多年来都未改变的事实。截至 2018 年年底，我国广告经营机构的数量多达 137 万多户，从业人员超过 558 万人，但是户均广告营业额仅为 58.08 万元，从业人员人均广告营业额则仅为 14.32 万元。事实上，我国广告经营单位和广告从业人员发展失控，广告营业额比例失调，经营单位过多而效益极低，加剧了广告经营中"僧多粥少"的现象，极不利于产业自身的发展。

概括地说，"低、小、散"是我国广告业最为突出的特征，也是我国广告产业发展面临的严峻现实。

（二）发展阶段

参照国际通用的广告市场评价标准，不难发现，1990—1995 年，我国广告经营总额占 GDP 的比重均低于 0.5%，也就是说此阶段是我国广告产业的起步阶段；1996 年我国广告经营总额占 GDP 的比重首次突破了 0.5%，从而进入起飞期；1996—2018 年，我国广告经营额占 GDP 的比重一直徘徊在 0.5% 到 1% 之间。可见，我国广告产业自 1996 年以来一直处于起飞阶段。

与一些广告业发达的国家和地区相比，我国广告产业目前仍然处于较低发展水平。以 2018 年为例，美国广告经营额占 GDP 的比值为 1.12%，而 2018 年中国广告经营额占 GDP 的比重仅为 0.87%。[①] 这不仅意味着中国广告业潜藏着巨大的发展空间，同时显示出目前我国广告业仍然处于较低发展水平的现实状况。

（三）产业模式

40 多年来，我国广告产业基本依循了美国广告业独立发展模式，学习和借鉴欧美广告公司在经营管理和专业化运作方面的成功经验，大力发展独立的广告代理公司。

所谓独立发展模式，即广告公司作为一个独立产业发展，要求广告公司与媒体和企业之间保持极强的独立性。这种模式建立的初衷，就是为了改变广告公司依附于媒体的现实。中国引进欧美广告公司的发展模式，就是希望通过学习和借鉴它们在经营管理和专业化运作方面的成功经验，提升广告代理公司的专业能力，推动广告产业的发展。

的确，这种模式在我国广告业发展初期一定程度上提升了广告代理公司的专业化服务水平。但是，由于缺少强有力的产业政策的引导和行业协会的支持，我国广告产业长期处于一种完全竞争状态，规模经济和范围经济无法形成，广告市场极不规范，外部性问题日益凸显，广告业生态环境严重恶化，对广告产业的健康可持续发展造成了极大的威胁。

与欧美国家不同的是，媒体一直在我国广告市场上居于强势地位，而随着企业的快速成长，企业广告主的实力不断增强，因此媒体与企业在广告市场上占据着主导地位，而本土广告公司由于专业服务水平的局限，以及缺乏与媒体和企业相抗衡的规模与实力，不仅无法取得像在美国市场那样的主导地位，而且其相对实力日益萎缩，呈现出高度弱小的尴尬状态。

---

① 数据来源：GroupM，《2020 年美国广告业年终报告》，第 13 页。

如果说本土广告公司的高度弱小在市场未完全放开之前还生存无忧的话，那么，自2005年年底始，跨国广告公司集团携巨资在中国市场上攻城略地，直接危及了中国广告产业的产业安全。我国港台地区广告业自由开放的发展模式，直接造成了外资广告公司全面主导并控制广告产业，这样的教训正可谓前车之鉴。

（四）我国港台地区广告产业发展模式

我国港台地区的广告产业深受欧美、日本的影响，选择了一条既不同于欧美又不同于日韩的发展模式，即自由开放背景下外资全面控局的发展模式。

1. 国际化主导的香港广告产业

香港自开埠以来就是国际化的自由港，并逐渐发展成为亚洲的传媒业中心、时尚中心、金融中心和购物天堂，为广告产业的高起点发展准备了丰富的资源。香港第一家广告公司成立于1927年，就是跨国广告公司开设的分公司。第二次世界大战前的大多数广告公司都有英资背景。第二次世界大战后，香港经济起飞，本土广告公司开始发展，并与跨国广告公司进行合作，专业化水平迅速提高，广告产业进入成熟期。及至20世纪七八十年代，跨国广告公司大量进入香港广告市场，凭借其雄厚的经济实力不断兼并本土广告公司，香港广告产业已完全被跨国广告公司主导。2000年，香港人均广告费跃居世界第一。当下，香港有千余家广告公司，而香港广告商会所属的19家跨国广告公司分支机构的广告营业额竟占香港广告营业额的50%以上，国际化主导的态势由此可见一斑。

2. 成熟前高度外资化的台湾广告产业

台湾初期的广告公司都是单纯制作型的小型机构，直到1959年才有了第一家综合型广告公司——东方广告社。"从30年代末期外国广告公司来台成立分支机构，为外商介入台湾广告市场投石问路，历经50年代、60年代期间台湾广告业先驱与知名广告外商陆续建立合作关系……"[①]台湾有一定规模的综合型广告代理公司绝大部分与日本、欧美及我国香港等地的跨国广告公司有很深的渊源，最初的影响多来自日本，后来与欧美及我国香港的跨国广告公司关联日深，广告业进入成长期。台湾广告市场于1981年全面开放，1984年媒体管制全面放开，释放了媒体广告资源，1986年又允许外商成立独资广告公司。从此，跨国广告公司加快了对台湾本土广告公司的市场挤压和兼并，本土广告公司之间的恶性竞争又导致很多公司接连倒闭，到了21世纪初，本土综合型广告代理公司仅剩下1970年创办的联广公司，未及发育成熟的台湾广告业被跨国广告公司绝对掌控。

3. 我国港台地区广告产业发展模式的基本内容

（1）自由开放的广告市场

香港广告业一诞生就是国际化、外资化，香港在高起点上发展并迅速发育成为亚洲广告业中心。虽然本土广告公司和跨国广告公司一直相伴而生，但在自由开放的市场上，经济实力、广告理念、广告运作模式、广告经营经验等方面的巨大差距，使得没有政府庇护的本土广告公司难以与跨国广告公司相抗衡而将广告市场拱手相让。台湾广告业同样是在

---

① 樊志育：《世界广告史话》，中国友谊出版公司1998年版，第95—96页。

没有充分发育成熟、没有政府特护的情况下，与实力强大的跨国广告公司在自由开放的广告市场上拼杀，其结果与香港如出一辙。

（2）产业升级与本土衰微并行

港台两地通过极少限制的广告市场的全面开放，使本土广告公司在与跨国广告公司之间的交流、合作、竞争、并存中，广告的专业化、科学化水平迅速提高，从整体上实现了广告产业的升级发展。但也形成了畸形的广告产业结构和产业绩效，即本土广告公司数量虽多但规模小实力弱，跨国广告公司数量少但规模大实力强。

上述两种广告产业发展模式都是在特定的时空背景中形成的，自有其优长和不足。这些模式也为我们寻找到适宜性的广告产业发展模式提供了借鉴。

第二节　我国广告产业发展存在的问题

40多年来，我国广告产业取得了长足的发展，广告也成为社会经济发展强大的驱动力和润滑剂，极大地促进了我国的经济建设和社会的进步。然而，发展并不能掩盖我国广告产业所存在的问题。其中，低集中度的市场结构与低利润的市场绩效、外资广告公司的强势及其在我国的扩张两大问题尤为突出。

▶ 一、低集中度的市场结构与低利润的市场绩效

（一）低集中度的市场结构

所谓市场集中度，是指在某一特定产业中市场份额控制在少数大企业手中的程度，它是反映特定产业市场竞争和垄断程度的概念。市场集中度又可以分为绝对集中度和相对集中度，前者一般是以产业中最大的 n 个企业所占市场份额的累计数占整个产业市场的比例，这一指标能够反映市场上 n 个最大企业的情况。

贝恩最早运用绝对集中度来对产业的垄断和竞争程度进行分类研究，将集中度类型分为6个等级，并据此对当时美国产业的集中度进行了测定。（见表4-3）

表4-3　贝恩对产业垄断和竞争类型的划分（美国）[①]

类型	前四位企业市场占有率（CR4）	前八位企业市场占有率（CR8）	该产业的企业总数
Ⅰ.极高寡占型 A B	75%以上 75%以上		20家以内 20~40家
Ⅱ.高集中寡占型	65%~75%	85%以上	20~100家

---

① 参见王俊豪主编：《现代产业经济学》，浙江人民出版社2003年版，第67页。

续表

类型	前四位企业市场占有率（CR4）	前八位企业市场占有率（CR8）	该产业的企业总数
Ⅲ．中（上）集中寡占型	50% ~ 65%	75% ~ 85%	企业数较多
Ⅳ．中（下）集中寡占型	35% ~ 50%	45% ~ 75%	企业数很多
Ⅴ．低集中寡占型	30% ~ 35%	40% ~ 45%	企业数很多
Ⅵ．原子型	30% 以下	40% 以下	企业数极其多，不存在集中现象

根据中国广告协会和《现代广告》杂志历年发布的中国广告行业统计数据，对 2001—2014 年中国广告产业的绝对集中度进行统计（见表 4-4），呈现出以下特征：

表 4-4　2001—2014 年中国广告公司广告行业集中度 [①]

年度	CR4（%）	CR8（%）
2001	13.36	22.71
2002	18.32	28.18
2003	22.95	33.89
2004	22.30	30.89
2005	20.81	32.44
2006	23.51	39.08
2007	24.72	41.63
2008	25.43	42.58
2009	21.82	35.28
2010	21.45	35.72
2011	20.19	33.52
2012	14.87	23.43
2013	11.25	17.93
2014	13.04	20.92

[①] 蹇倩雯：《中国广告公司行业集中度测度及市场失衡探析》，《广告大观（理论版）》2017 年第 1 期。

1. 我国广告产业仍然处于完全竞争的原子型市场结构

从 2001—2014 年的我国广告业 CR4 和 CR8 来看，除了 2008 年 CR8 达到 42.58%，其他的 CR8 均低于 42%。对照贝恩对产业垄断和竞争类型的划分标准，我国广告产业属于原子型的市场结构，即市场中广告公司数量极多，不存在产业集中现象。

2. 我国广告产业处于市场集中度下降的趋势

从 2001—2014 年中国广告产业发展的数据来看，2001 年至 2008 年期间市场集中度呈整体上升趋势，2008 年市场集中度最高，CR4 和 CR8 值分别达到 25.43% 和 42.58%。2008 年后则一直呈下降趋势，2013 年市场集中度最低，CR4 和 CR8 值分别为 11.25% 和 17.93%。集中度就是大公司的营业额与全国广告公司营业额的比例，集中度下降说明大公司的业务扩张速度低于广告公司业务平均增长水平，也说明了广告公司行业竞争的不断加剧。[1]

整体来看，我国广告行业集中度一直处于较低状态，广告公司规模小且发展较弱，广告行业仍需继续整合与变革。[2]

（二）低利润的市场绩效

所谓市场绩效，是指在一定的市场结构和市场行为条件下市场运行的最终经济成果。直接或间接地对市场绩效优劣进行评价的指标主要有产业的资源配置效率和利润率水平、与规模经济和过剩生产能力相关的生产相对效率（或规模经济效益）、销售费用的规模、技术进步状况与企业内部组织管理效率（或 X- 非效率程度）、价格的伸缩性以及产品的质量水准、款式、变换频度与多样性等方面。针对我国广告产业的市场绩效评价，由于条件限制，虽无法充分获得上述各项指标的数据，但以下三组数据可以在一定程度上反映我国广告产业的市场绩效。

1. 广告公司的规模经济性与生产的相对效率

生产的相对效率，主要是从产业内企业是否实现了规模经济性以及已有生产能力的利用程度，分析资源在产业内的有效利用程度。以 2018 年为例，我国主营广告业务的公司有 451 120 户，年营业额为 43 895 883 万元，年户均广告营业额为 97.3 万元。如果按 15% 的利润率计算，每家公司的平均利润仅为 14.6 万元。我国广告公司远未达到有效经济规模。

"广告业不像汽车行业的典型社会化生产，规模效益不明显，不能拥有一个规模经济的数量。但通过中美之间的横向比较可以清楚地看到，我国广告公司的生产效率较低。美国广告公司的平均规模是我国广告公司的十倍以上。所以我国广告公司距离规模经济相差很远。规模经济不明显是影响目前广告公司运行效率的重要原因，众多的中小公司不能形成规模，从而整个市场也不能形成有效的规模，直接制约了整个市场的效率提升。"[3]

2. 广告公司的利润率

我国广告产业的低集中度，以及服务同质化和进入退出的低壁垒，使得广告产业存在明显的过度竞争，由此引发广告公司之间的恶性竞争，摊薄了广告行业整体利润。

① 蹇倩雯：《中国广告公司行业集中度测度及市场失衡探析》，《广告大观（理论版）》2017 年第 1 期。
② 蹇倩雯：《中国广告公司行业集中度测度及市场失衡探析》，《广告大观（理论版）》2017 年第 1 期。
③ 孙海刚：《我国广告业的产业组织分析》，《商业时代》2006 年第 25 期。

以我国几家具有代表性的大型上市广告公司为例（见表 4-5），2014 年开始，蓝色光标、思美传媒等大型广告公司在此期间，主营业务利润率都出现不同程度的下滑。其中蓝色光标的下降幅度最大，从 2010 年的 47.37% 跌至 2018 年的 11.52%。大型广告公司尚且难以抵御利润率下行的压力，行业中的小微广告公司更加难以维持利润，面临生存严冬。

表 4-5　2010—2018 年我国大型广告公司主营业务利润率情况　　　　　　单位：%

公司名称	2010	2011	2012	2013	2014	2015	2016	2017	2018
省广集团	9.12	12.11	14.45	18.03	19.45	17.35	17.52	11.61	13.75
蓝色光标	47.37	31.36	33.72	33.97	31.26	27.16	21.36	17.92	11.52
思美传媒	12.85	12.84	14.36	14.01	11.92	11.50	10.98	14.30	11.15
利欧股份	21.39	19.94	23.26	23.79	22.50	22.21	20.73	15.16	11.20
华谊嘉信	12.16	8.81	9.77	10.43	12.22	17.43	18.30	18.64	15.88

3. 广告客户投放广告花费的缩减

作为客户，广告主投放广告的花费在很大程度上决定了广告行业的利润情况。当广告主减少广告花费时，广告公司的利润也将随之缩窄。央视市场研究（CTR）公布的 2019 年前三季度广告市场（含互联网）的数据显示：全媒体广告刊例花费同比下降 8.0%；各分媒体表现均不如人意，其中传统媒体下滑更为明显，同比降幅为 11.4%。电梯电视、电梯海报、影院视频广告刊例花费同比增长 2.8%、4.5%、3.6%，均收缩到 5% 以下。广告主在经济整体环境影响下信心有所波动，从而减少广告刊例花费，致使中国广告市场持续低迷。广告企业由此遭遇巨大的经营压力，难以提升获利能力。

▶ 二、外资广告公司的强势及其在中国的扩张

中国经济的快速增长、巨大的市场潜力，使得很多国际性的企业集团纷纷瞄准中国市场。伴随着这些跨国集团进入中国，跨国广告公司也将自己的业务拓展到中国市场。经过 40 多年的发展，这些跨国广告公司基本上占据了中国广告市场的半壁江山，对中国本土广告业产生了强大的冲击，使中国广告业面临外资主导的危险。

（一）外资广告公司在中国广告市场的成功抢滩

党的十一届三中全会以后，改革开放政策的提出把中国的经济置于一个新的起跑线上，外资广告公司开始锁定经济发展潜力巨大的中国市场。1979 年法国阳狮集团最早落户中国，率先在中国设立办事处。1981 年日本电通也在中国设立办事处。随后，欧美大型广告集团纷纷在中国设立办事处，服务于跨国企业开展广告业务。受政策的限制，直到 1985 年首家中外合资广告公司——天津联谊广告公司（中日合资）才在天津经济开发区成立。此后，中国国际广告公司、中国电扬广告公司等中外合资广告公司陆续成立。但是，

直到 1991 年，外商投资广告公司的数量在我国仍然有限，仅有 13 家，且经营规模偏小，广告营业额甚微，跨国广告公司的实力并未展现，对中国广告产业的影响较小。

此后，随着中国改革开放的深入和政策的放宽，加上跨国企业在中国的迅猛发展，极大地激发了跨国集团在中国的投资热情，全球五大广告公司集团均开始抢滩中国市场。

1. WPP 集团

早在 1984 年，WPP 集团即在北京建立伟达公关公司。1986 年上海奥美广告公司的成立标志着 WPP 正式开始代理客户的中国市场业务。此后，智威汤逊、奥美公关、传立媒体等相继进入，组成了 WPP 在中国的航母舰队。

2. 宏盟集团

宏盟集团稍晚于 WPP 集团进入中国市场。1991 年 BBDO 与新华社下属的中国联合广告总公司合作，成立天联广告有限公司。此后，宏盟快速启动了在中国市场的扩张，天联、恒美、李岱艾（TBWA）、浩腾媒体共同构筑了这个集团在中国的事业版图。

3. IPG 集团

1991 年麦肯与光明报业集团在北京合资成立麦肯·光明广告有限公司，次年在上海、广州设立分公司，成为其在 131 个国家和地区、191 家广告代理网络中的重要结点。1993 年灵狮设立上海办事处；1996 年 8 月与光明日报社在上海合资组建上海灵狮广告有限公司，并在北京与广州各设一个办事处。上海灵狮 2002—2003 年度以高达 90.76% 的营业额增长率，成为最引人注目的明星。

4. 日本电通集团

日本电通集团秉承其一贯追随日系企业的跟进扩张策略，于 1994 年正式进入中国，与中国国际广告公司及民营企业大诚广告合资成立了北京电通，并分别在上海、广州、青岛、深圳建立子公司。此外，为了扩大业务，同时避免竞争，电通还组建了北京东方日海、上海东派广告两家广告公司，由电通中国总裁山村正一在香港协调整体业务。

5. 法国阳狮集团

1998 年，阳狮集团通过收购在华港资广告公司恒威（Ad-Link），属于在国际广告与传播集团中最晚进入中国市场的。[①] 但是，阳狮集团在中国收获颇丰，旗下的李奥贝纳、盛世长城、实力传播很快在中国市场上立足，并成为专业广告公司、媒介购买公司的佼佼者。

到 1998 年，全球五大广告集团均在中国落户，并加速扩张市场。

（二）跨国广告集团在中国市场的扩张态势

对于以中国区为重心的亚太市场，WPP 集团首席执行官（CEO）马丁·索瑞尔的目标是将亚太区营业额所占全球营业额比例从不足 20% 提高到 1/3。北京电通的年增长率以及盈利水平在电通集团的海外子公司中也遥遥领先，由此坚定了电通集团继续在中国市场扩张的决心。毫无疑问，进入 21 世纪的中国市场已然成为各跨国广告集团全球的战略重心。2005 年 12 月 10 日是一个分界点，按照世界贸易组织（WTO）规定，中国将全面开放广告

---

① 袁铭良、马晶：《4A 广告公司格局图》，《新财富》2003 年第 8 期。

市场。之前，各广告公司集团已经通过合资公司实现了在中国市场的第一步扩张——无论从业务领域还是地域市场，它们都做好了充足的准备，以迎接 WTO 规则实施后的新的一轮市场竞争。

2005 年后，跨国广告公司在中国广告市场呈现以下三个发展态势：

1. 主业与非传统广告业的同步扩张

跨国广告公司在中国的发展普遍存在营业额增长、利润率下降的特征。这种现象充分说明了中国广告市场需求增长的同时竞争加剧的现状——由于跨国广告集团的涌入，广告市场的资本容量急剧扩张，当资本的扩张速度高于市场容量增长时，势必导致平均利润水平下降。这种影响体现在业务领域将直接表现为广告集团经营重心向非传统广告业务的扩张。

WPP 集团 CEO 马丁·索瑞尔关于集团未来的业务发展有过这样的设想：在 5 至 10 年内将非传统广告业务由原来的 50% 左右提高到 2/3，同时将其中的直效行销、市场调研业务由 1/3 提高到 1/2。其他广告公司集团也将非传统广告业务作为集团发展的重点——阳狮集团的实力传播、星传媒体，宏盟集团的浩腾媒体，IPG 集团的万博宣伟公关，以及北京电通的电通传媒，都是各集团对中国广告市场非传统广告业务的积极拓展。

除了经营公关、行销、形象策划等广告相关业务，电通更是将业务的触角伸向传媒的内容产业，2004 年成立的上海上影电通影视文化传播有限公司，就是电通在中国文化产业领域进行业务拓展的第一步。这意味着跨国集团以其所持的大资本一俟中国相关领域的政府规制放宽，即展开相关业务的极力拓展。

2. 主导市场与次级市场的同步扩张

由于传统广告市场的相对饱和导致竞争加剧、利润率下降，各大广告集团一方面将业务重心向非传统广告领域倾斜，另一方面也试图扩大从事传统广告业务的广告代理公司的市场。奥美并购奥华广告，正式成立福建奥华奥美，标志着合资广告代理公司开始抢占二三线城市。以往合资广告代理公司的市场重点均放在京沪粤三地，以抢占大客户为主，但随着中国宏观经济的发展变化，各合资公司也开始关注新兴的二三线城市。北京电通为了抢占东北、中西部市场，分别在成都、武汉筹建事务所，在成都、沈阳成立合作公司。

这种地域性的市场扩张一方面可以为各大广告集团传统广告业务寻找新的市场，另一方面可以使集团尽可能多地整合全国各地的市场资源，为下一步扩张奠定坚实的基础。

3. 大资本运作背景下的并购扩张

跨国广告集团真正的优势在于利用手中掌握的超大型资本有效整合市场资源，通过兼并重组等手段将市场纳入少数寡头的控制范围内，凭借对市场资源的控制能力取得高额垄断利润。

随着 2005 年年底 WTO 相关市场规则的实施，包括广告市场在内的中国市场面临政府规制的全面缓和。市场开放、规制缓和就好像松开了限制资本流动的水阀，包括各大广告集团在内的跨国集团都可携带着巨大的资本冲击中国市场。在这样的开放市场环境下，广告集团的运作变化不仅限于将合资改为独资，而是一种大资本的运作——大资本的兼并收购行为将极大加速改变中国广告市场的结构，并推进广告市场与其他相关市场、广告产业与其他相关产业的融合，跨国广告公司在中国市场的强势地位将进一步强化。

（三）外商投资广告公司在中国市场的强势地位

40多年的改革开放，造就了高速增长的中国广告产业，更是直接造就了外商投资广告公司在中国广告市场中长期的强势地位。以中国广告公司营业额排名前十位的情况为例，1995—2013年间外商投资公司占据了绝大多数的席位（见表4-6），且排名靠前。其中，上海李奥贝纳广告有限公司、盛世长城国际广告有限公司、麦肯·光明广告有限公司、智威汤逊中乔广告有限公司、北京电通有限公司等则是上榜的常客。近年来我国逐渐涌现一些优秀的大型本土广告公司，逐渐重新占据我国广告公司收入前十位榜单的位置，一定程度上削弱了外资广告公司的垄断地位。如表4-7所示，根据中国4A广告协会发布的榜单，2019年中国4A广告公司收入前十名中，中国本土企业占7位，外资企业仅占3位。但值得注意的是，前五名中仍有2家为外资企业，其中北京电通广告有限公司位列第二名，34.33亿元的年收入远远超过排在后面的其他中国本土企业，这说明外资企业在中国广告市场中的强势地位仍不容小觑。

表4-6　中国广告公司营业额前十位的合资公司数量

年份	1995	1996	1997	1998	1999	2000	2001	2002	2003	2004
数量（户）	6	6	7	7	7	8	7	6	7	7
年份	2005	2006	2007	2008	2009	2010	2011	2012	2013	
数量（户）	7	6	7	7	8	8	8	8	8	

表4-7　2019年中国4A广告公司收入前十强排名

公司	收入（亿元）	排名
上海沪琛品牌营销策划有限公司	85.92	1
北京电通广告有限公司	34.33	2
北京广告有限公司	14.50	3
北京蓝色光标数据科技股份有限公司	8.11	4
电通安吉斯集团中国	7.28	5
分众传媒（中国）控股有限公司	7.25	6
广东省广告集团股份有限公司	5.52	7
吉广控股有限公司	5.33	8
利欧集团股份有限公司	1.53	9
群邑（上海）广告有限公司	1.14	10

第三节　我国广告产业发展的制度安排

国家主导是我国经济发展模式的特殊之处，即国家的政策与制度安排作为中国经济发展的动力与引擎。我国广告产业也同样受到国家政策与制度安排的极大影响。

▶ 一、市场监管与限制性的制度供给

40 多年来，尤其是在 2008 年之前，虽然我国也出台过激励性政策，但总体而言，我国高度关注广告市场监管，体现出明显的限制性特征。

（一）高度市场化：缺乏对本土广告业的保护

广告在我国的恢复，不仅是改革开放的信号，也是建立和发展社会主义市场经济的标志。与其他产业不同的是，政府对广告产业一直采取高度市场化的产业政策。改革伊始，外资即获准进入我国广告业。尽管有关文件明确规定，合资广告公司中，中方必须绝对控股（51% 以上的股份），但外方事实上控制了大部分合资广告公司，这早已成为广告业内"公开的秘密"。当然，外资广告公司在我国的全面扩张始于 2005 年 12 月我国全面开放广告市场之后。外资广告（集团）公司以惊人的速度攻城略地，大举收购我国本土广告公司，并快速地整合在华传播力量，形成了对中国广告市场的垄断局面。与此相反，由于缺乏对本土广告业的保护和政策倾斜，我国本土广告公司经历了 40 多年的发展，仍然非常分散而且弱小，户均经营额和人均经营额分别仅为外资广告公司的 1/52 和 1/24。

（二）清理整顿：高度关注虚假、违法广告

40 多年来，国家针对广告业中的虚假和违法广告，相继出台了一批法律、法规和政策，并由全国各级工商行政管理部门牵头，分别在 1982 年、1984 年、1986 年和 1988 年，分四次对广告行业进行了全面的清理整顿。2005 年之后，国家工商行政管理局会同有关部门建立部际联席会议制度，开展虚假违法广告专项整治行动，显示出政府对治理广告业的决心。据统计，2015—2018 年全国工商行政管理机关查处的广告违法案件累计 12.14 万件，罚没金额累计高达 22.25 亿元。总体而言，我国高度关注虚假、违法广告，"清理整顿"成为我国广告业的关键词。

（三）从紧：税收政策备受质疑

虽然政府文件多次明确地将广告业界定为"高新技术产业"，但广告业未获得"高新技术产业"所享有的税收优惠。相反，以广告"日益泛滥"、广告费支出"太多"为由，2000 年 5 月国家税务总局印发《企业所得税税前扣除办法》并规定，纳税人每一纳税年

度发生的广告费支出不超过销售（营业）收入 2% 的，可据实扣除；超过部分可无限期向以后纳税年度结转。粮食类白酒广告费不得在税前扣除。纳税人因行业特点等特殊原因确实需要提高广告费扣除比例的，须经国家税务总局批准。此办法遭遇了学界和业界的质疑。一方面，不同行业的广告弹性不尽相同，因此"广告费支出不超过销售（营业）2%"的规定，并不符合不同行业的现实情况；另一方面，广告是企业进行市场竞争的利器，广告在一定程度上反映了企业主观的战略意图，因此广告费支出是企业内部决策，是企业自主权的一部分。2001 年 8 月国家税务总局再次发文，将包括制药、食品（包括保健品、饮料）、日化、家电、通信、软件开发、集成电路、房地产开发、体育文化和家具建材商城等在内的行业的广告费用所得税税前扣除标准调整为 8%。2019 年修订的《中华人民共和国企业所得税法实施条例》规定，企业发生的符合条件的广告费和业务宣传费支出不超过当年销售（营业）收入 15%。以上可看出，我国的税收政策一直延续但在逐步放宽。

（四）规范行业秩序：出台广告法

1995 年 2 月 1 日，《中华人民共和国广告法》正式施行，这是中国历史上的第一部广告法。该法建立了我国的广告准则，制定了广告主、广告发布者、广告经营者的行为规范，对广告的违法、侵权行为明确了相关法律责任和惩罚制度。

随着我国广告业迅速发展和互联网广泛应用，广告发布的媒介和形式发生了较大变化，与之相比，1995 年颁布实施的广告法还存在广告总则内容不够完备、广告活动规范不够明晰、虚假广告认定标准不够明确、法律责任操作性不强等问题，难以有效遏制广告违法行为。2015 年 9 月 1 日起，修订后的广告法正式实施，这也是广告法实施 20 年来首次修订。与旧法相比，此次修订后的《广告法》进一步完善了对广告行业的规范制度，主要新增内容包括：第一，明确定义虚假广告，商品或者服务不存在、商品性能等信息与实际情况不符、使用虚构证明材料的、虚构使用商品效果的、以虚假内容欺骗误导消费者 5 种情形，都将被视为虚假广告；第二，对明星代言问题予以明确，规定广告代言人不得为其未使用过的商品或者未接受过的服务作推荐、证明，虚假广告的广告代言人三年内将不得再次为广告代言；第三，首次增加对互联网广告的相关规定，填补了旧法的缺失。新广告法解决了旧版广告法存在的一些问题，解决了社会公众反应比较强烈的一些广告乱象，在制度层面更加完善、健全、合理，同时也规范了执法行为，有利于促进依法行政。

而后，《广告法》又经历了两次修正。2018 年 10 月 26 日，第十三届全国人民代表大会常务委员会第六次会议对《广告法》作出修改，修改内容主要是"新闻出版广电部门"和"工商行政管理部门"的称谓变更，将"新闻出版广电部门"修改为"新闻出版、广播电视主管部门"，"工商行政管理部门"修改为"市场监督管理部门"。2021 年 4 月 29 日，第十三届全国人民代表大会常务委员会第二十八次会议再次对《广告法》作出修改，删除了与"广告发布登记"相关的规定内容。

▶ 二、职能调适与激励性的制度安排

在实现从早期市场经济制度转向现代市场经济制度转型的过程中，政府不断调适职能，广告产业政策从限制性逐渐转向激励性。

（一）《关于加快广告业发展的规划纲要》

1993年，国家工商行政管理局与国家计划委员会发布《关于加快广告业发展的规划纲要》，第一次明确界定了广告产业的特性，并提出我国广告产业发展的基本思路：

（1）明确界定了广告产业的特性。在市场经济运行中，广告可以作为沟通生产与消费的中介；发达的广告业可以促进经济资源的合理配置；广告业属于知识密集、技术密集、人才密集的高新技术产业。

（2）支持发展广告（集团）公司。支持具有综合实力的广告企业组建跨国、跨行业、跨地区、跨部门的广告企业集团。到2000年，全国要有一批实力雄厚、经营能力和技术水平达到国际标准的综合性广告公司，参与国际广告市场竞争。

（3）建立广告专业技术资格认证制度。大幅度增加对广告教育的投入，加快人才培养步伐，逐步建立起广告专业技术资格认证制度。按国际通行做法，建立广告专业技术资格认证制度和认证机构，为广告业开拓国际市场打好基础。

（二）《关于促进广告业发展的指导意见》

2008年3月13日国务院办公厅下发《关于加快发展服务业若干政策措施的实施意见》，明确提出分门别类地调整和完善相关产业政策，认真清理限制产业分工、业务外包等影响服务业发展的不合理规定，逐步形成有利于服务业发展的产业政策体系。在此背景下，我国政府对广告业的发展进行了前瞻性的战略规划。

2008年4月23日国家工商行政管理总局、国家发展和改革委员会发布《关于促进广告业发展的指导意见》，再次明确了广告业"知识密集、技术密集、人才密集"的产业特点及其作为创意经济的重要内容的产业地位，并提出培育具有国际竞争力的广告企业、形成大型综合性广告媒体、发展广告创意产业集群、构建广告业公共服务管理体系、建立广告业人才培养教育机制、壮大公益广告事业等广告业发展目标与任务，为我国广告产业进入新的发展阶段铺平了道路。

（三）中国广告产业发展规划

在各国普遍将文化创意产业纳入国家重点发展的战略产业的背景下，我国政府亦开始意识到文化产业的战略意义，并实施积极的产业政策，促进文化创意产业的大发展、大繁荣。

2009年7月22日，我国第一部文化产业专项规划——《文化产业振兴规划》由国务院常务会议审议通过。这是继钢铁、汽车、纺织等十大产业振兴规划后出台的又一个重要

的产业振兴规划，标志着文化产业已经上升为国家的战略性产业。该规划明确提出，发展"以文化创意、影视制作、出版发行、印刷复制、广告、演艺娱乐、文化会展、数字内容和动漫等产业为重点"的文化产业。

为加快转变经济发展方式，推动产业结构调整和优化升级，完善和发展现代产业体系，2011 年 3 月 27 日，国家发展和改革委员会发布《产业结构调整指导目录（2011 年本）》，"广告创意、广告策划、广告设计、广告制作"首次列入"鼓励类"产业目录。与此同时，"促进广告、会展业健康发展"更是写进了《我国国民经济和社会发展十二五规划纲要》。在 2019 年，国家发展和改革委员会发布最新版本的《产业结构调整指导目录（2019 年本）》中继续将"广告创意、策划、设计、制作"列入"鼓励类"产业目录，并在此基础上在"鼓励类"产业目录中增加了"广告代理和广告发布等广告服务"。

2012 年 6 月国家工商行政管理总局发布我国首个广告业中长期发展规划——《广告产业发展"十二五"规划》。国家工商业行政管理总局把 2012 年定为"广告发展年"，提出"实施国家广告战略"，落实"把发展广告业作为服务和促进经济发展的又一个亮点"的国家经济战略思路。[1] 中国广告业迎来了新的历史发展机遇。根据国家工商行政管理总局公布的数据，2012 年我国广告营业额达到 4 698.28 亿元，年增长 50.32%，创造了自 1993 年以来的最大增幅；广告营业额在 GDP 所占比例上升到 0.905%，达到了我国自恢复广告以来的占比最高值。这充分体现了宏观政策对广告行业发展的拉动作用。这一系列激励性政策制度的密集出台可以说是广告产业发展过程中制度安排取向将发生重大转变的一个信号，即广告产业制度取向由约束性制度为主导向激励性制度为主导的转变。[2]

随着广告产业的不断发展，广告业积极服务推进我国经济转型升级、引导扩大消费、经济增长、社会文化繁荣。激励性制度为广告产业的发展提供了较大的助力。

2016 年 7 月国家工商总局发布《广告业发展"十三五"规划》，该《规划》提出"十三五"时期推动广告业创新发展要把握"四个结合"原则：市场运作和产业政策相结合，创新引领和融合发展相结合，全面发展和重点突破相结合，监管监督和行业自律相结合。同时，明确了扩大产业规模、增强创新能力、提升社会效益、深化行业改革、优化发展环境等发展目标。把创新放在广告业发展的首要位置，以创新驱动为引领，促进广告业内部要素之间、广告业与关联产业之间，以及广告业与其他相关产业之间的融合发展，丰富产业形态，延伸产业链条，拓展产业发展空间。该《规划》明确指出，支持广告产业与高新技术产业相互渗透，以"互联网＋广告"创新媒介形式，形成不同性质和领域间的媒介联动发展；支持广告业与互联网产业融合发展，规范数字广告程序化交易管理，建立新的数字广告生态；鼓励广告业以"互联网＋广告"为核心，实现跨媒介、跨平台、跨终端整合服务。

"十三五"时期，我国广告产业迅速发展，新技术、新业态、新模式不断涌现，广告产业在服务国家创新发展、促进消费和扩大内需、推动社会主义精神文明建设中进一步发挥作用，彰显价值。

---

① 许正林、李名亮：《以国家的名义：广告产业发展战略的新境界——"实施国家广告战略"的内涵、保障与路径》，《广告大观（理论版）》2012 年第 2 期。

② 张金海、林翔：《中国广告产业发展现实情境的制度检视》，《广告大观（理论版）》2011 年第 4 期。

2022 年 4 月，国家市场监督管理总局印发了《"十四五"广告产业发展规划》，该《规划》提出：鼓励广告产业技术创新与应用，深入推进广告产业数字化转型。鼓励支持互联网、人工智能、区块链、大数据、云计算等技术在广告产业广泛应用，加强基础性和关键性技术研发。鼓励广告业态和模式创新，促进广告产业加快融入建设网络强国、数字中国进程。推动广告产业助力在线新经济发展，引导具有在线、智能、交互特征的新业态新模式发展。

《"十四五"广告产业发展规划》为中国广告产业的发展确立了新的发展目标，明确了重点发展任务，将会极大地促进中国广告产业高质量发展。

广告产业是经济发展的助推器，也是社会文明的重要载体。新发展理念深入贯彻，有效市场和有为政府更好结合，供给侧结构性改革不断深化，需求侧管理不断加强，现代信息化技术广泛运用，为广告产业高质量发展带来新的政策机遇、市场机遇和技术机遇。

思考题

1. 相对于世界广告产业而言，尤其是与广告业发达国家相比，我国广告业发展的特征是什么？为什么？
2. 我国广告产业发展模式的成因是什么？
3. 我国广告产业存在着哪些问题？
4. 近年来我国广告产业政策有哪些调整？

本章即测即评

第二编
广告公司的经营与管理

第五章　广告公司的类型与组织架构

广告公司是专门从事广告经营的商业性服务组织，它是近代商品经济发展的产物。美国《现代经济词典》对广告公司进行了这样的界定：广告公司是以替委托人设计和制作广告方案为主要职能的服务性企业。

2015年9月1日起开始实施修正后的《中华人民共和国广告法》，本法称广告经营者，是指接受委托提供广告设计、制作、代理服务的自然人、法人或者其他组织。广告公司属于广告经营者的范畴，它接受广告主的委托，为其设计、制作、代理相关的广告业务。广告公司与广告主、广告媒体共同构成了广告业的三大运营主体。在以广告代理制为基础的广告经营机制中，广告公司占据着主导地位，影响着整个广告行业的兴衰成败。本章重点介绍广告公司类型以及广告公司的基本组织架构。

第一节　广告公司的类型

随着广告业的发展，广告公司数量越来越多、经营范围逐渐多元化、服务类型日趋多样化。广告公司按照不同的标准划分，有着不同的类型。

▶ 一、综合型代理公司与专门型代理公司

按广告公司服务功能和经营范围不同，可分为综合型代理广告公司和专门型代理广告公司。

综合型代理广告公司向广告主提供广告活动的全方位、全过程的服务，其服务内容主要有：产品的研究、市场调研、广告策划、广告创意、广告制作、媒介计划和购买、广告监测、广告效果测评以及其他相关服务。随着市场环境和传播环境的变化，广告主对广告公司的要求也随之改变，它们不仅要求广告公司为其提供广告业务，而且更希望广告公司为其提供整合营销传播服务，如营销咨询、公共关系、终端促销、网络营销、互动营销、事件营销、新媒体营销等。因此，面对日趋剧烈的市场竞争，综合型代理广告公司趋向于扩展服务范围、延伸业务触角，尽可能地满足客户各方面的需要。综合型代理广告公司一般规模较大，对于大的广告活动具有较强的把握能力，公司拥有一批专业人员，能够为客户提供较全面的广告服务，具有一套完善的服务机制。综合型代理广告公司一般成本较高，故收取的代理费用也较高，广告主在选择综合型代理广告公司时较谨慎，需要考虑到广告公司的规模、信誉、专业化程度、专业人员的作业素质以及在相关领域的服务经验。

由于广告分工越来越细，专业化程度越来越高，随之诞生了为广告主提供某一专项服务的专门型代理广告公司以适应市场变化的需要。专门型代理广告公司，向广告主提供有限的代理服务。它一般不承担广告运作整体策划和实施等战略层面的职责，而专门代理某类企业的广告如房地产，或某类商品或服务的广告，或某类媒介的广告如电视广告、杂志广告、网络广告、楼宇广告、户外广告、交通广告，或广告活动中某一环节的广告业务如广告调查、广告创意、广告制作，满足的是特定客户的特殊需要。一般来说，专门型代理广告公司规模较小、经营范围较狭窄、服务项目单一，但依靠其"小而专"的优势在广告行业群雄逐鹿的战场中往往能够争得一席之地。在某些项目上一些专门型代理广告公司能"精其一而绝天下"，为广告客户提供低成本、高性价比和优质的服务，具有综合型代理广告公司不可比拟的专业优势。

▶ 二、各类专业的广告公司

（一）广告制作公司

广告制作，是广告业务的一个重要环节。由于广告制作业务的专业性，从一开始，它就与广告代理分离，成为独立的广告业务服务性机构。

在现代广告活动中，广告客户对广告制作的要求越来越高，广告制作设备与人员的投入也越来越大。即使是大型的广告代理公司，一般也不再设置专门的广告制作部门为广告客户提供广告制作服务，而是越来越倾向于在完成客户的广告设计后，委托专门的广告制作机构制作。广告制作公司作为独立的广告服务性机构，获得了较大的发展。平面广告制作公司，影视广告制作公司，美术、摄影、印刷、灯箱、路牌、霓虹灯、喷绘及其他特制品等专营或兼营制作机构，都属这种类型。

广告制作公司一般只提供广告设计与制作方面的服务，不承担整体广告运作的策划以及广告的发布等服务事项。通常，它既可以直接向广告客户提供广告设计与制作服务，也可以接受广告公司的委托，为广告公司所代理的客户提供广告制作服务，并从中收取广告制作费用。从广告制作的角度来看，广告制作公司最大的优势在于其设备的精良和人员、技术的专门化。

（二）媒介（购买）公司

媒介代理是广告代理业务的重要组成部分。在现代广告运作中，媒介购买职能与广告代理发生分离，这既是早期广告代理中媒介代理职能的一种延续，又是适应现代广告业与广告市场变化的一种新的发展。

在西方广告界，媒介购买公司一直是一种独立的存在。20世纪80年代以来，随着国际广告市场中媒介集团的兴起，大型的广告公司也纷纷创办媒介购买公司，或联手组建媒介购买同盟，与独立的媒介购买公司抗衡，与媒介业主抗衡。如盛世长城独自创办的实力媒体媒介购买服务公司，BBDO、奥美、智威汤逊三家公司共同组建的"媒介合作集团"，麦肯与灵狮、劳尔公司共同拥有的"公众媒介国际集团"，帕布立西斯与福康贝丁共同创办的"Opting-dia"集团，等等。从全球范围来看，独立的媒介公司呈现快速发展的趋势。

在我国，第一家专业媒介购买公司，是由盛世长城与达彼思（达华）广告公司媒介部合并，于 1996 年在北京成立的"实力媒体"。1997 年，智威汤逊与奥美广告公司在上海组建起"传立媒体"。目前，全国范围内专业媒介购买公司总数已超过百家。

媒介购买公司的主要业务，是专业从事媒介研究、媒介购买、媒介企划与实施等与媒介相关的业务服务。一般下设媒介研究、媒介企划、媒介购买与媒介执行几大业务部门。因其专业从事媒介研究，所以对媒介资讯有系统的掌握，能为媒介的选择提供切实的依据；因其专业从事媒介购买，能集中巨额资本以支持运作，故有很强的媒介购买能力与相应的价格优势；因其专业从事媒介策划与实施，故有利于提升媒介代理业务的专业服务水准，并能有效实施媒介资源的合理配置与利用。

（三）独立性广告公司、媒体广告公司和企业广告公司

按隶属关系的不同，广告公司一般可分为独立性广告公司、媒体广告公司和企业广告公司。

独立性广告公司是广告公司的主体，是广告业发展的中坚力量。我国的专业广告公司可分为合资 4A 专业广告公司和本土专业广告公司两大类。4A 广告公司是指美国广告代理公司协会（American Association of Advertising Agencies，即 4A）会员或 4A 协会在欧洲共同体或中国香港的分会的会员。这些 4A 广告公司采用了合资或合作的方式进入中国。目前，绝大部分国际著名的 4A 广告公司，如奥美、智威汤逊、盛世长城、BBDO、李奥贝纳等都已先后进入中国。

媒体广告公司指大众传播媒体创办的广告公司。如电视台、报社、杂志社等自己创办的广告公司，专门代理本单位媒介的广告发布业务。媒体兼营广告公司的经营优势居三类广告公司之首。这类广告公司绝大多数与媒体的广告部是两块牌子，一套班子。由于依托媒体，无论是生产成本还是垄断优势均优于其他广告公司。

企业广告公司有两种情况：一是企业为统揽自己的广告业务而创办的广告公司，如电信广告公司、烟草广告公司等；二是某一行业或部门为统揽本系统的广告业务而创办的广告公司，如港务广告公司、公交广告公司等。企业或行业自办广告公司是其受自身利益的驱动，认为广告业务是一块财源，抱着"肥水不流外人田"的想法而建立的广告公司。

▶ 三、本土广告公司与跨国广告公司

（一）本土广告公司

本土广告公司是相对外资广告公司而言的，是指那些在本国或本地注册并由内资控股的广告公司。主要可以从两个方面理解：第一，本土广告公司必须是在本国或本地注册的，这是从广告公司的地理角度理解。第二，本土广告公司必须由内资控股，这里主要是区别合资公司而言的。从这个意义上看，本土广告公司主要区别于合资广告公司与外资公司。

自 1979 年我国恢复广告业以来，广告业迅速成长，本土广告公司也是伴随着改革开

放的发展而发展。据国家市场监督管理总局的报告，截至 2018 年年底，全国广告经营额占国内生产总值的比重达 0.87%，比 2017 年上升 0.03 个百分点，广告业市场总体规模位居世界第二位。全国广告经营单位达到 137.59 万户，广告从业人员 558.23 万人，广告经营额 7 991.49 亿元，分别同比增长 22.51%、27.40% 和 15.88%。中国广告市场总体规模位居世界第二位，但与发达国家相比，仍处在较低发展水平，存在专业化和组织化程度不高、创新能力不强、高端专业技术人才匮乏、综合竞争力偏低等问题，广告经营额占国内生产总值的比重、占社会消费品零售总额的比重也明显偏低。

我国本土广告公司虽主要以中小型广告公司为主，但也有自身优势：一是本土广告公司熟悉国情及企业情况，本土广告公司本身是在中国经济发展的现状下发展起来的，比较了解中国市场，能够以最小的广告投入达到最大的广告效果；二是本土广告公司在政策、法律、成本等方面，具备相当的竞争力。此外，本土广告公司在模仿国际 4A 广告公司经营理念与程序的过程中，也形成了较鲜明的创意导向并具有较强的创意能力。

我国本土广告公司由于发展时间短、市场环境不成熟，在公司制度建设、客户管理、广告创意设计等方面仍然跟西方大型广告公司有着不小的差距。因此，本土广告公司应加强对外交流与合作，不断学习国外广告公司的先进理念和经营策略，从而弥补自身的差距，在学习和市场发展中增强自身实力。除此之外，本土广告公司还需在借鉴的同时结合本土特色，走中国特色之路。

（二）跨国广告公司

跨国广告公司是随着跨国企业的进入而进驻其他国家或地区市场的，这是由广告行业的特点所决定的。广告行业从本质上说属于服务行业，广告公司对广告主有极强的依附性，广告主走到哪里，为其服务的广告公司就走到哪里，这种趋势在 20 世纪 80 年代跨国企业国际化浪潮兴起后表现得尤为明显。跨国广告公司在全球突飞猛进的发展得益于其跨国集团客户的需要。跨国集团在全球的业务的拓展需要有传播知识和经验的广告公司协调其国际市场营销活动，为跨国集团服务的广告公司要有强大的实力和全球的服务网络。

我国广告行业自 1979 年恢复以来，呈现出快速发展的态势。随着我国广告市场的完全开放，经济的高速发展和巨大的增长潜力吸引了全球广告集团的注意。20 世纪 90 年代以来，跨国广告公司纷纷进入中国，为获得利润的最大化，它们通过媒介整合、集中购买的战略，凭借资金实力和人员本土化策略，加速了在我国广告市场的扩张，给我国广告业带来了强劲的震荡。

1986 年，由美国电通·扬罗必凯公司与中国国际广告公司合资的电扬广告公司正式在北京成立，拉开了跨国广告公司进入我国广告市场的序幕。跨国广告公司从无到有、从小到大，进入我国后经历了一个从合资渗透到扩张布局再到并购重组的过程：首先与本土广告公司进行合资，以换取在我国的市场准入；我国加入 WTO 后，它们开始大举扩张，全力争夺本土客户并完成在中国从上到下四级媒介市场的布局；2005 年以后开始并购重组本土优秀广告公司，以谋求主导和独占中国广告市场。

从表 5-1 可以看出，北京、上海、广州是中国经济最为发达的地区，也是几大广告集团登陆中国的落脚点，说明了中国宏观经济的发展影响了跨国广告集团登陆中国市场落脚点的选取。

表 5-1　四大跨国广告集团在华合资公司名录

跨国广告集团	合资广告公司
WPP 集团	上海奥美广告公司、上海奥美公关、智威汤逊广告、上海广告公司、百帝广告、广东博雅公关、伟达公关、西岸奥美公关、传立媒体、奥美直效行销、奥美互动、锐符整合传播有限公司、21 世纪公关、广东华南市场调查公司、朗涛形象策划
奥姆尼康集团	天联广告（BBDO）、恒美广告（DDB）、李岱艾（TBWA）、浩腾媒体中国公司（OMD）
IPG 集团	麦肯光明广告有限公司、上海灵狮广告有限公司、博达大桥、盟诺公司、万博宣伟公关、高诚公关
阳狮集团	阳狮中国、盛世长城、实力传播、星传媒体、李奥贝纳

如前所述，为适应中国市场环境的变化，跨国广告公司也在不断调节自己的战略以适应中国的快速发展，呈现出以下三种变动趋势：主业与非传统广告业同步扩张；主导市场与次级市场同步扩张；大资本运作背景下的并购扩张。

不得不承认，当前跨国广告公司的强势扩张给我国本土广告公司带来了巨大的挑战。本土广告公司面临严峻的生存环境和新的游戏规则，为赢得更广阔的生存空间，本土广告公司需要更全面的战略思考，扬长避短，积极寻找出路，可以从以下几个方面着手：联合兼并、集团化竞争；打造同质联盟，走规模化道路；以人为本，培养本土广告专业人才；打造公司品牌，提高声誉；积极走出去，发展国际业务。

以上几种类型的广告公司并没有好坏之分，各有各的存在价值。它们都是广告行业中不可或缺的组成部分，对其进行划分是为了相对清晰地了解各类广告公司的特征。它们之间在经营范围和服务功能上会存在着交叉重叠的地方，因此，以上广告公司类型的划分并不具有绝对的意义。

第二节　广告公司的基本组织架构

广告公司在发展过程中，随着规模不断扩大、客户和业务量不断增加、员工不断增多，以及资产不断增加，必然会遇到组织问题，需要设置适当的组织架构来解决。组织架构主要解决这样几个问题：减轻公司管理层日常事务性工作任务，使之集中力量着眼于公司的发展战略及其他重要事务；处理好组织各个层次中集权与分权的关系，发挥各部门的主动性和创造性；吸引、激励和监督高层管理人员。

广告公司的组织架构应根据公司的定位和经营状况来进行设计。不同类型的广告公司有不同的组织形式和不同的机构设置，即使同类型的广告公司也可能会有不同的组织架构。本节重点介绍的是广告公司内部职能部门与业务部门、部门制组织类型与小组制组织类型广告公司、跨国与跨区域广告公司的基本架构。

▶ 一、职能部门与业务部门的基本架构

在广告公司组织中，人事部、行政部、财务部、办公室等行政部门的职能与其他企业组织无很大区别。广告公司有别于其他企业组织的是其业务部门。广告公司依照各自的经营规模及业务范围，其机构设置会有所不同，但最基本的业务部门有四个：客户部、创作部、媒介部、市场调研部，这几个部门共同为公司的所有广告客户提供代理服务和进行广告作业。

（一）客户部

客户部也称业务部、客户服务部，是直接与客户进行接触的专职部门，负责接洽客户，协调广告主与广告公司间的关系，是客户与广告公司之间的联络部门，是广告公司内外业务往来的枢纽。

1. 客户部的职能

客户部的主要工作职能是：开拓客户，招揽客户，维系客户，信息沟通，协调与广告公司内各部门之间的关系，与公司内各部门保持密切的联系。作为直接面对客户的部门，其工作状态和工作绩效直接影响广告公司的经营业绩和组织形象，关系到与客户的良好合作关系，关系到潜在客户市场的开发。广告公司为客户代理广告，一般都是从客户部开始的。

2. 客户部的工作内容

客户部通过各种渠道和手段联络争取客户，并负责接待上门来访的客户。

客户部代表客户把客户要求传递给广告公司创作和媒介人员。客户部对这些要求进行通盘考察分析之后，会同创作、媒介、市场调研等部门召开联席会议，研究资料，探讨拟订初步的广告计划方案和工作日程，然后由各部执行。

客户部还代表客户对广告设计、制作、发布各环节的质量和节奏进行监督，最后还要代表客户监督实施。客户部总监须督察所有的业务发展情况，并和客户保持密切联系。另外，与客户签约、交涉、催收费用等工作，也属于客户部的职能范围。

3. 客户部的人员要求及人事结构

客户部是广告公司与广告主之间的桥梁，推动全公司开展最有效的广告活动。要想产出最有效果的广告，客户部人员必须深入了解客户，包括其产品、市场反应及业务；必须不断接触市场，尤其是要不断接触消费者；必须具备丰富的广告及相关知识。他们不仅仅开发和寻找合作伙伴，使业务工作能够持续展开，也要把来自客户方面的信息准确及时地传达给创作和媒介人员。客户部人员在长期的工作中与广告客户建立了稳定密切的工作联

系，他们了解广告主的长期目标和营销策略，熟知其企业状况和广告理念，往往能够从客户的产品和市场状况出发，形成某种具有策略性的思维，并能对客户的广告业务给予引导。

在规范的广告公司中，客户部一般由客户部经理、客户主管和业务员三部分人员组成。客户部经理全面负责管理客户部的日常运作，制订客户开发和管理的计划和制度，接洽大宗业务客户。客户主管是具体广告项目的牵头人和组织者。业务员承担日常的接待和联络客户、协助客户部主管等各项具体工作。

（二）创作部

创意工作是在客户部门完成必要的资料收集和沟通工作后进行的。一个优秀的广告能够吸引消费者的"眼球"，促进产品的市场销售，取得卓越的广告效果，关键在于广告创意。

1. 创作部的工作内容

创作部是广告公司的"总参谋部"，它荟萃着广告公司的一流人才，决定着广告公司的经营成败。一个广告公司的专业水准主要看它的创作能力和水平。广告公司出售的是自己的智慧，最主要的任务是把自己的智慧推销给客户，而创作正是这种智慧最重要的成果。创作部从客户及客户部了解广告活动的目的，然后由创作人员进行构想，继而发展成广告创意，同时他们也负责将这些创意制作成完善的广告作品。

创作部负责广告作品的创意、设计和制作，其依据是客户部和市场调研部所收集的有关客户的广告目标、背景知识、市场状况等方面的分析。广告创作人员以此进行整体的考察研究，运用自己的智慧，完成初步创意方案，然后会同客户部、媒介部和市场调研部讨论，拟定出符合客户要求的整套广告方案，供客户审核。在客户确认之后，创作部就开始进行包括文案修改、美术修改、排版、印刷、摄影、拍片、绘画、配音、剪辑合成等工作。

需要指出的是，广告制作的种类较多，对设备及人员条件要求极高，尤其是影视广告的制作。一个广告公司能从事各类广告的制作似乎是很难的。为减轻广告制作的过重负担，有些广告公司干脆只集中进行广告创意，负责提供广告设计和广告制作的具体方案，而将广告制作方面的业务转托专门的广告制作机构去做。这种运行方式有利于发挥广告代理公司和广告制作机构各自的优势，并已逐步为许多广告代理公司所采用。如果把创意和制作分离，那么创作部的职能一是负责广告的创意，提供广告设计与制作的具体方案；二是负责对广告制作机构的广告制作过程进行监督，确保广告创意的准确表达，确保广告作品的质量和水准。

2. 创作部的人事结构

广告创作部门一般又可具体地细分为创意、文案、美工、摄影和制作合成等专职小组，小组中的专职人员各负其责。创意人员负责创作意图，文稿人员负责广告内容的撰写，美工人员负责广告绘画和版式设计，摄影人员负责广告摄影、摄像，制作合成人员负责广告稿的合成制作，包括校对、印刷、配音制作等。

为了保障优秀广告创意的产生，世界上许多著名的广告专业公司都建立了相应的组织形式。国际化专业广告公司中创作部的组成一般包括：创意总监（ECD）、创意指导

（CD）、美术指导（AD）、文案（CW）。

大型专业广告公司的创作部通常还设有若干工作小组，每个工作小组还设有组长。如文案组、美工组、印刷广告制作组、影视广告制作组、户外广告制作组等。每个组安排若干专业人员，确保广告创作的流水作业高效完美。

（三）媒介部

在广告公司中，媒介部门的角色日益突出。在电视和广播出现之前并没有很多的媒介专家，但到了今日，随着传播技术的发展，以及媒体环境的日益复杂，媒介购买与媒介选择已变成了一门科学。媒介部的职责就是去评估、选择和建议如何将广告传播给有效观众最多的出版物、电台、电视台、网络等。也因为客户给媒介付费，媒介选择和媒介购买在客户与广告公司的关系上日益重要。

1. 媒介部的工作内容

媒介部是广告公司与媒介之间的联络部门。它的主要任务是根据广告计划和广告客户的委托，制订广告活动的媒介策略，合理分配广告预算，选择有效的广告媒介，并确定广告刊播的时间、版面大小和刊播频次。广告作品完成后，媒介部按其广告策略安排媒介的选择，负责与媒介单位的接洽和联络，签订广告刊播合同，代表媒介单位向客户收取广告费。

在广告的运动过程中，媒介部还负责对广告发布的监督，检查广告印刷质量、播放质量、刊播次数等。在广告实施后，它还代理媒介单位向客户收取广告费。媒介部的职员应具有媒介知识，熟悉媒介特性，并与媒介保持良好关系。

2. 媒介部的人事结构

媒介部的人员主要由媒介总监、媒介计划人员、媒介调查人员、媒介购买人员和媒介监测人员组成。

媒介总监是整个媒介部的总管。媒介总监的责任是确保所有的计划和购买都在公司和客户最佳利益的基础上顺利进行。媒介总监必须确保所有人员有最高专业水准并尽职工作。

媒介计划人员按照客户服务、市场调查及媒介调查人员提供的信息做出有利于品牌或企业传播的最有效、最合理的媒介发布计划，并由媒介购买人员去实施。

媒介调查人员关注媒介的特点、收视率、同类产品在媒介上发布的时间、费用、次数，以便媒介计划人员做出相应的媒介安排，并反馈给公司其他部门，调整客户的广告策略或预算。媒介调查常依赖于一些专门的媒介调查公司。

媒介购买人员会先根据日期、市场和观众的人口统计变数资料等基本要求，找到符合广告客户的目标的最佳时段。掌握了这些资讯，媒介购买人员便根据客户的要求与预算，同媒体进行交涉。

媒介监测人员的职能是监测有关媒介是否按广告协议准时发布广告，以免漏播误播，为客户挽回损失。

广告公司依据各自业务的运转情况，有的按媒介的类别下设若干媒介组，分管各类媒介的工作，如报纸媒介组、电视媒介组等；有的按地区划分，下设若干地区媒介组，具体负责各地区的媒介工作。

（四）市场调研部

市场调研部也称市场部。在日趋激烈的竞争中，市场调研也受到了广告主前所未有的重视，广告公司市场调研部的功能，已不再只是分析统计数字和搜集人口统计资料那么简单，而是趋向于更深入地了解消费者。市场调研的工作贯穿整个广告活动的始终。市场调研人员在广告活动策划前，主要从事市场、产品、消费行为、媒体等调查研究工作，以提供完整的情报作为广告策划的参考；在广告活动执行过程中，从事广告文案等测试的调查研究工作，作为广告内容的修改依据；广告活动结束后，从事广告效果评估的调查工作。

1. 市场调研部的工作内容

市场调研部的主要任务是按照广告活动的要求，对目标市场展开调查，完成广告活动的事前、事中和事后调查，协同客户部拟定广告计划，提供各类市场环境和市场潜力的背景材料，为客户和广告公司提供咨询和建设性意见，为广告决策以至广告主的市场决策提供客观依据。

市场调研部不只是要找出人们缺少的东西，还要知道他们为什么要购买某种东西，归结起来就是要了解人的行为的原始动机以及如何打动他们。资料固然很重要，但在资料背后透出的种种资讯，则是更加重要的部分。简而言之，市场调研部可被视为广告公司的消费者代表或者说广告公司的耳目，其具体的职能主要是两方面：一是组织规模不一的市场调查，取得第一手感性材料，同时收集归档各类信息资料；二是对现有材料作出分析结论，拟订广告计划，为客户和广告公司的市场决策提供依据。

由于世界范围内信息革命的刺激和推动，广告公司的信息功能不断扩大，市场调研部理应进一步发展成为现代广告公司信息收集、处理、储存的中心。因此，市场调研部的职责就不能只局限于围绕某一具体的广告活动展开有关的调研，而应当围绕广告公司的整个业务范围进行有计划有目的的经常性信息调研工作，从而为加强现代广告公司的信息咨询和信息服务功能，拓展现代广告公司的经营业务发挥作用。

2. 市场调研部的人事结构

市场调研部人员主要由市场调研总监、市场调研经理、调研主管、调研助理等组成。

市场调研总监。这个职位的人通常都是市场调研方面某特定领域的专家，至少有 15 年的相关工作经验，负责分配员工的工作并保持高生产率的工作环境。作为市场调研部总管，总监对客户而言代表了整个市场调研部，并参与决定公司整体的发展方向。

市场调研经理。负责市场调查计划的制订，负责向总经理或客户及企业高级人员汇报调查结果，提出市场策略建议和广告策略建议。

调研主管。负责某一客户广告调查工作的计划，监督调查计划的实施，负责向各主管提出调查报告，向客户汇报调查结果和提出有关建议。

调研助理。负责根据调查计划进行具体调查方案的拟订，开展调查活动，并根据调查结果进行分析研究，提出调查报告、市场策略和广告策略建议。除统筹一些较复杂的市场调查研究和撰写市场调研策划方案外，也参与特定客户的调研研究，与客户的接触较多。

▶ 二、部门制组织类型与小组制组织类型广告公司的基本架构

（一）部门制组织类型广告公司的结构模式

部门制组织类型广告公司的结构模式是将公司内部划分为若干个职能部门，公司总部对这些部门进行策划和运筹，直接指挥各部门的运行。和其他公司组织一样，按职能划分，广告公司一般都有人力资源部、财务部、行政部。除此之外，广告公司根据其业务的需要可设客户服务部、创作部、市场调研部、媒介部、公关部等业务部门。公司按主要职能划分部门以后，每个部门还可以按衍生的次要职能再细分部门。图 5-1 是一个典型的按职能划分部门的广告公司基本结构模式。

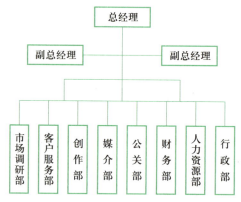

图 5-1　部门制组织类型广告公司的基本结构模式

按职能设置部门的优点是它可以确保高层管理者能直接管理；符合业务专业化的原则，从而使人力资源的利用更为有效；有利于专业管理之间的统一协调；可以减轻经理的日常事务。

按职能设置部门的缺点是各职能部门容易片面强调自己部门的重要性，从而破坏公司的整体性，容易形成部门本位制，影响整个公司的工作效率；只有总经理才对公司的全面事务负责，对个人的依赖性太重；不容易培养有全面技能的经理人员。

需要说明的是，这只是部门制组织类型广告公司的基本结构模式，并且只适用于功能齐全、机构齐备的大型广告代理公司。各广告公司的机构设置、职能划分、人员配备，当视各广告公司的具体情况而定。

（二）小组制组织类型广告公司的结构模式

小组制组织类型广告公司的结构模式是广告公司以个别广告客户或一组广告客户为服务对象，分成若干专户小组。每一专户小组，都是一个功能齐全的独立服务单位。一个专户小组，由一位客户主管或客户监督协调工作，视客户情况还可下设若干业务经理（Account Executive，简称 AE），具体负责一家客户或一组客户的广告业务。每一个专户小

组，汇集了调研、策划、创意、制作、媒介、促销等各类人员，为特定的客户提供系统的广告代理服务，独立从事广告业务。

专户小组服务制度比较适应各种不同广告主的不同业务特征的需要，运作较为协调、灵便，具有一定的优势，因而比较受广告客户的欢迎。此外，从具体广告业务的开展来看，各小组的业务主要是围绕广告活动的整体策划来进行的，所以这种组织形式被称为重视策划的一种组织形式。这种组织形式比较适应于较大的广告客户或较大的广告业务项目，其缺点是由于客户对其服务部门的特殊要求，这个部门同公司那些按其他方式组织起来的部门协调起来较为困难。另外，根据客户的类别而专门化的人员和设备可能得不到充分利用。如果客户离开这家广告公司，这个部门就得撤销，造成公司安排人员的困难。

在这种以个别客户为基础的小组制组织类型广告公司中，行政管理部门仍为功能性组织，有的广告公司还把市场调研部门或其他某些业务职能部门，如媒介、创作、市场等部门，也列为功能性组织，作为公司的公共部门。图 5-2 是一个典型的以个别客户为基础形成的广告公司基本结构模式。

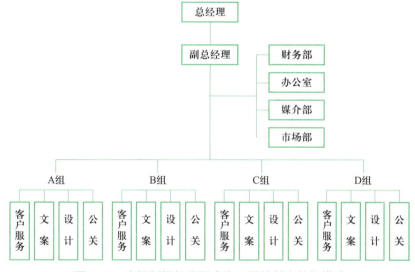

图 5-2　小组制组织类型广告公司的基本结构模式

一个广告公司的机构设置无论采取什么类型的组织结构形式，都得遵循一定的共同原则，即要一切从实际出发，立足效益，服从经营，做到分工合作、协调统一，还应具有较大的灵活性和较强的应变能力。这里所说的较大的灵活性和较强的应变能力是指广告公司在组织结构上适应市场变化和业务发展的柔性系统。在市场瞬息万变、广告业务日新月异的今天，这一点对一个广告经营企业来说尤为重要。

▶ 三、跨国与跨区域广告公司的基本架构

市场国际化是指市场不再局限于单一的国家或地区，而是扩大到多个国家或地区甚至全球。人们对跨国企业全球性的市场营销有两种认识：一种认为全球性的营销活动不过是同一

营销活动在其他国家或地区的复制。这些客户和广告公司认为即使不同文化对同一品牌的营销活动或品牌本身有不同的接受程度，也仍然有一些全球共享的成分存在。它们认为某种营销活动在一个国家或地区行得通的，在另一个国家或地区也能行得通。另一种认为不同的文化对不同的品牌或品牌营销活动有不同的接受程度，因而企业要按照市场的不同情况调整品牌活动，复制传播经验可能导致营销活动的失败。

市场的国际化使广告主产生了国际营销的需要，而国际营销也要求广告进行国际传播。跨国与跨区域广告公司为国际性广告主的国际营销服务，或侧重为产品开拓市场，或侧重对广告主的品牌形象进行传播。通常跨国企业或有国际营销活动的非跨国企业，其广告决策与预算在有些情况下集中在总公司手中，在全球范围内委托同一或少数几个跨国广告公司经营。在有些情况下，企业也将广告预算与决策权分散到当地分公司手中，从而更多地使用当地的广告公司。

随着品牌竞争成为企业核心竞争力的一部分，跨国企业认为它们的品牌和其他重要的固定资产一样需要管理，这就客观上要求跨国与跨区域广告公司具有更高的水平。广告公司要不断地调整自己的架构，以适应国际客户的需要。跨国与跨区域广告公司在设置其基本架构时，要注意以下事项：

第一，公司的最高层中必须要有具备知识、经验和掌握跨国品牌所需要的独特技能的人，这是跨国品牌管理的重要指标。

第二，公司应强调跨国品牌协调和管理的重要性，对选择这种责任的人提供明确的机会和职业上升路径。跨国品牌协调者和经理的职务及薪水应和公司别的高级管理人员一样。

第三，公司必须花费时间、金钱对经营跨国品牌的员工予以培训。派员工到海外市场，了解第一手的情况。员工在多个国家和地区工作，有助于他们对跨国品牌广告活动的理解。

图5-3是一家跨国广告公司的组织架构图。

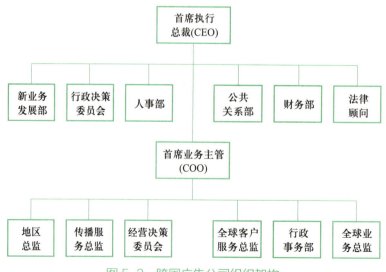

图 5-3 跨国广告公司组织架构

　　其中，地区总监负责全球各部分地区的广告活动，所有公司要向其汇报业务；传播服务总监负责其他与广告有关的传播服务，如销售促进、直接反应、公关、设计、企业诊断等；全球客户服务总监负责全球客户服务的高级执行；全球业务总监负责全球广告创意、媒介和市场调研。

思考题

1. 广告公司有哪几种类型？它们分别有什么特征？
2. 简述专业广告公司各部门的职能。
3. 请你结合两种以上组织结构的类型设计一家广告公司的组织架构。
4. 跨国广告公司在中国的发展经历了哪几个阶段？

本章即测即评

第六章　广告公司业务运作

广告公司在与客户接洽和合作的过程中需要遵循一套系统的业务运作流程，从而保证为客户提供高质量的专业服务。广告运作过程是一个科学的决策过程，在长期的广告实践中，为了保证广告运作的科学有效，广告公司探索出一套科学有效的经营程序，即从最初的广告客户开发与选择、广告市场调查，到后来的广告策划与广告执行以及最后的事后评估、报告和总结的全过程。

第一节　广告公司业务运作的基本流程

广告公司的业务运作是围绕客户的代理服务展开的。无论客户的整体广告活动代理，还是客户的媒体广告业务代理，一般都要经过以下工作程序：客户接洽与委托—代理议案—广告计划—提案的审准与确认—广告执行—广告活动的事后评估与总结，只是根据广告代理业务的难易程度不同，运作的具体程序略有繁简不同的差异罢了。

▶ 一、广告公司媒介代理的业务运作流程

媒介代理，即广告公司接受媒介的委托销售版面或时段。媒介可以是报纸、电视、广播、杂志、网络等大众媒介，也可以是路牌、灯箱、车身、大屏幕显示屏等户外媒介，也可以是体育赛事、文艺演出或其他活动。从事媒介代理的广告公司不仅要熟悉媒介的内容，还要有对媒介特性和受众的专业研究，适时地把媒介的版面、时间或空间推荐给广告主或其他广告代理公司。广告公司通过对媒介的代理，可以促进媒介内容的改进，如提高电视节目的收视率、提高户外媒介的艺术性等。媒介委托广告公司代理，一般要付给广告公司佣金，通常以销售额的一定比例或年代理费的形式实现。

广告公司媒介代理的业务流程见图6-1、图6-2、图6-3，广告公司媒介代理的组织架构与职责见图6-4、图6-5。

图6-1　广告公司与客户合作双方工作流程图

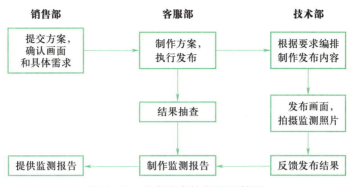

图 6-2　广告发布执行流程简图

一站式服务

专业的销售流程，由专业的销售队伍到专业的售后服务

| 销售 | 执行 | 售后 | 增值 |

- 了解客户的市场行销策略
- 分析客户的广告投放需求
- 选择最恰当的投放组合
- 提供完善的媒体解决方案
- 精良的制作
- 监管
- 专业监测
- 媒体调研

图 6-3　广告公司一站式服务流程图

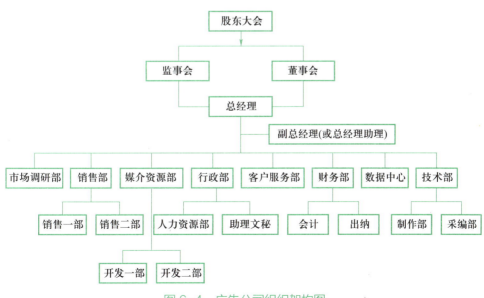

图 6-4　广告公司组织架构图

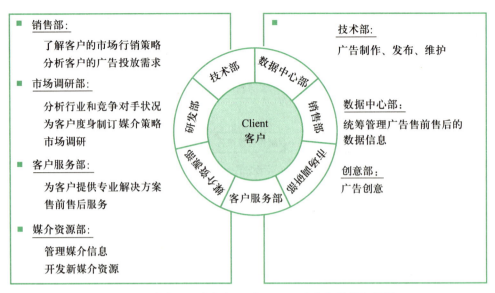

销售部：
　　了解客户的市场行销策略
　　分析客户的广告投放需求

市场调研部：
　　分析行业和竞争对手状况
　　为客户度身制订媒介策略
　　市场调研

客户服务部：
　　为客户提供专业解决方案
　　售前售后服务

媒介资源部：
　　管理媒介信息
　　开发新媒介资源

技术部：
　　广告制作、发布、维护

数据中心部：
　　统筹管理广告售前售后的
　　数据信息

创意部：
　　广告创意

图 6-5　广告公司各部门职责：360 度全方位服务团队

二、广告公司客户代理的业务运作流程

（一）客户接洽与委托

这是广告公司具体业务活动的起点。这一阶段的工作具体分三个步骤开展：一是广告公司通过客户服务人员与客户接触与沟通，了解客户委托代理的意图和愿望、委托代理的业务内容及其要达成的目标，并向客户全面推介本公司；二是就客户拟委托代理的业务内容，收集相关的客户资讯和市场资讯，为具体代理业务活动的展开做好初步准备；三是召开客户和广告公司双方高层管理人员及相关业务人员共同出席的客户说明会，由客户代表正式说明委托代理的业务内容，并详细通报自己的基本情况，以及与代理业务相关的产品资讯、通路状况、市场状况、营销状况与营销目的等，完成客户与广告公司之间深层的沟通与交流。这一阶段以客户下达正式的代理委托书为工作目标。

（二）代理议案

广告公司在接受客户的正式代理委托后，召开业务工作会议，对客户委托代理的业务项目进行具体的讨论和分析，确认这项业务推广的重心和难点，检查相关资讯的收集是否齐全；如欠详备，确定还需何种资讯收集的市场调研的支持，并在此基础上，确定广告公司为开展此项业务的具体工作计划，包括指定此项目的客户联系人与业务负责人，以及具体工作内容与工作进度的安排。具体工作计划的确定与工作计划书的编写是这一阶段应达成的工作目标。

（三）广告计划

这一阶段的工作为广告公司业务运作中的重点，是广告公司代理水平与服务能力的集中体现。其主要工作内容为建立具体的广告目标，以及为达成这一目标的策略手段，包括目标市场与目标受众、目标消费者的确定，市场机会的选择，广告讯息与广告表现策略、广告制作计划、广告媒体策略和媒体计划的制订，还应包括配合广告活动的营销及其他推广建议，自然也包括广告活动具体日程的安排。总之，就是具体规划如何以最适当的广告讯息，在最适当的市场时机，通过最适当的传播途径，送达最适当的广告受众，最有效地实现预定的广告目的。这一阶段重要的工作方式有广告策划会议、广告创意与表现会议。完整的广告策划方案或广告计划书是这一阶段应达成的工作目标。

（四）提案的审准与确认

提案即指前一阶段工作所形成的广告策划方案或广告计划书。其审准与确认包括两方面的工作内容：一是广告公司的自我审核与确认，二是客户对该提案的审核与确认。工作方式为公司的提案审核会议，以及对客户的提案报告会。公司的业务审核由公司的业务审核机构执行，或由公司资深的业务人员组成临时会议，具体负责在正式向客户提交前对该提案的科学性与可执行性进行审核。提案报告会由公司向客户具体报告已形成的广告方案，并接受客户对该方案的审核和质询，最终获得客户对方案的认可。

（五）广告执行

这一阶段的工作内容为具体执行客户签字认可的广告方案或广告计划。一是依据方案所确定的广告创意表现策略和计划，从事广告制作，广告制作可由本公司制作部门执行，也可委托专门的广告制作机构执行；二是依据方案所确定的市场时机、媒体策略和媒体计划，从事媒体购买、媒体投放与发布监测。广告公司还可根据客户的要求，对已制作完成的广告作品进行发布前的效果测试和刊播试验。

（六）广告活动的事后评估与总结

广告公司应依据自己与客户双方的评估方案，对此次广告活动进行事后评估。广告公司还应以报告会的形式，完成对客户的评估报告与业务总结。至此，整个广告代理活动才算终结。

总之，广告公司的业务运作流程可用图 6-6 简示如下。

不论广告公司采取何种组织结构类型和服务方式，其基本的业务运作流程大体上不会有根本性的改变。

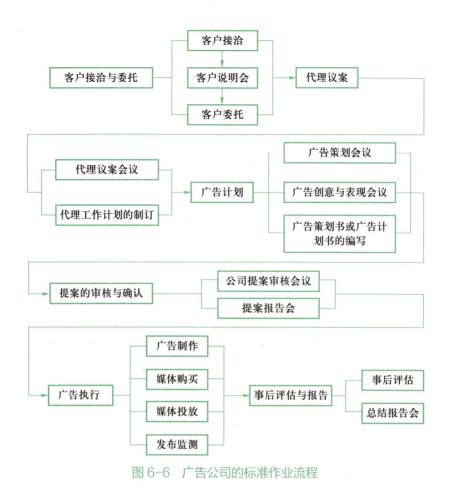

图 6-6　广告公司的标准作业流程

第二节　广告客户的争取、选择与维系

　　广告客户的争取、选择和维系，既是广告经营的起点，也是广告经营的归宿点和落脚点。广告客户的经营与管理对广告公司而言具有重要的意义，这里只对一般意义上的广告公司如何进行广告客户的开发和选择进行探讨。广告公司经营者必须始终铭刻在心的是：广告客户是广告公司生存和发展的源泉，这一点对服务行业性质的广告业而言尤为重要。

▶ 一、广告客户的接洽与商务谈判

　　首先谈谈新成立的广告公司的客户接洽与谈判。对于新成立的广告公司，广告客户的接洽与谈判最为艰难，因为广告公司需要生存，需要发展，然而没有业绩，没有已有的成功案例让挑剔的广告客户相信它的专业水平和能力。任何一家新的广告公司在开发客户时，不可避免地要同一些已经存在较长时间并且影响力较大的广告公司展开竞争，所以新的广

告公司开发客户时不得不面临和接受来自客户和同行的双重挑战。

那么，新成立的广告公司如何接洽广告客户，以迈出事业发展的第一步呢？在这里，没有完全可以照搬的方法，也没有一成不变的规则，但是前辈广告大师们的艰难创业历程给后来者提供了可资借鉴的宝贵经验和教训。

按照奥美广告公司的创始人大卫·奥格威的做法，第一步是列出最想争取到的广告客户名单，然后实行有计划的开发、有目的的争取。这一点对所有的广告公司都具有普遍的指导意义。这种有计划的开发、有目的的争取，自然要求广告公司对列入最想争取的客户名单中的客户有清晰的认识和了解，以及据此而制订出一套有效的开发策略和计划，直至这些开发策略和计划的具体实施。其中关键的一点是对那些可能成为公司客户的广告客户心理的准确把握。正如奥格威在其《一个广告人的自白》中谈到的："最成功的广告公司，是那些高层人士对可能成为他们客户的广告客户的心理特征有最敏感的洞察力的公司。死板和推销艺术是搞不到一块的。"[①]

下面我们将探讨广告公司客户接洽与谈判运作中涉及的一些具体实质性问题。

（一）善待小客户

相对而言，广告费用与预算比较少的广告主常被称为小客户，但小客户要求也比较多，而且还会比较挑剔。对新的广告公司来说，这一类客户是它们面临的最大的广告客户群，虽然比较容易寻找和开发，但公司的获利可能比较少而付出较多。对初创立的广告公司来说，怠慢这类广告客户是极不明智的。因为广告公司可能不会从这些客户身上获取利益，但为这些客户服务所积累的经验，以及所体现出来的广告公司的专业能力和服务水平，会给广告公司带来巨大的声誉，从而吸引新的和大的广告客户。如果这些小的广告客户由于成功的广告运作而成长起来，它们很可能会和广告公司建立一种长期的合作代理关系，这是一个值得广告公司付出和期待的领域，即使广告公司不能从现在的代理中获取大的利润。在奥美创立之初，其代理的客户健力士黑啤酒和劳斯莱斯并没能带来多大的利润，但提供了宝贵的机会，高超的创造力和专业水平让奥美公司声名鹊起。同样是奥美，也因为傲慢而失去了一个重大的客户，大卫·奥格威仅仅因为没有听过这个公司的名字而拒绝给这家公司做广告代理，后来这家公司成为世界知名的大公司，它就是施乐公司。奥格威为此后悔不已。

因此要善待小客户。小客户群体最大，不可放过。小客户容易开发，虽然活力小但是潜力可能大。小客户也有传播性，如果合作成功也能为公司带来巨大声誉，能为公司积累宝贵的开发新客户的经验。

（二）锁定大客户

新创立的公司如何争取大的广告客户？争取大的广告客户，是每一个广告公司都梦寐以求的事情，但是，广告公司在争取大的广告客户之前，必须首先慎重考虑几个问题：第

---

① ［美］大卫·奥格威：《一个广告人的自白》，林桦译，中国物价出版社 2003 年版，第 48 页。

一，公司的全面代理和服务的能力如何？第二，公司的财力如何？第三，有没有把握做到可以和客户长期愉快地相处？大的广告客户需要广告公司具备雄厚的资金和全面的代理、服务能力。此外，大客户固然可以带来高额的利润，但一家实力并不雄厚的广告公司很可能因为失去某个大的广告客户而导致公司破产，这是有很多先例的。奥格威在奥美创办之初，采取极为谨慎的态度，他因此而拒绝应邀去竞标福特汽车公司的艾德塞尔汽车广告业务。

广告公司争取大客户应具备的条件：有全面代理与综合服务的能力，有保持与大客户长期合作与互利的能力，有可能破产后的承受能力（包括物力财力心理承受能力），有垫付资金的能力。争取大客户要全面考察并且给自身进行合理定位；谨慎选择广告业务和广告客户；注意广告代理公司高层领导的个人魅力，建立良好广泛的社会关系；一旦看准客户和业务就坚决拿下，哪怕承担垫资风险；始终把建设企业文化放在重要位置；对潜在的广告大客户做到心中有数；寻找跨国客户利于提升自身的知名度。

（三）客户开发的数量与公司经营规模相适应

客户的数量应该与广告公司的规模相适应，如果客户的数量超过广告公司的服务规模和创作能力，往往会降低公司的服务质量，不利于公司声誉的建立。

（四）与客户保持同等的"对话水准"与"话题兴趣"

广告公司客户的开发，不仅是一门科学，更是一门经营的艺术。纽约证券交易所上市公司的第一位女性首席执行官、20世纪全球广告人TOP100之一的广告界无冕女王玛丽·韦尔斯·劳伦斯，在她的充满个人风格和激情的自传中谈到了如何牢牢抓住客户的艺术和方法：

> 以我的观点来看，如果在广告业你不能进入这种着迷的状态，你就永远为别人工作。有一段时间我总是谈论日本剑，甚至开始对它感兴趣，我还为沃尔特（玛丽的一个大广告客户，爱好日本文化，喜欢收集稀有的日本剑及其饰物）做了一本关于日本剑的新闻剪报，到埃尔克哈特的时候交给了他，我能看出他因为我的兴趣而产生的巨大的喜悦。沃尔特的妻子菲比邀请我一起去参加为稀有的日本剑而举行的特殊仪式和晚餐，在晚餐过程中，沃尔特和我谈论了我们自己和我们的梦想，我们的友谊就这样发展成了信任，它是实实在在毫不虚假的，并且不可取代。
>
> 如果你听听我为了和那些男性客户有话可谈而学的东西，你肯定会觉得好笑。我学会和菲利普·莫里斯公司的杰克·兰德里谈论马，他和菲利普·莫里斯公司主办的万宝路杯赛马会很有渊源，他认为我对马有所了解非常有趣，马的话题铸就了我们的友谊。一次我的一个客户最大的爱好是捕猎麋鹿，在午餐桌旁他总是注视着男人们的眼睛，从来不看我。我不知道什么是麋鹿，所以我去图书馆找了所有关于麋鹿和麋鹿狩猎的书。过了没多久，在麦迪逊大街上就没有人比我更了解麋鹿狩猎了，当他再谈论他的麋鹿时，也开始注视我的眼睛了。我还学习过非

洲的大规模狩猎和怎样钓大马哈鱼；我能把政府法规从 A 背到 Z，这使我曾有过的所有客户都很吃惊；我研究过加利福尼亚红酒、古董车、瑞士行政区、登山鞋、好的套装为什么好、珍稀的鱼类、西部左轮手枪、童子军、最好的酒店，以及在西方国家差不多每个城市里一个人可以带他的孩子去哪里玩。当我不再需要这些知识时，就把它们丢掉，所有那些麋鹿和政府法规都会逐渐淡去。[1]

因此，不仅仅要在专业上和服务上让客户满意，在与客户最高层的业务与非业务的交往的层面和细节上，建立和保持共有的"经验领域"和"兴趣范围"，对于广告客户的开发和维持也同样特别重要。奥格威也曾这样说过：

> 在今天，广告公司显然不能单凭专业才能就能受到外界的尊敬。的确，大型广告公司彼此之间所呈现的专业能力并没有明显的差异。而造成差异的往往是广告公司的高阶人员在代表公司与客户、同行们相处时所显露的人格气质。如果他们令人钦佩备受推崇，广告公司的业务通常就会蒸蒸日上，也许来自现有客户，也许来自潜在客户。[2]

由此可见，将客户的利益和兴趣放在第一位，始终与客户保持同等的"对话水准"和"话题兴趣"，是维持客户关系必不可少的一种手段和艺术。

此外，开发新客户要充分利用广告精品制作；充分利用老客户关系；充分利用广告比案会（广告比案会就是广告提案的发表会，在规定时间和场合，向广告客户阐述本公司的广告活动计划以争取广告客户的过程，也称为比稿会）；每次提案要明确提案内容，精心做好提案准备。

▶　二、广告客户的选择

选择广告客户，固然是广告公司生存的第一要义，但广告公司并不是居于绝对被动的地位。从市场合作的角度看，广告公司需要广告客户，但广告客户也需要广告公司的专业服务和技能，广告公司与广告客户之间是一种平等的合作和交易关系。因而在客户开发环节，广告公司还存在着一个选择客户的问题。广告公司经营的成败，在很大程度上取决于客户的选择。广告客户开发与争取的过程，事实上也是客户的选择过程。广告公司应选择着眼于长远发展、信誉良好、整合意识强、守"双赢"规则的广告主。同时，广告代理公司要控制承接广告主的数量，以确保服务质量。

拓展资料

广告公司在进行客户选择时，必须确立两个根本性的原则，即求名和求利。作为一种企业形态，广告公司需要一定的利润收入来维持生存和再发展，求利是必然之意。但是，如果在一段时间内出于战略考虑以树立广告公司的专业声誉为主要目的，那么求利可以置于求名之后。但就长期而言，任何一种客户的选择都应该是那些能为广告公司带来营业额增加和利润回报的客户。而广告公司名与利的实现归根到底取决于广告活动的成功，这就决定了广告

①　[美]玛丽·韦尔斯·劳伦斯：《广告界无冕女王》，机械工业出版社 2003 年版，第 23—24 页。
②　[美]大卫·奥格威：《广告大师奥格威》，庄淑芬译，机械工业出版社 2003 年版，第 26 页。

公司在选择客户时其实就是在为下一步广告活动的成功准备好先决条件。对客户产品或服务的要求以及对广告客户自身的要求，是在客户选择时需要重点考察的两个方面。

▶ 三、广告客户的维系

　　一旦广告公司与广告客户签订合同，广告公司与广告客户的关系就进入了维系阶段。应该以客户开发的心态来进行客户的服务和维系，因为客户的维系可能比客户的开发更漫长、更艰难，自然长期的合作关系对于广告公司的发展和壮大具有重要意义。广告公司在争取到新的广告客户后，要做的事情就是如何使这些客户成长为长久客户，并尽量不损失客户。

拓展资料

　　一般来讲，客户的维持，根本上在于广告公司能否提供让广告客户满意的、可以给广告客户带来实际的市场利益的专业服务。当然，坦诚相待、积极沟通的合作态度也是非常重要的。在广告代理过程中，会有许多不可预测的突发情况，广告公司和广告客户之间也避免不了一些冲突和误解，这时候彼此需要互相体谅、积极沟通，尽量将工作的压力化为合作的动力。在确立正确的心态后，广告的专业服务和代理效果是代理关系能否维系的根本原因，在这个过程中，广告公司在重大的策略问题上，一定要坚持自己的专业立场，不能一味迁就广告客户，否则即使维持了短期的合作，这种关系还是不能长久。

（一）广告客户维系的方法

1. 建立客户关系管理

　　客户关系管理（Customer Relationship Management，CRM）有三层含义：（1）体现新形态企业管理的指导思想和理念；（2）是创新的企业管理模式和运营机制；（3）是企业管理中信息技术、软硬件系统集成的管理方法和应用解决方案的总和。

　　广告客户关系管理目标是增强客户的满意度；提升客户资源价值，客户让渡价值＝客户总价值－客户总成本；实现广告经营企业与客户双赢的最终目标；通过客户关系管理系统高效便捷的沟通渠道，深入了解客户，为客户提供高附加价值的广告产品或服务，从而获得利润的最大化。

　　广告客户关系管理的功能。在实际运用中，广告公司要从技术层面、营销层面和管理层面不断挖掘客户关系管理的功能。一是实现客户资源的全面整合。深入挖掘客户资源，针对广告客户的生命周期，对客户资源进行整合，不断创造新的盈利机遇，实现广告经营企业的经营目标，这不仅使广告经营策略定位精准，也降低了经营成本。二是确保业务流程的高效运转。客户部门可以及时反馈目标客户的问题，根据客户的需求变化不断校正广告经营企业的营销战略目标，准确地向各部门传达客户意见，确保业务流程高效。三是建立创新的信息沟通渠道。客户关系管理系统为广告经营企业提供了与客户进行实时双向互动的平台。了解客户需求变化及市场环境变化，通报现有成果和进展给客户。四是提供企业战略决策的信息资源，广告经营企业应把 CRM 作为中心任务和战略核心来长期关注。

2. 双方应明确分工与责任

广告公司要深入了解客户，了解产品和服务，但不能被客户同化。失去了独立者的立场和观点，就无法看清存在的问题并为之开药方。因此，派驻企业的小组应保持相对独立，不能过多地迁就客户的意见。广告公司应把主要精力放在自己该做的事上，并做到最好，这是维系客户的最好方法，好想法必须坚持，冒着失去客户的危险也要据理力争。一时迁就客户，最终会遭到客户的唾弃。

广告公司要站在客户的立场，而不是以代理商的贪婪心态来看待生意。广告公司与客户之间既然形成了合作伙伴关系，就要真诚、坦诚。该拿的利润要拿得"透明"，不该拿的绝不占客户一分钱便宜。

广告公司要争取为客户创造"附加值"。所谓附加值，就是在合同约定的价格之外，尽力为客户创造更多的利益。

3. 学会与客户沟通

心中有客户是沟通的准备。与客户沟通前要进行细致充分的准备活动，要研究客户，了解客户。一是要摸清客户的状况，针对企业的形象、品牌、行销等方面进行初步的摸底。二是要了解客户的竞争对手情况，以第三者的客观立场来看客户的产品和市场、广告促销活动等，客户往往对这些问题更感兴趣。如果让客户感觉到广告公司确实是诚心诚意帮助他们，一旦和客户联络上，客户就容易沟通。相反，合作洽谈则很难进行。所以，心中有客户，了解客户的心理与需求是取得广告代理的关键。

想客户所想、急客户所急是沟通的关键。想客户所想就是真正站在客户的立场上。企业有钱、日子好过的来找广告公司的不多，多半是企业困难，不搏一下不行的才找上门。这时他们希望用最少的钱做最有效的广告。所以，先不要考虑你的公司得到多少利益，先想一想如何为客户省钱，如何为客户赚钱。

先做朋友、后做生意是沟通的方式。与客户的沟通不应该是死板的公事公办，而要具有浓厚的人情味。整合营销的基础是要建立客户档案，并建立有效的沟通机制。客户档案不单是企业情况，还应有主要决策人、主要联络人的小档案，个人的志趣、爱好、重要的纪念日等。与客户成为朋友不是靠以金钱为手段，是靠以诚为本，强调沟通。

设身处地、不推诿责任是沟通的原则。广告公司与客户长时间合作，难免会有一些不尽如人意的地方甚至出现分歧。当出现失误的时候，广告公司要保持正确的心态——"客户永远是正确的"。所以，只要你敢于面对失误主动承担责任，客户也会对你尊重有加。广告人总是很在意自己的创意，有时客户有不同的意见一时很难接受，此时不应强行推销自己的创意。其实，沟通之道应是双向的，应该是良性的互动，强人所难只能导致别扭。广告公司强调沟通创意，但消费者是根据需要购买而不是依创意购买。所以，"该放手时就放手"。另外，自己不满意的东西切勿示人，更不要拿到市场去，否则就是害人害己。广告公司在业务繁忙时更应注意这种倾向，否则合作就很难了。有时广告、创意、制作中的小失误，在客户方是小事，但广告公司一定要当大事，否则小事多了，大事就来了，再沟通已无法获得客户信任。

（二）广告客户维系的技巧

1. 减低成本并让客户知道代理商为他省了多少钱

有些广告客户怀疑代理商都是想尽可能地赚得更多利润，尤其怀疑广告制作的费用。因此，所有费用都必须先与客户讨论，并获得同意，各项收费都得清楚地列出。

2. 广告代理公司不要只把兴趣放在媒体佣金上

广告客户有时会抱怨广告代理商只想在佣金高的媒体上做广告，有的客户认为代理商对新媒体、新材料、合作广告以及其他利润较小的活动欠缺热忱。

3. 业务经理要主动作实地访查，使自己成为客户产品的行销专家

这主要是针对那些未能在客户及代理商间的接洽奔波中，学得与客户业务有关知识的业务经理。假如客户推出一种快销商品，一个尽责的业务经理应主动去做店头访视，看看产品销售的情形、陈列的情况、定价、竞争者的做法、零售商对公司产品及广告的想法等。同时他会探询批发商，并不时和客户业务员一起出差，以了解问题，并看看销售与广告如何互相协调。

4. 业务经理对于公司所提出的创意作品加以热忱推销

业务经理或代理商对公司所提出创意表现的态度，相当程度上会影响客户对该作品的态度，代理商一定要将该创意工作的精彩之处推销给客户，因为后者还得据此来说服上级。所谓"推销"并不是简单强调广告作品，而是要热忱、有信心，坚定地呈现优秀的创意工作，好让客户有把握他得到的都是高水准的创意作品。

5. 广告代理商要提出完整的工作报告

每一次拜访，业务经理就应填写一份工作报告，里面应详细写出拜访内容、双方达成哪些协议，有时得把这份报告的副本送给客户一份，有些则不送，其他的副本则给代理商其他人员，包括业务监督在内。交送工作报告给客户对双方的有效沟通起着重要作用，如果业务经理对客户指示有所误解，客户马上能从工作报告中察觉这些错误并立即加以改正；如果客户及代理商双方都能重视这份报告，那么他们将能在相互了解的基础上合作得更加愉快。

综上所述，只有那些为广告主提供全新的经营战略、市场战略、专业技巧、人才战略的广告公司，才能够真正满足广告主的需求，从而在激烈的竞争中得以生存发展，脱颖而出。

第三节　代理提案与代理提案报告会

代理提案指广告公司向广告客户介绍关于广告策划、创意构想、制作主体、调查结果等的书面报告。

▶ **一、代理提案的前期准备**

提前准备得越充分，提案就会越流畅，越显出专业水平。以下是对广告公司在做提案前应做之事的建议[①]：

（1）广告公司出售的是热情、能力和精神，要深信公司的方案绝对是客户所可能希望的方案中最好的。任何事项都应从客户角度进行说明。展示如何解决客户的问题而不是你在提出绝妙主意方面有多伟大。向你自己发问，"如果我是他们，我会想要这个广告公司的员工为我工作吗？"

（2）展示每一步是如何契合整个营销计划的，而不是作为孤立的项目；给决策委员会的每个人打电话，询问他们公司的情况；客户所面临的挑战是什么？找出他们希望从广告公司得到的东西——用他们自己的话表达；他们会给你一个基本的主题或见解，你可以把它作为你所做提案的基础。

（3）在即将做提案前尽量去拜会一下客户。给他们留下你很兴奋、富于创造力而且很想获得他们的业务的印象。让他们知道，能有机会为他们做提案让你多么激动。

（4）调查研究：你曾为客户公司做过什么。

（5）市场分析：你的市场营销计划和战略。

（6）一份详细的媒体计划：应包括你的谈判技巧和你在媒体策略上的专业知识。

（7）创造性方法：包括设计、录像。利用视觉手段，你越多地利用它们来强调你的主要观点，你的报告也就会越容易被理解和记住。

（8）公司的身份证明：你的员工、客户、成绩、财务、创意以及媒体将如何处理这项业务；会涉及哪些主管，列出客户代表和创意小组名单以及与众不同之处。

（9）收费安排：在提案中对收费安排进行详细说明。

（10）协议书：代理提案合同。

（11）正如一句老话所说的那样，"你怎样进入卡耐基大厅？"练习、练习、再练习。在提案前进行全面策划：谁来负责并控制节奏？谁来陈述战略？谁来展示创造性？确保每件事都同步进行，提案在时间安排上也应做到完美。

▶ **二、代理提案的主要内容与提案书的撰写**

严格的广告代理提案虽说不能保证广告运作必然成功，但可以保证广告运作合理而有序地展开，为广告运作提供一个整体的规划和指导。

[①] 参见朱海松编著：《国际4A广告公司基本操作流程》，广东经济出版社2002年版，第135—138页。

（一）代理提案的主要内容

1. 明确代理提案的目的、要求

代理提案并非市场营销计划，营销计划通常是广告主自行制订的，有时也邀请广告代理公司参与。作为从事广告经营的广告代理公司，不管是否参与广告客户营销计划的制订，都需要清楚地了解企业的整体营销计划。这是因为广告作为市场营销的一个不可缺少的组成部分，代理提案作为整体市场营销的一个组成部分，必须服从于企业营销计划的整体性。广告只有在与其他营销要素整合的前提下，才有可能使广告运作有效地配合整体营销运作，从而实现广告运作的目的，促进市场营销目的和效果的达成。不能明确广告在整体营销运作中扮演的角色，让广告担负起它不应该或不能够担负起的责任，必将出现广告运作方向性的误导，从而导致广告运作的失败。

2. 确立广告目标

确立广告目标是整体广告运作策划过程中的关键性步骤，它指示着广告运作的具体目标和方向，决定着广告策划如何发展。广告运作所作的全部努力集中到一点，就是广告目的的实现。在广告策划中，目标市场的选择、广告策略的采用、广告媒体的组合运用、广告预算等，最终指向都是为了达到一定的广告目标。

广告目标涉及广告主的利益期待与广告运作所能达到的实际效果之间的差异性问题。这需要广告客户和广告代理公司充分沟通，彼此理解和尊重。一般来说，广告目标可以分为广告营销目标和广告传播目标。对广告客户而言，总是希望广告运作能够实现其营销目标。就广告的终极目的而论，任何广告的最终目的都是为了促进产品的销售。但是销售目标并不等于广告目标，销售效果并不全部等于广告效果。因为营销目标的实现必须依赖全部营销要素（主要是4P的组合）的合理组合和共同作用，营销要素中任何一项因素出了问题，都会影响销售效果，影响营销目的的达成。从营销系统与营销目的的整体关系来看，销售责任不能由广告传播来独自承担，广告也无力来承担这么重大的责任。

广告的销售效果，通常也难以加以界定，因为销售效果分为即时效果和延时效果，短期效果和长期效果。一般情况下，广告即使产生销售效果，也会在较长一段时间后产生，这是因为消费者对于某一产品或服务从认识到产生购买行为往往需要一个过程。而销售目的往往是以某一特定期间的情况作为衡量标准的，即根据某一特定单位时间，如一月、一季度或者半年所实现的销售额和销售利润来加以界定的，这样的话就无法认定延时的销售效果。显然，仅凭一段时间内的情况来界定广告的销售效果，肯定难以达到公平、准确、科学和合理的要求。

因而，我们需要引入一个能够进行科学测定的实际效果来加以确定。通常情况下，就是把广告的传播效果作为广告目标，这是因为广告运作首先是一个广告传播过程。许多学者根据广告传播的效果过程提出了不同的广告传播效果层次模式。如科利在1961年提出了"知名—了解—信服—行动"的商业传播四阶段说；罗伯特·J. 莱维奇和加里·A. 斯坦纳1961年提出了"认知的（从知名到理解）—情绪上的（从喜爱到偏好）—意欲的（从信

服到购买）"的"L×S模式"；罗伯逊于1971年修正并提出了"知名—了解—态度—认为合理—试用—采用"层次模式。从以上这些层次模式中，我们可以看到，广告传播效果包括心理层级效果与行为层级效果两个方面。心理层级效果，包括知名、了解、信服、理解、喜爱、偏好等。至于行为层级效果，除上述无论是试用或采用等已发生的实际购买行为外，应该还包括表现购买的欲望，如在广告内容的激发下，向广告主索取广告产品和销售资讯，或直接到销售终端咨询相关情况，这类对广告的反应活动，虽没有发生事实的购买行为，但无疑是购买活动的一个主动准备。

广告目标的确立，一般是以心理上的效果为标准，即以知名、了解、偏好等作为测定广告效果的指标，同时这些广告效果都必须以明确的数量指标来加以陈述，如某品牌的知名度、偏好度、使用率提高多少等，这样有利于测定广告效果达到与否。但是这是将传播效果作为广告目的的主要衡量目标，并不是将销售效果完全排除在外，毕竟这两种效果是不能截然分开的。

3. 确立达到广告目标的策略和手段

广告目标确立之后，就要开始规划达到这一广告目标的策略和手段，其中包括目标市场、目标受众以及细分市场的选择，广告诉求、广告表现以及媒体策略的制订，为配合广告运作的促销建议，整体广告运作执行的具体日程安排等。简言之，就是要以最恰当的广告内容，在最合适的时机，通过最适当的传播途径，将广告信息传递给目标受众，从而最有效地实现预定的广告目标。这些策略和手段的确定，都必须建立在科学的市场调查和分析基础之上。

4. 建立广告运作的事后评估方案与效果的预测方案

广告运作的事后评估是科学广告运作的一个不可缺少的环节。在广告策划之初就建立一个事后评估方案，并把它作为广告策划的重要内容之一，不仅肯定了广告运作事后评估的重要性，而且可以避免在广告运作事后评估问题上的随意性和非科学性，从而在最后认定广告运作的效果时导致广告客户和广告代理公司之间的种种纠纷和不愉快，甚至导致代理关系的结束。广告运作事后评估方案的重点是测定广告目标的达成情况。这就要求预先制订的广告目标必须是明确的，是可以测定的。前面在谈到确定广告目标时就反复强调了这一点，并且要求广告目标必须以明确的数量指标来加以陈述。

（二）代理提案书的撰写

代理提案书是代理提案的书面文字材料，必须简要、明白、清晰。提案书主要包括下面几项内容。

1. 市场分析

市场分析主要包括：企业与产品的历史与现状分析、产品评估与研究、消费者分析、竞争状况与竞争对手分析、促销分析等。这一部分是对市场调查与研究所得的相关资讯的归纳和分析，是开展广告策划活动的基础和前提。

2. 代理策划事项

代理策划是广告提案书的核心内容，具体包括：

（1）广告目标市场选择：目标市场在哪里？是全国性的还是地区性的？其中哪些是主

要目标市场,哪些是次要目标市场?这些目标市场是同时启动还是分别启动?目标市场选择的理由何在?提案书要对目标市场进行必要的、详细的描述。

(2)广告目标:明确广告策划运作需要达到的目标。如果是长期的广告代理和运作,需要对总的广告目标和各阶段的广告目标有一个清晰的确定。

(3)广告策略与创意:如果是单一广告形式,广告诉求的内容和承诺点是什么,采取怎么样的广告表现形式?如果是整合传播,具体应该包括哪几种广告形式?各广告形式的具体诉求策略和表现策略是什么?广告策略与创意是一项广告运作取得成功和具有冲击力的核心所在,也是考验广告代理公司的专业服务水平的关键所在。

(4)广告制作:选择什么时间、什么地点制作?是本公司制作还是委托专门制作公司进行制作?理由何在?完成时间、制作费用都应该包括在广告制作的策划中。一般来说,广告提案书需要提供一个详细的广告制作时间表,以便配合广告投放和刊播的媒体日程。

(5)广告媒体计划:包括选择的媒体种类,各种媒体如何配置和组合,各媒体的刊播频次,媒体版面和节目时段的选择,预算的媒体分配,广告运作在不同阶段的媒体策略。同时,还涉及为什么策划上述的媒体计划,根据何在?上述媒体计划能够实现预期的有效到达率吗?千人成本是多少?各目标市场的媒体计划又有什么不同?同样,媒体刊播也需要制订一个具体的日程安排。

(6)广告执行安排:这一安排和计划实际上是对上面各项计划的总结,但又不是各项计划的重复。其重点是提供整个广告运作的计划流程图,确切列出各项计划完成的具体时间、标准,所要达到的具体目标。如果是长程广告运作,还要列出分阶段的具体期限、工作日程和工作目标等。

3. 广告预算

一般而言,广告预算是由广告客户自行做出计划和安排的。也就是说,在广告客户开展一次广告活动,并将其业务委托给广告代理公司的时候,它一般会向广告公司提供一个精确的或大体的广告预算,以便广告代理公司根据广告预算来进行广告运作的策划。如果是这样,广告代理公司在进行广告策划时就有一个如何合理分配和使用这一广告预算的问题。当然,广告客户的广告预算也不一定符合特定的广告运作要求和达到一定的广告传播推广效果,这样广告代理公司可以根据广告运作的实际情况提出新的广告预算,并逐项进行合理分配和核准,以便广告客户审查和批准。如果新的广告预算小于原来的广告客户预算而且可以达到同样的广告目标,广告客户自然求之不得。如果需要增加广告预算来达到一定的广告目标,就需要列出足够的理由。广告预算是一项投资,如果有足够的回报,广告客户自然不会吝于最初的广告预算。

4. 广告效果预测与评估

广告效果的预测是广告代理公司对广告策划运作效果的一项承诺,也是广告客户衡量广告投入回报的标准之一。因此,在广告提案书中对广告效果所作的预测,往往承担着说服广告客户同意全部广告运作策划与创意的重大责任,也是广告代理公司向广告客户推销广告提案书的一种策略。

但是,广告公司不能为了赢得广告客户的同意和赞赏而一味地夸大广告效果,因为实际的广告效果可能与之相差太大。对广告效果的预测重点包括两个方面：一是广告目标能够实现，二是广告目标与成本的测定。任何广告运作都需要大量的资金投入和花费，广告客户始终关注着投入与产出、成本与利润之间的比例关系。因此，广告效果预测与评估所需费用应视为整个广告运作成本的一部分，一并列入广告预算中去。

以上关于代理提案书的内容也只是一个大致的规定，没有固定的编制模式，实际的提案报告书的编制，可以根据不同的业务要求做出适当调整。

▶ 三、代理提案报告会

业内人士都知道，奥美是世界上最大的市场传播机构之一，由被誉为"广告学之父"的大卫·奥格威创建于 1948 年，隶属于 WPP 集团。奥美广告非常注重客户提案，在公司新员工培训时，培训师会专门讲解代理提案报告会的运行规范及应关注的内容。

（一）决定提案成功的三个要素

1. 谁来提（Who）：提案的人选，谁来提很重要，通过演示筛选出合适的人去提案。
2. 怎么提（How）：提案注意细节有很多，包括手势、语调、声音、眼神与互动。
3. 提什么（What）：创作内容，内容说明什么很重要，结构、转折、逻辑都要清晰、流畅。

（二）成功贩卖提案的四大元素

1. 你必须能辨识创意（idea），对这个创意真诚热爱，并深知它的来龙去脉。
2. 你必须充分了解自己提案的对象，及他们作决定的程序。
3. 提案的方式、方法（How）和提案的创作内容（What）一样重要。
4. 提案人员要有激情、要勇敢、要有新创意。

（三）提案人员的"五到"

1. 眼到

广度：纵观现场，尽量照顾到每一个人，尤其是两侧角落的人。重点：50% 以上的注视应放在主要决定者，然后第二顺位给决定之影响者。深度：当与他交流时，看着他的眼睛，表达情意。不要视而不见，给人一种闪烁、缺乏自信或应付的感觉。角度：有时改变站的位置，会自然改变眼神交流的重点和角度的变化，如站在讲台中央、居高临下，有控制全场的气势，具权威感；走近发问者，则有专心倾听的亲切感。

2. 手到

肢体语言，手势及全身姿势可以投射出个性、精神状态，适当的姿势可辅助表达，不适的姿势则有干扰作用。重要会议或在大型投影环境里提案请选择站立提案：两手相握置于腰间，腰身挺直，双脚稳健站立；在演讲场地中适度走动吸引视线，拉近和听众的距离；自然地配合肢体动作；自然地使用提案道具。自然就是美，不要强求，避免做作，充分表现个人的人格特质就可以了。

3. 口到

根据客户的需求和自己提案的习惯，事先打好文字稿或腹稿。用自己习惯的语气，重点放在自然和诚恳，避免过于严肃和高调。如果需要严肃和权威，最好的方法就是站起来说话。可以幽默但是绝不能滑稽，这样会降低信赖度。懂得暂停，可引起注意，让人有思考和消化的时间。开头语要引发注意，开头介绍目的，说明将谈及的内容，并引导到正题；主体即诉说的内容，由内容过渡到总结，重述重点；结束语，鼓励行动。谈话技巧一是要强调咬字清晰，内容必须事先熟读。不要照本宣科，盯着投影片读会使人觉得不是双向沟通，给人留下不自信或临时抱佛脚的印象；二是要重复重点，针对提案的重点或关键处，适度地强调和说明。

回答问题的四步骤：第一倾听，仔细听清客户提的一个或几个问题，最好用笔记录，洞悉客户背后的问题。第二重复，您是想问这个问题吗？第三回答，从方案中找答案回答；以客户认同的数据、事件作答；制订未来计划更好地解决问题以及同伴的支持。第四确认，您对我的建议感到满意吗？

4. 心到

首先提案时一定要知道客户要的什么？期待的是什么？不要文不对题，枉做虚工，还招致抱怨。了解提案的内容，注意条理性，准备必需的例证说明来应对可能的疑问。

5. 耳到

听对方的意思不只是听他的话。懂得弦外之音的人，不但能抓住重点，也能抓住客户的心。对于反对意见或者带有情绪的看法，应避免正面的语言冲突，如能机智地整理和转换，形成有利双方的看法，则能更胜一筹。

（四）提案建议点

提案是一项技能，影响这项技能的最关键因素是经验和技巧。

以下能激发思维的建议，将帮助广告公司最大限度地发挥创造性以及在市场营销和客户提案方面的努力。

1. 广告公司出售的是热情、能力和精神，要深信公司的方案绝对是客户希望的方案中最好的。

2. 任何事项都应从客户角度进行说明。展示如何解决客户的问题而不是你在提出绝妙主意方面有多伟大。

3. 展示每一步是如何契合整个营销计划的而不是作为孤立的项目。

4. 广告公司的提案以"你们想知道顾客对贵公司的看法吗？"开始，立即引起客户的注意力。

5. 让一个人负责，以保证会面确实安排在日程表上。

6. 手里一直要有一张议程表。谈话跑题时，你可以通过它使客户重回正题。

7. 在重复任务的内容时一定要非常具体，征得同意……问那些能够让他们点头同意的问题。让他们习惯于对你做出肯定回答。

提案报告会结束后，应进行总结，包括：对方案的逻辑论点进行总结，对现场筹备、个人表现、气氛关键节点进行总结，对客户的认同、态度和制约关系进行总结。

第四节　代理实施及效果评估

整体的代理提案是对整个广告代理运作过程纲领性的指导文件。广告提案确定之后，后面就是具体如何执行的问题。

▶ 一、代理实施的基本要点

广告客户的开发和争取是广告公司经营的基础性和前提性工作，之后便进入了具体的广告运作过程，包括制订广告计划、开展调查研究、撰写广告活动策划方案、创意设计、制作广告、购买媒体发布、进行效果评估等。

（一）确定市场调查类型与内容

广告调查的类型根据不同的分类标准可分为不同的类型。广告调查可以包括为发展广告策略和广告运作所进行的各种市场调查研究。丹·E.舒尔茨在其《广告运动策略新论》一书中对广告调查研究做了如下划分。[①]

首先，根据调查范围和对象，舒尔茨将广告市场调查分为行销调查与广告调查。行销调查就是围绕广告所推广的产品或服务展开的有关市场调查研究，主要是对市场、竞争、消费者和渠道等信息的收集、分析和研究。广告调查是指为发展广告内容策略、表现策略、媒介策略，以及为评价广告效果而展开的广告受众调查、媒介调查和传播效果调查等。

其次，根据广告运作展开的步骤，舒尔茨将广告调查分为五个特定范围的调查研究，这就是：（1）潜在顾客、市场、产品以及竞争对手的调查研究；（2）策略发展调查研究；（3）广告执行调查研究；（4）媒体、媒体功能及广告投放组合调查研究；（5）广告活动效果测定调查研究。

最后，根据广告所要推广的产品类别，舒尔茨将广告调查研究分为：为已有产品所作的调查研究与为新产品所作的调查研究。

无论哪种划分方式，其本质目的还是为了保证广告活动的科学性，以最终保证广告效果和目的的达成。

广告市场调查的内容：广告运作活动所作的市场调研几乎涉及从生产者到消费者的商品与服务的整个过程，所有与广告活动相关的市场因素，诸如市场环境、市场需求、市场竞争、市场营销、消费者与产品，都是广告市场调查研究的范围。其中，消费者调查、基本市场情况调查、产品或服务调查、竞争调查是主要内容。

---

① ［美］丹·E.舒尔茨等：《广告运动策略新论》，刘毅志译，中国友谊出版社1991年版，第160—162页。

（二）策划小组撰写、讨论策划书

市场调查和研究本身不是目的，它只是广告运作过程中必不可少的工作程序、前提和手段，目的是为广告策划与决策提供科学依据。当完成必要的市场调查和研究后，接下来便是依据市场调研的结果制订广告提案计划，现在一般称为广告整体策划案。严格的广告运作计划虽说不能保证广告运作必然成功，但可以保证广告运作合理而有序地展开，为广告运作提供一个整体的规划和指导。

策划对于发展成功的广告运作如此重要，那么，如何来制订一个正确的广告策划呢？毫无疑问，科学和全面的市场调查和分析提供的必要的资讯和结论是制订和发展一个广告策划的必要基础和前提。

广告策划一般分为下面五个重要步骤：

（1）确认广告运作在整体市场营销中的角色和地位；

（2）确立广告目标；

（3）确定达到广告目标的策略和手段；

（4）建立广告运作的事后评估方案；

（5）广告效果的预测。

（三）创新广告创意，完善广告文案

广告创意实际上包括两方面内容，一是广告诉求内容，二是广告诉求方式，即"说什么"和"怎么说"。二者密切结合，不可分离。

广告诉求内容策略所要回答和解决的问题是广告究竟应该"说什么"，即到底诉求什么内容，可能影响和吸引目标消费者去购买某产品或服务。广告"说什么"是在科学的市场调查的基础之上决定的，对于不同的产品、不同的竞争状况，自然有不同的"说什么"的差别，"画有法，画无定法"，对于说什么，不可能有一个放之四海而皆准的公式，但有一些基本原则和基础工作是共同的。第一，必须对所传播的产品或服务有一个清晰全面的认识，以确认该产品可以给消费者带来哪些利益点，可以对消费者做出哪些利益承诺。第二，通过竞争分析与比较，确认在产品或服务所能带来的利益承诺中，哪些是竞争对手所具有或不具有的，其利益优势是什么。第三，通过消费者分析，进一步确认在该产品或服务所带来的利益点和利益优势中，哪些是对消费者非常重要的，哪些是消费者感兴趣的。因为产品或服务所具有的利益和利益优势如果不能与消费者的需求结合起来，那么，这种利益和利益优势实际上是毫无作用的，特别是在一个以消费者为中心的消费竞争时代，这一点格外重要。广告诉求内容策略，就是需要挖掘和发展一个产品或服务所具有的、同时与消费者的利益需求和利益期待吻合的广告诉求内容。

如果广告"说什么"解决的是广告传播内容方面的问题，那么，广告表现则是涉及广告表现方法和表现形式的问题，即"怎么说"。如果广告内容符合消费者的利益期待，能解答消费者最为关心的一些问题，自然会得到消费者的青睐，但在一个产品同质化和诉求同质化的时代，如果一个广告内容能够以一种新奇的、富有创意的、具有人情味或者震撼的

方式表达与传播出来，使人记忆深刻，那么，它将可以发挥更大的作用。

无论创意如何神秘，从整个策划创意流程来看，广告诉求内容和广告表现的第一组合形态总归是广告文案。所谓广告文案，通常被理解为广告制作的执行蓝本。对平面媒体广告而言，它是除美工和摄影图案之外的文字表达；对电子媒体广告而言，它是电视广告和广播广告的脚本。广告文案是在确定广告讯息和广告表现的基础上，经过创意、构想而发展出来的。从广告创意到广告文案，是一个专业分工协作的过程，为了使广告文案符合策划与创意的要求，实现从思想到表现的完美转化，广告代理公司应该做到：第一，发展创意，形成文案，是公司的创意人员和策划人员的事情，其他人在保证策划方向正确的前提下不应该多加干涉，否则往往会限制和影响创意人员创造力的充分发挥。第二，应鼓励和要求多发展几套构想和文案表现，以便进行比较和选择。奥格威就经常从 30 多种文案中选择最好的一种。创意和文案表现是一个具有无限挑战性的过程。第三，广告文案必须符合广告诉求内容和广告表现形式，广告文案不是个人的创作，它需要达到一定的广告目标，传递一定的广告信息，任何背离主题的广告文案都会被否决。第四，广告文案完成之后要进行一定的文案测试。从文案指导到创意总监，从创意总监到客户总监，从广告公司到客户，任何文案其实都必须通过广泛的目标消费者测试，它能帮助预测广告传播的效果，有效地防止大的灾祸和错误。广告文案直接指导广告制作，现在广告制作耗费惊人，特别是电视广告的拍摄和录制，本身就是一项巨大的投资，如果在进行拍摄制作之前就进行相关测试，无疑可以降低广告客户和广告公司的风险。

（四）整合资源，进行广告制作

从实际的广告经营情况来看，广告制作一般采取两种通用的形式：一种是广告代理公司完成广告文案的创意和写作后，将广告制作转托给专门的广告制作公司进行制作；另一种是广告代理公司自行完成制作。

从广告创意到广告文案是一个再创造过程，从文案到具体的制作执行同样是一个再创造过程。这其中都存在一个信息的转化问题。就平面媒体广告来说，是将文字表现所规定的内容进一步具体化，比如广告标题采用什么样的字体，字体的大小、颜色，标题安放的位置，图文如何配合，图案的设计和选择，包括版式构图、光线、色彩，图案的空间位置是上是下，是左是右，等等。平面广告文案与具体实际的广告制作方案有一定差距，但与完成的广告形式已非常接近，有的可以说是只待付印的广告完成形式。广播广告文案几乎可以说是广播广告的全部语言传达的书面形式，具体制作方案只需考虑由书面语言转化为口语语言时语调的把握、声音的高低、节奏的快慢以及与音响效果的有机组合等因素。

电视广告则不同。电视广告文案其实最多只是电视广告分镜头脚本，参与和主持广告拍摄和制作的所有创作人员在具体规定范围内具有很大的创作自由，如演员的表演、摄影拍摄技巧的选择和发挥、灯光的运用、镜头的处理、音乐的配置和镜头的剪接等，同一个电视广告脚本，由不同风格和水平的广告导演来拍摄，可能会导致截然不同的广告效果。

（五）购买媒体，刊播广告作品

广告制作完成后将广告作品交付媒体刊播，广告才真正开始与消费者和目标受众发生关系。这一阶段历时最长，长程广告运作尤其如此。该阶段对于广告运作是否能够达到广告传播的预期效果意义格外重大。

广告策划的流程中自然有事先已经策划和安排好的媒体计划，其中包括媒体战略和策略、媒体选择与组合、媒体购买、媒体刊播的排期等。原则上，广告的媒体刊播必须执行事先的媒体计划，因为任何媒体的选择和购买，特别是媒体的组合，不是在短时间内就可以规划好的，需要一个较长时间的购买和安排。但同时需要注意，媒体和竞争市场风云变幻，媒体计划也必须根据实际的市场情况进行相应的调整。

既然如此，广告的媒体刊播就不仅仅是简单地执行事先制订的媒体计划了，而是还有许多工作要做。

第一，在广告刊播前，有必要进行一定范围内的作品测试。进行广告作品测试，可以确认广告究竟是有效还是无效、效果程度如何，以决定能否以这一广告形式进行传播与推广。进行广告作品事先测试是必要的，因为现在广告媒体费用高昂，一旦广告进入实际的传播媒体中，就开始消耗大量的广告预算，如果发现广告没有效果甚至产生一定的负面效果再进行广告的更换，无疑会导致巨大的损失，不仅是金钱上的损失，也包括广告客户声誉的损失。但广告刊播前的作品测试，技术性相当强，需要精通此项业务的人员来具体执行。进行广告作品的事先测试有几点必须明确和把握：其一，受测试对象一定要是广告传播的目标群体中的一部分。如果让不是目标受众的受众进行广告反应和效果的测定，无异于缘木求鱼，结果只能是南辕北辙。其二，测试的内容和标准，除了包括对广告的审美评判和文化评判，最主要的应该是作为特定消费者对于广告所传播的相关产品或服务的利益承诺点的反应，测试受众从广告中获得什么样的信息，如何进行信息的解读，是否与广告所要传播的信息一致；广告的吸引力如何，具不具有新奇性、震撼性和刺激性；广告能否激发他们对广告所要传播和推广的产品或服务产生兴趣、偏好，改变态度甚至产生购买欲望和行为等。

第二，选择样本市场进行试验刊播。选择样本市场进行试验刊播可以说是一定范围内的测试的扩大，这主要是针对较大市场范围、较大规模的广告运作而言。其对广告效果的测试，可以参照上面的事先测试进行。在样本市场的刊播可以在一定程度上测定广告传播的销售效果，这是和广告作品测试的最大不同点。

如果一个广告运作的时间较长，就有必要进行阶段性的效果测试，并且根据市场动态和变化，及时采取相应对策。总体而言，广告公司就是要保证在广告投放之前和刊播之中不断地对广告效果进行监测，建立起一套系统的广告效果监测体系，以便及时发现问题，调整修改。

▶ 二、效果评估与评估报告

广告运作的事后评估、报告和总结，一方面是整体广告运作的一个有机组成部分，只有进行事后评估，才能知道广告运作是否达到预定的广告目标，广告客户的广告预算是否得到相应的回报；另一方面，通过广告运作的事后评估、报告和总结，广告公司既可以从中得到有益的经验，也有可能吸取一些教训，逐步提高公司的专业代理水平和服务质量。

（一）广告效果的评估

广告运作的事后评估集中到一点，就是对广告运作效果的测定和确认。广告运作效果应该包括广告传播效果和广告销售效果。就一般的广告客户而言，只要达到了预期的广告销售效果，就会对广告运作比较满意，但随着广告客户市场营销水平和专业化程度的不断提高，他们也开始注重广告的传播效果。广告效果是对广告实际运作效果的评价与检测，目的是取得相关数据和经验，以利于下一次的广告活动。

广告运作的效果可以由广告客户和广告公司通过测试和调查获知，也可以委托专业的市场调查公司而得到。专业的市场调查公司得出的结果客观公正，但需要广告客户支付专门的调查费用。

（二）广告效果的评估报告

无论广告公司自我调查还是通过专门的市场调查公司的监测得到相关效果数据，广告公司一般会形成一份广告运作的书面评估报告提交给广告客户；如果可能，广告公司和广告客户的相关人员会通过一场专门的报告会，来为广告运作和广告作一个总结和分析，面对面的交流和探讨比书面的报告书更能得到双方的认可。如果广告客户对此次广告代理和策划运作活动的效果满意，就有可能与广告公司继续合作，形成比较长期的代理合作关系；即使双方由于某些分歧和不满意不能继续合作下去，也需要心平气和地来对此次广告运作进行一个全面的、科学的、公正的评估，明确各自的责任和贡献所在。报告主要包括：广告活动执行和发展的基本情况、广告运作评估过程和评估结果、广告活动结果的分析与建议。

思考题

1. 简述广告公司媒介代理流程。
2. 简述广告公司客户代理流程。
3. 简述选择与维系广告客户的要点。
4. 广告代理提案报告会的关键点有哪些？
5. 简述广告代理实施的基本要点。

本章即测即评

第七章　广告公司的经营理念与相关制度

　　广告公司的业务职能是为广告客户和媒介提供专业服务。规范化的经营与管理是公司业务职能实现和有效运作的重要保障。大而言之，保障公司的有效运作需要两个方面的支撑：一个是无形的理念，一个是有形的制度。经营理念是公司的核心价值观，属于企业文化和组织文化的一部分，为组织成员共有且影响其行为方式。根据诺斯的观点，制度是指一系列被制定出来的规则、守法程序和行为的道德伦理规范，旨在约束追求主体福利或效用最大化利益的个人行为。制度是一系列规则或规范的总和，为一个共同体所有，并总是依赖某种惩罚而得以贯彻。

　　本章将分析的广告公司的经营理念和相关制度，是广告公司作为文化创意产业的核心组成部分，是经过长期的历史发展演变而被广告公司认可和接受的、塑造了广告业的独特行业属性的相关原则、思想和观点。

第一节　广告公司经营的法规和道德原则

　　广告公司作为一种现代经济组织形态，在市场经济中，必须遵守相关的法律规定和职业道德，才能维系和实现公司的长期可持续的发展和壮大。

▶ 一、广告公司经营的法规原则

　　广告公司的经营必须符合特定的法律法规，亚里士多德在《政治学》中说："法治应包含两重意义：已成立的法律获得普遍的服从，而大家所服从的法律又应该本身是制定得良好的法律。"[①] 现代意义上法治在英文中相当于 "the rule of law"，是以民主为前提和目标，以严格依法办事为核心，以制约权力为关键的社会管理体制、社会活动方式和社会秩序状态。市场经济的建设目标是法治的市场经济，任何市场行为主体都必须遵守相关的法律法规。市场经济必须建立在公平、透明的游戏规则之上，因此市场经济必须是法治的经济。其实市场经济可以分成好的市场经济和坏的市场经济。在当前的世界上，宣称实行市场经济的国家占了绝大多数，但是建立起规范的市场经济的国家并不多。许多国家仍然在无规范、由权力支配的市场经济，或者说叫坏的市场经济中挣扎。

　　从法治的角度来看，市场经济应该是权利经济、契约经济、竞争经济、主体平等意志

---

① ［古希腊］亚里士多德：《政治学》，吴寿彭译，商务印书馆 2017 年版，第 202 页。

自由经济、交涉型经济和开放型经济。建立法治的市场经济或者说好的市场经济是我国经济体制改革和市场经济发展的根本目标。

就广告经营和广告法规而言，我国广告法规是调整广告活动过程中所发生的各种社会关系的法律规范的总称，它是以《中华人民共和国广告法》为主体，以一系列涉及广告内容的其他法律规范为辅助的法律体系。在我国，广告法规的表现形式主要有：专门的广告法律、国家有关法律中涉及广告的法律规范、专门的广告管理法规、国家广告管理机关颁布的广告管理规章。我国广告法规的基本内容主要包括：

（1）广告管理的目的、宗旨，广告管理的范围和管理机关；

（2）广告宣传的基本制度、规范，广告发布的基本标准，限制和禁止的各种规定；

（3）广告经营活动规范，广告经营者的资质标准和广告经营者的权利和义务；

（4）对户外广告管理权限的特别规定；

（5）广告违法行为的法律责任的认定、广告管理中的行政复议和行政诉讼。

在我国，目前广告公司在进行广告经营活动时，主要遵循的广告法律、法规主要包括《中华人民共和国广告法》《广告管理条例》《广告管理条例施行细则》，以及特定行业和领域的相关法规，包括《户外广告登记管理规定》《药品广告审查发布标准》《医疗器械广告审查发布标准》《农药广告审查发布标准》《兽药广告审查发布标准》等。另外广告公司还必须遵守对广告活动的重要方面和关键环节做出了规定的法规、规章，如《临时性广告经营管理办法》《酒类广告管理办法》等。另外，还有其他一些法律、法规也涉及广告管理，如《中华人民共和国反不正当竞争法》《中华人民共和国消费者权益保护法》《中华人民共和国商标法》《中华人民共和国产品质量法》《中华人民共和国药品管理法》《中华人民共和国食品卫生法》等。以上都是全国性的法规，此外还有各地根据自己不同的实际情况而制定的地方性法规。同时我国各立法主体制定的所有有关企业经营和市场经济法律法规都适用于广告公司。

不同的法律从不同的角度对同一类行为做出规定，这种现象被称为法律竞合现象。这种现象在现实立法工作中是不可能完全避免的。一方面，从法理上讲，在发生法律上的竞合现象时，凡法律明确规定适用某一法的，依照规定优先适用；无明确规定的，选择其中之一适用。由于广告法是专门规范广告活动的部门行政法，因此，凡是涉及广告管理的，均应首先适用广告法，这是广告行政管理中的一个重要原则。另一方面，不同的法律具有不同的法律效力，所谓法律效力是指法对其所指向的人们的强制力或者约束力，是法律必不可少的要素。由于颁发法律的数量巨大，由多方面的立法主体制定或认可，或由多方面的司法机关制定，且产生的时间和针对的侧重各不相同，从而导致了不同法律之间的冲突，在广告管理的法律适用中同样存在这样的问题。广告经营的法治原则，必须协调不同法律法规之间的冲突，选取更加适合的法律法规加以适用或者运用。就广告经营的法律遵守的法的效力冲突和协调而言，当不同层级的法之间发生矛盾和冲突时，应遵循"上位法优于下位法"的规则；当此类法与彼类法发生冲突时，比如特别法与一般法发生冲突时，一般遵循有条件的"特别法优先于一般法"的规则；当新法和旧法发生冲突时，一般遵循有条件的"新法优先于旧法"的规则。广告经营的法治规范条目、种类和层级众多，在践行广告经营的法治原则时，必须有效地处理不同法之间的效力冲突和协调问题，真正做到依法经营，合法经营，守法经营。

▶ 二、广告公司经营的道德原则

道德是一个国家、一个民族长期社会生活的产物，是人们用来调节人际社会关系的一种行为规范。道德是社会调整体系中的一种调整形式，它是人们关于善与恶、美与丑、正义与非正义、光荣与耻辱、公正与偏私的感觉、观点、规范和原则的总和。它以人们的自我评价和他人评价来调整人们内心的意愿和行为，从而来规范个人行为，形成社会秩序和制度。道德是通过社会舆论、社会习俗和人们的内心信念来保证实行的。一定的道德是一定经济基础之上的上层建筑的一部分，它的作用是通过调整人们的内心意愿和外部行为，调整一定的利益关系，维护自己赖以存在的社会基础。道德具有物质制约性和历史性、阶级性、民族性、人类共同性等属性。

广告道德是社会公德的一种具体表现形式，属于职业道德的范畴。广告传播是现代社会最具影响力的大众传播方式之一，必须遵守特定的大众传播的职业道德规范。大众传播职业道德是大众传播工作者和大众传播机构自身，遵循体现普遍性的社会公德（工作观）和体现特殊性的专业标准（专业规范），对其职业行为进行的自我约束和自我管理。根据道德和大众传播职业道德的概念，所谓广告道德就是为了调节广告主、广告经营者、广告发布者和消费者在广告活动中的社会关系而形成的一种广告行为准则，它是广告主、广告经营者和广告发布者在广告活动中所表现出来的职业道德规范的总和，也是广告主、广告经营者和广告发布者等广告从业者自身素质的一种反映。

如前所述，不同国家、不同制度下的广告道德是不同的。我国广告道德的核心是中华民族的传统美德和市场经济的道德规范在广告活动中的具体体现，也是我国广告行业自律的总原则。

广告道德的作用主要有：（1）对广告活动的指导作用。广告道德通过对广告活动的调节、指引和评价来规范广告活动，从而促使广告从业者自觉遵守广告法规和广告行业自律规则。（2）对广告法规的补充作用。广告法规为广告活动规定法律的界限和框架，一旦有人违反法规，必将受到广告行政管理机关的制裁。但是广告法规也有一定的局限，它并不能调整法律范围以外的行为，所以广告道德对广告法规起到一种补充作用。（3）对整个社会道德的建构和影响作用。广告道德是整个社会道德规范的构成部分。广告作为一种信息传播活动，在向受众传播商品和服务的相关信息的同时，对受众的生活方式和思想观念也会产生影响，公益广告在这一点上尤为明显。因此它对整个社会的道德都会产生影响，在整个社会的道德体系中发挥着一定的作用。广告经营的道德原则，能够有效地提高广告传播的正外部性，降低广告传播的负外部性；能够建立广告产业和广告公司的优良的社会形象、产业形象和公司形象；能够为建设公平、平等、互利和合法的市场经济道德贡献出属于广告产业的力量。广告经营的道德原则，体现了广告经营的专业主义理念和精神，提高了广告经营的社会声誉和社会认可度，也为良性的、持久的广告公司—广告客户服务关系奠定了价值基础。

第二节　广告公司经营的服务、责任和效益观念

广告公司的经营和其他企业经营一样，都有着自己的经营理念和原则，公司经营的理念和原则在很大程度上决定了公司实际经营的效率、水平和境界。对广告公司经营而言，广告公司同样需要相关的理念和原则来指导、约束和提升。由于广告业和广告公司经营管理的相对特殊性，广告公司的经营理念有其独特之处，这些理念都是在长期的历史发展中逐渐形成的、行之有效的理念。

从管理学的组织文化理论而言，广告公司的经营理念是组织文化的一个核心构成部分。从现代系统论的观点看，企业文化的结构层次有三个：表层文化、中层文化和深层文化，经营理念是属于深层文化的一部分。从表现形态看，企业文化包括物化文化、管理文化、制度文化、生活文化和观念文化，经营理念是属于观念文化的一部分。从构成要素看，企业文化由组织精神、组织理念、组织价值观、组织道德、组织素质、组织行为、组织制度、组织形象等构成，经营理念是组织精神、组织理念和组织价值观的有机构成部分。这里探讨的广告公司的经营理念是广告业在长期的发展演变和市场交易合作中形成的具有普遍性、一般性的观点和信念，是维系广告业的行业信誉和社会形象的核心要素之一，也是市场对于广告业的客观性要求和准则；践行与否，直接关涉到广告公司的长远发展。

▶ 一、广告公司经营的服务意识

在一般的商业活动中，我们常常可以听到这样的说法："客户至上"或"客户就是上帝"。广告经营是属于以营利为目的的一种商业经营活动，那么，对广告公司来说，"客户至上""客户就是上帝"也是广告公司进行经营时必须遵守的基本规则。广告公司在进行广告代理服务的时候，必须遵守符合市场代理的基本服务理念和体现自身竞争优势的独特服务理念。

在 20 世纪 90 年代国家广告产业发展规划中，我国广告产业和广告经营被定位于"知识密集、人才密集和科技密集"的第三产业，即服务产业，是通过广告代理为广告客户实施广告调查、创意、制作、媒体发布、效果评估等的广告服务活动。进入新世纪，在国家产业振兴规划中，广告产业是作为文化创意产业的核心组成部分而存在的。广告经营必须树立专业、高效、客户本位、信守契约、为客户保密等服务意识，在客户授权范围内争取客户利益的最大化，避免道德风险和逆向选择，树立在通过服务客户实现客户利益的前提下获取广告公司利润的服务意识。

广告活动是商品经营者或服务提供者（广告客户）承担费用，通过一定的媒体和形式，直接或间接地传播其所提供的商品或服务的一种信息传播的推广活动。没有广告客户承担广告费用，就不会有广告活动发生，也就无所谓广告经营。广告公司经营的直接服务对象，

就是那些承担广告费用的商品经营者或服务提供者，即所谓的广告客户。换一种说法，广告公司所从事的广告经营业务，正是为需要广告推广和传播活动的商品经营者和服务提供者提供的代理服务和相关服务，并在代理服务和相关服务中，从商品经营者和服务提供者那里获得经营利润。我国本土广告公司的扛旗者广东省广告公司的服务准则是：客户一分投入，我们十分努力，力争百分效果。就是在这样的服务准则的指导下，广东省广告公司才以其卓越的市场策划创意能力和优秀的专业执行能力创造了一个又一个市场运作的奇迹，培育了诸多的市场强势品牌。我国台湾地区奥美公司的企业理念为：客户的尊敬是奥美所拥有的最大资产。客户满意源自我们对客户需求的了解，唯有当我们的服务超乎客户期待，客户才会满意；我们致力于成为客户的品牌管家，因为我们的价值是来自于协助客户创造品牌的价值。这与奥美公司的创始人奥格威的"我们的目的是销售，否则就不做广告"的理念遥相呼应。无论从何种意义上说，广告公司必须对作为商品经营者或服务提供者的广告客户负责。这一点应该是确定无疑的，任何时候都不能改变。广告公司必须牢固确立服务广告客户这一基本经营理念。

▶ 二、广告公司经营的双重责任与效益观

（一）广告公司经营的双重责任

广告经营的服务意识主要强调了广告业属于信息服务业和文化产业的一部分，属于国民经济的第三产业，遵循专业、高效、客户本位的服务意识，保持一流的服务精神和态度，这是针对广告经营的服务对象广告客户而言的。但是，切莫忘记广告公司在商品的生产经营者与消费者之间、服务的提供者与需求者之间所充当的特殊角色——中介。广告公司代表广告客户向消费者传播商品与服务信息，沟通生产与消费、供与需之间的联系，所面对的依然是广大消费者。所不同的是，广告公司是接受广告客户的委托代理，代表他们来直接面对广大消费者的。广告公司这一特殊的身份和角色，决定了广告公司在对广告客户负责的同时，还必须对消费者负责。广告传播与广告经营的一个重大前提，就是对消费者负责。这就是广告经营的双重责任：在为广告客户承担责任的同时，必须对消费者和社会公众负责。许多有关广告的法律、法规和广告业的自律条款都是在这个基础上制定的。例如禁止虚假广告和违法广告的法律条款，不仅广告客户必须遵守，广告公司和广告媒体同样必须严格遵守。

如果在广告经营中只强调为客户服务，对客户负责，只强调"客户至上"，那么，往往会导致只考虑如何满足客户的要求，只顾全客户的利益，而忽视消费者的利益，甚至不惜牺牲消费者的利益满足客户的要求，保全客户的利益，这样就会导致虚假广告、违法广告泛滥成灾，导致整个社会对于广告的信任度下降和广告经营生态环境的恶化。许多虚假广告常常是广告公司为了单方面地满足广告客户的要求和利益，而协同和帮助广告客户误导甚至欺骗消费者的产物。因此，广告在社会经济体系和国民生活中负有双重的职责。广告客户当然享有将广告作为一种推广品牌、获取利润的手段的权利，但公众则享有期望广告内容真实可靠、表现格调高雅不俗的权利。作为广告经营者，对这两种权利都必须给予

尊重和维护。因此，在广告经营中，广告公司只单方面地强调"客户至上""客户就是上帝"，对广告客户言听计从，甚至与客户一起合谋对消费者进行欺骗，是一种不成熟的和短视的经营理念，短期内可能会维护广告公司与广告客户之间的合作关系，长远而言不仅会遭受消费者和公众的唾弃，也会遭受到严格的法律制裁和社会舆论谴责。所以，如果广告公司的经营只代表广告客户的利益而忽视同时代表着目标消费群体和公众的利益，从根本上动摇了广告经营的市场基础，则会导致经营的失败。

需要特别指出的是，对客户负责与对消费者负责并非完全截然对立，两者应该是一种对立的统一。从广告经营的角度来看，对消费者负责，既是对自身负责，也是对广告客户负责。广告公司通过广告运作帮助广告客户传播和推广质量低劣的产品，并把它们强行推销给消费者，这对于消费者无疑是一种损害。从短期效益来看，广告客户可能会从中获取一定的效益回报，但从长远的观点来看，对于广告客户而言，这种广告运作的结果往往是灾难性的。正如大卫·奥格威在其《一个广告人的自白》一书中所说："只要我费尽力气去写，我当然也可以说服消费者去买某种劣质产品，但是上当只能一次。"他引用菲尼亚斯·巴农的话："你可以用广告宣传一种骗人的商品，引诱许多人买它一回，但是，他们慢慢地会斥责你是骗子。"霍华德·摩根斯也说过："消灭一个质量极低劣的品牌的最快途径是用最积极的方式来推销它，人们也会用同样快的速度来识破它的低劣程度。"①

这种结果，也许是广告客户始料未及的，也是广告客户所不希望看到和不愿接受的。这说明，广告经营者的这一做法，看似是对其所代理的广告客户利益的维护，实际上却是对消费者权益的不尊重和侵犯，同样是对广告客户的不负责，还有可能连自己的专业声誉都一起葬送。

在广告经营中，还有这样一种观点：广告是一种保证质量和服务水平的力量。在谈到这一问题时，大卫·奥格威在其《一个广告人的自白》中引用了施韦普斯饮料公司的弗雷得里克·胡帕爵士的一段精彩的话：

广告是质量的保证。一家公司花了相当可观的金钱传播自己的产品的优点，使消费者习惯于他们买到的产品始终一贯是高标准的。这样的公司是不敢在日后把自己产品的质量降低的。有时候公众不免失之轻信，但却不致轻信到没完没了地购买低劣产品的程度。

接着，大卫·奥格威又引证他们为荷兰皇家航空公司做广告的事例作了进一步阐明：

我们开始为荷兰皇家航空公司做广告的时候，我们说这家公司"准点"而且可靠，他们的最高当局就给自己的航行人员发了一个通知，提醒他们一定要遵守我们广告所做出的承诺。

因此，奥格威得出结论：

一家好广告公司代表着消费者的利益。②

的确，广告公司在它所制作、发布的广告中，对产品或服务质量的传播及其所做出的

---

①　［美］大卫·奥格威：《一个广告人的自白》，林桦译，中国物价出版社2003年版，第183—184页。

②　［美］大卫·奥格威：《一个广告人的自白》，林桦译，中国物价出版社2003年版，第184—185页。

承诺，显然是代表着它的客户，即产品的生产经营者或服务的提供者。如果这种传播的承诺是真实可靠的，也就尊重了消费者所享有的期望广告内容真实可靠的权利，实际上也就代表了消费者的利益，并在客观上起到了监督广告客户不断实践其在广告中所做出的承诺的作用。直接受益的当然是消费者，他们因此得到更多的机会来享用或挑选更好的产品和服务。正是在这个意义上，西方近代广告之父拉斯克也认为："广告公司实际上不是制造商的代表，而是消费者的代表。"[①] 与此同时，广告客户也在这一过程中实现其向目标消费者推销商品或服务的目的，并获取预定的利润，而消费者的利益和广告客户的利益就在广告经营者对双方负责的诚信工作的基础上获得了一致。

因此可以这样说，广告经营者在广告客户和消费者之间担当的中介角色，决定了它的双重代表性及负有的双重职责，这就是一方面它代表着广告客户，另一方面它又代表着消费者，既要对广告客户负责，也要对消费者负责。按商业活动的一般规律来说，这两方面并行不悖、相辅相成。只有在这一基础上，才可能有成功的广告运作，也才可能有真正成功的广告经营。这是广告公司在从事广告经营活动中须臾不可忘记的一个重要的经营理念。

（二）广告公司经营的双重效益观

广告经营在追求与遵循双重责任的同时，必须追求与实现经济效益与社会效益的均衡和和谐。经济效益是广告经营的根本目标，社会效益是广告经营实现可持续发展的社会必需。广告起源于人类的商品交换活动。广告经营本身就是一种商业活动，这就决定了广告经营必须以营利为目的，必须注重其经营的经济效益。这本是一个最起码的常识。然而，在我国广告与广告经营的发展过程中，人们对这一起码的常识的认知还是改革开放以后的事。

在我们这个具有"重义轻利"古老传统的国度里，人们罕言利，或者说不敢言利，耻于言利，对一切以营利为目的的商业活动，往往予以极大的抑制。作为推销商品和服务以实现营利的广告和广告经营活动自然不受重视。俗话说"王婆卖瓜，自卖自夸"，对这种推销行为的嘲讽之意，溢于言表，正是这种社会文化心理的反映。

新中国成立以后，一方面，由于受传统的重农轻商的文化意识观念的影响，广告产业的功能和性质受到人们很大的怀疑；对广告业的发展，政府没有给予足够的重视，也没有相应的规划。另一方面，社会主义改造完成之后，我国建立起一整套管制严密的计划经济体制，所有的经济活动都是在国家的行政计划和安排下进行的，作为传递市场信息促进市场竞争的手段和工具之一的广告失去了其存在的客观市场基础。此时存在的广告主要是政治宣传的手段和工具，而不再是一种商品传播的手段，这无疑使得广告及广告业空前萎缩和遭受污名化。后来极左路线盛行，国民经济几乎到了崩溃的边缘，广告业更是受到致命的摧残。

改革开放以来，党的工作重心转移到经济建设上，商品经济和市场经济的合法性逐渐得到承认并且渐渐占据社会生活的主导地位。同时，经济体制改革的实施，特别是

---

① 徐明文：《美国现代广告流派述论》，《江西社会科学》2001 年第 1 期。

邓小平南方谈话和1992年社会主义市场经济体制建设目标的确立，共同引发了一系列社会文化观念的重大变化。在这一大背景下，随着市场化经济成分在中国整体经济中的蓬勃发展和迅猛进步，作为市场经济不可或缺的广告业获得了飞速发展和长足进步。广告产业和其他产业一样，追求经济效益已被认为是天经地义的了。但是，对经济效益追求的承认并不意味着所有的问题都已经得到解决。

第一，就产业效益而言，我国目前广告经营的低效益状况亟待改变。在西方广告界，广告经营的人均效益约为25万～80万美元。目前，我国的人均效益与之相比还有比较大的差距，不同的经济发展水平固然是造成人均营业额相差巨大的根本原因，但广告经营效益意识的薄弱也是一个重要原因。这种低效益的产业经营状态，与现代社会高效益的要求是格格不入的，远远不能适应现代社会激烈残酷的市场竞争。没有产业的高效益，就很难实现对现有产业状况的改造，比如广告人才的培训、经营规模的扩展、经营设备的更新、服务质量的提升等。特别是跨国广告公司看好中国市场的巨大发展前景，蜂拥而至，中国广告业如此低的经营效益是很难与跨国广告公司竞争的。因此，广告公司，必须牢固树立起高效益的广告经营意识，提高与跨国广告公司竞争的能力。

第二，单纯追求经济效益，而忽略广告的社会文化效益，可能会使广告公司从一个极端走向另一个极端，从而导致广告的"社会文化传播机能"的部分丧失，甚至产生一些社会文化的负面效应。这是目前我国广告经营存在的又一不容忽视的问题。

我们不主张把广告看作政治宣传教化的工具，但是我们同样不能将广告仅仅作为一种商业手段和商业活动。因为，在现代社会里，由于广告的无所不在和巨大的影响力，它本身也成了一种社会文化现象，它在传递商业信息的同时，实际上在有意无意地创造和传播着某种文化观念。广告对社会最直接的影响，是通过商业信息的有效传递来诱导消费和改变需求，从而产生新的生活方式和消费文化，进而影响社会的价值观念和大众的文化心理。富兰克林·罗斯福早就提出过这样的看法："若不是有广告来传播高水平的知识，过去半个世纪各阶层人民现代文明水平的普遍提高是不可能的。"温斯顿·丘吉尔也持有同样的观点："广告培育了人的消费力。它为人争取美好的家庭，为自己和全家争取有更好的衣着、更好一点的饮食立下了目标，它激发了个人的努力，也刺激了生产。"[1]

众所周知，社会经济越发达，广告与大众生活的关系也就越密切，或者广告本身就成为一种社会生活方式。广告的社会作用和影响越广泛越深刻，广告商业信息传递机能的文化张力就会越大。正因为如此，西方发达国家早就着手于广告与文化问题的研究。1986年5月，美国芝加哥举行了国际广告协会第30届世界广告大会，会议的中心议题是探讨21世纪全球广告的发展趋势，其中一个分议题便是21世纪的文化广告。美国广告界知名人士迪诺·贝迪·范德努特在会上作了题为《文化的艺术和科学》的长篇发言，她指出，如果没有人做广告，谁能创造今天的文化？你又能从哪儿为文化活动找到一种比广告更生动的传播方式呢？我们应该承认我们确实影响了世界的文化，因为广告工作是当代文化整体中一部分，是文化的传播者和创造者。

① ［美］大卫·奥格威：《一个广告人的自白》，林桦译，中国物价出版社2003年版，第177—178页。

　　当然，对于广告的社会文化的影响没有必要过分地加以夸大，广告的商业信息传播的功能始终应该是第一位的，但我们不能因此而忽视广告对于社会文化的诸多影响，特别是要防止和避免广告对于社会文化的负面影响，比如片面刺激人的欲望导致物欲横流、色情广告的泛滥等。

　　因此，广告人应该既是商人，又是文化人；广告既传递着商业信息，也传播和创造着文化。对此，我们必须有足够清醒的认识。作为广告公司的经营者，必须确立双重效益观：在追求经济效益的同时，争取良好的社会文化效益。以牺牲社会文化效益为代价去换取经济效益，对社会而言，是一种犯罪，这种经济效益也注定不能长久。

▶ 三、"科学"与"艺术"

　　广告是科学？是艺术？还是其他？或者既是科学又是艺术？这似乎是广告学的一个纯理论的问题，但它关系着实际广告经营的指向。

　　关于这个问题，从近代广告活动发轫至今，一直争论不休。从约翰·E.肯尼迪到克劳德·霍普金斯、罗瑟·瑞夫斯，直到大卫·奥格威，这些清一色的美国广告世界的巨头都可视为科学派的广告哲学的代表。约翰·E.肯尼迪最初受英美"为艺术而艺术"的广告潮流的影响，转而推崇约翰·鲍尔斯提出的广告是"印在纸上的推销术"的名言。克劳德·霍普金斯也信奉广告是推销术的思想，成为"硬性推销"的坚定倡导者和说理性广告的鼻祖，并以其《科学的广告》一书奠定了"广告是科学"的理论基础。大卫·奥格威深受霍普金斯的影响，接受其"推销与说理"的广告创作原则，并成为忠实的实践者，提出了在整个广告领域里，"实质总是比形式重要"的观点。而英国的马丁·博厄斯和美国的威廉·伯恩巴克则是艺术派广告哲学的坚定主张者。博厄斯认为，直截了当地推销令人难堪，劝说应该是含蓄的。伯恩巴克尤其崇尚广告的艺术创新，他认为："从本质上看，广告是劝说，劝说便不是科学，而是艺术。"①

　　尽管这些人观点不一，但在各自不同的广告哲学的指导之下，他们都曾创造出在广告史上被奉为不朽典范的广告作品，都曾策划过极为杰出的广告活动，都曾创造出广告销售的奇迹。

　　言及这些人，人们往往只看到他们广告哲学的差异点，却未能透过这些差异看到他们的相通或相同之处。认为"问题不在于怎么说，而在于说什么"的奥格威，在为"哈赛韦"衬衫创作广告时，竟想出了18种方法来把具有魔力的元素渗入到广告中去，而今我们欣赏起这幅广告时，谁不为那穿哈赛韦衬衫戴眼罩的男子汉形象所深深吸引呢？强烈主张广告的"独创性与新奇性"的伯恩巴克，同样认为"对任何艺术作品成功度的衡量是以它达到的广告目的之程度来定的"，以他为奥尔巴克百货公司创作的系列广告为例，谁能说他偏离了广告创作的科学化规则？这些广告大家的经典广告作品，几乎都是科学与艺术的完美

---

　　①　转引自张庆园、张凌媛：《技术逻辑下的人文回归：伯恩巴克的广告思想及其当代价值》，《新闻与传播评论》2018 年第 5 期。

结合，或者说是科学的艺术化、艺术的科学化。所不同的只是科学派的广告人尤其注重广告的科学性实质，反对用广告的科学性去迁就艺术性；而艺术派的广告人是在尊重广告科学性的前提下尤其注重广告的艺术表现。他们都不曾反对在广告领域里科学与艺术的"联姻"，他们的广告运作的目标指向都是一致的，那就是广告的有效性。在长期的广告实践中，科学派的广告代表认识到艺术广告的重要性，而艺术派的广告代表也认识到科学广告的战略意义。

我们认为，在广告领域里，与艺术性相比，广告的科学性不能不占首要地位。也就是说，广告首先必须是科学的，广告的科学性是广告有效性的基础。不具备科学性的广告，只能是无效广告，只能浪费广告客户的钱财，任何广告客户出资开展广告活动，都是为了达到一定的传播与营销的目的。无论销售型的广告还是建立品牌形象的广告，其最根本的目的是为了产品或服务的销售，广告客户的广告投资是需要回报的，具有很强的功利性，广告不是广告人自由畅游的"艺术空间"，可以不受约束。但这并不否认广告的艺术性，当科学地确定了"说什么"后，"怎么说"就变得格外重要了。因为广告客户有发布广告的自由，但没有强迫广告受众接受广告的权力，广告必须以有效的方式和手段去吸引受众的注意。若做不到这一点，广告很可能就失去其全部意义。成功的广告策划和创意都是"戴着镣铐跳舞"，在确定营销目的和广告诉求后，广告人必须发挥自己的创造性，将广告信息有效地传播出去。

随着社会的发展，广告市场竞争愈加激烈，广告的艺术性的问题也越来越突出。在广告泛滥成灾的现代社会，消费者每天都能接触到数千条广告。在表现上缺乏艺术创新的广告往往会被淹没在广告的汪洋大海中，而不会引起人们的任何注意。进而言之，受众对广告的接受，往往是被动的、无意的，甚至在很多时候是抗拒的、厌恶的，广告必须能够突破消费者的注意障碍和其他广告的竞争，以得到消费者的关注和信任。对于广告，受众不仅要求它传播正确的商业信息，同时要求它具有较高的观赏性，既能给人带来功能上的利益，又能带来某种超功利的审美愉悦，这样就促进了广告艺术化的进程。有专家认为，在美国今后的电视广告中，告知性的和强硬推销性的广告将被逐渐淘汰，取而代之的将是具有文化底蕴的、具有人情味的广告。在现代社会里，只有将科学性与艺术性完美结合的广告，才可能得到市场的认可和消费者的关注，才可能取得广告传播与推销的成功。但无论广告发展到哪一步，作为广告经营者都必须牢记，广告首先是科学，然后才是艺术，必须在坚持广告科学性的前提下来提高广告的艺术性，以增强广告的传播力和影响力。

此外，不同的文化背景对广告的要求也不同。"广告是科学"的观念是近代广告从发轫走向成熟时代的产物。"广告是艺术"的观念，更是现代社会对广告的新要求。在有关广告的论著与文章中，我们经常可以看到这样的说法：在美国，广告是商业，而在英国，广告是娱乐；美国广告是商业，英国广告是幽默，法国广告是爱。这种说法无疑是片面的，但它真实地反映出在不同的文化背景和不同的国度里广告所具有的某种文化特征。在一个视广告为娱乐的国度，采取硬性的广告推销方式不会成功；在一个主要从广告中获取商业信息的国度，艺术性又似乎成为一种多余。这也是我们在坚持广告科学与艺术两面指向的同时不得不注意的又一个问题。

▶ ## 四、"达格玛"与"业务冲突"

（一）"达格玛"理论

所谓"达格玛"，即英文"DAGMAR"的中文音译，是"Defining Advertising Goals for Measured Advertising Results"的首字母缩写，翻译成中文就是"为衡量广告效果而确定广告目标"。该理论由美国广告学家科利于1961年提出。所谓"达格玛"理论，是指如果最先能确定广告目标，就能测定出广告效果，是结合经营分野的目标管理和广告效果阶段理论而形成的一种理论，是一种广告管理技术。这里的"达格玛"观主要讨论的是广告作业中的另一重要理念问题，即要求广告公司在进行广告代理和广告活动中对广告客户承担应有的责任。

在以往的广告经营中，一般来说，广告公司只向广告客户要求广告代理的权利，却不承担客户销售效果的责任。以销售作为广告的绝对效果，显然值得怀疑。但是，"达格玛"理论中提到的关于要求广告公司对客户的广告效果承担应有的责任的问题，对广告公司的经营来说也有其积极意义。它能促使广告公司以认真的态度和高度的责任心来从事广告代理，也让广告客户对自己的广告投入放心，从而有效地加强双方的合作，进一步提高广告活动的水平和服务质量。

"达格玛"理论的提出者科利极力说服广告主以传播效果衡量广告效果。因此，他在"达格玛"理论中，依据广告所执行的只是传播任务的认识，建立起广告传播的效果层次模式，即由不知名到知名、由知名到了解、由了解到信服、由信服到行动的商业传播四阶段说，并主张每一阶段都必须确立能够加以科学测定的量化效果指标，以便最后测定和衡量广告传播效果。广告运作结束后，依据事先确立的量化指标来衡量广告的传播效果，凡未能达到预定的量化效果指标的，广告公司应负相应的责任。尽管"达格玛"模式未能描述现实生活中消费决策过程的全部，也无法完全排除由其他促销组合造成的购买行为效果，却仍不失其基本的科学性、合理性，在国外和国内的广告实践中仍有不少成功先例。"达格玛"观念的提出，要求广告公司对广告客户的广告传播效果承担应有的责任，既有"风险共担"的一面，也有"利润共享"的一面，这不仅体现出权利与责任的一致，也体现出风险与利益的共存。这对广告公司来说并非不公平。因为在由广告公司策划的广告运作中，一旦不成功或者失败，广告公司损失的不过是广告代理费，广告客户却面临着市场的失败和企业的困境，广告客户承担着最大的责任和风险；当然广告运作如果成功，广告客户自然是最大的获利者，而广告公司也可以从广告客户那里获得比规定广告代理费高出许多的高额代理金。因此可以说，权利与责任理应一致，风险与利益理应并存。

但真正在实际的广告代理和运作中推行"达格玛"观念，必须建立在广告主与广告公司的相互理解、相互协调的基础之上。从广告客户本身说，需要对企业所有的相关促销和营销的要素进行有效整合。从广告公司方面来说，在接受广告代理委托时，有必要对广告客户的营销要素和战略进行一个系统的梳理和整合，进行全方位的考察，并且在具体的广告策划和运作中将广告传播与其他相关要素进行有效整合。如果客户的营销系统有加以改善和调整的可能，广告公司应该提出专业的建议和意见。如果广告客户固执己见、不予采纳，广告公司自然可以拒绝对广告客户的广告传播效果负责，或者干脆拒绝接受广告客户的委托。当然，在广告公司的经营实践中推行"达格玛"观念，只是一种尝试，实行起来有很多困难。如果广告客户和广告公司能够精诚合作，相互理解，相互协调，那么"达格玛"观念的应用和推行是可以极大地提高广告活动的成功率的。

（二）"业务冲突"原则

所谓"业务冲突"，是欧美发达国家的广告产业在长期的发展过程中自然形成的一种行业惯例，即一家广告公司只能为同一类产品中的一家客户服务，只能代理同一类产品中的一家广告客户的广告业务。

这一自然形成的行业惯例无疑具有它历史的合理性。它符合广告经营的责任与道德原则。试想，如果一家广告公司同时为同一类产品中或同一行业的两个或两个以上的客户服务，它将如何避免广告传播中产品类型的冲突，甚至广告诉求点与广告主题的冲突？它又将如何处置来自同一类产品不同客户的有关产品及行销的业务秘密？如果广告公司同时代理某一类产品的多个客户，由于客户不可能同处于一个绝对的水平线上，广告公司的客观和公正不正好将不同客户之间的差距暴露给消费者了吗？这样做的话，如何面对来自不同客户的压力和指责？即使广告公司能够代理同一产品类别的广告客户，作为广告客户会产生专业的信任感吗？因此，可以说，避免"业务冲突"是广告行业惯例，是对广告业的经营规律与必然性的承认。广告经营的"业务冲突"原则，在一定程度上体现了广告客户在广告运行系统中的一种强势地位。

当然，在不同的国家和地区，情况也许不完全相同。如在日本，由于各广告公司分别掌握着不同的媒体，几大广告集团分别与几大媒体集团相互持股，同类产品不同品牌的广告客户的广告业务，有时因发布广告的媒体的需要，不可避免地要委托同一广告公司代理。日本的电通广告公司就同时拥有 3 000 多家客户，就汽车行业来说，它既代理"丰田"，又代理"日产"，这两家公司都是世界知名的跨国集团公司。这种现象在英美等国是绝对不会出现的。日本广告业在世界广告市场上不能大规模地参与竞争，这是一个重要的原因。但随着时间的流逝，日本也逐渐有公司意识到"业务冲突"这个问题，如 1991 年 1 月，"日产"通知电通，博报堂将在日后独家代理其广告业务，这在当时的日本实在是一大变化。

为顺应当今世界经济结构的发展与变化，避免广告经营中的业务冲突问题，广告行业正积极思考并采取多种应对措施，如广告公司的分户与兼并等。

这一问题也同样摆在中国广告业的面前。从现在起，我们也必须逐步建立起有关广告经营中的"业务冲突"观念，遵守避免"业务冲突"的国际广告行业惯例，以促使中国广告业健康有序地发展，并尽早与国际广告业接轨。

第三节　广告公司的客户服务制度

广告公司的客户代理服务是以各种服务制度为基础来提供保障的。其中重点包括：客户服务的业务经理制度、业务档案制度、工作单制度、业务审核制度、业务保密制度等。

▶ 一、业务经理制度

业务经理（Account Executive，AE），也叫客户执行。业务经理制度即广告公司指派特定的客户负责人为客户提供服务的一种制度。这是广告公司在长期的业务运作中逐渐形成的与客户"业务经理制"相对应的一种代理服务制度。如果客户同时委托多品牌的广告代理，可上设客户监督（Account Supervisor）为客户总负责，业务经理则为客户多品牌中某品牌的客户执行人，还可下设副业务经理或助理业务经理，协助业务经理工作。广告公司的客户代理服务涉及公司各业务职能部门，工作环节众多，即使采取专门小组服务制度，也涉及小组内各类专门人员的协调。业务经理作为广告公司对客户提供的不同服务功能的总负责和总协调者，能确保公司业务的协调运作、服务效能的有效发挥。

▶ 二、业务档案制度

广告公司代理所有的广告业务时，必须逐项建立业务档案。从客户接洽开始，直至评估总结完成，所有有关业务资料都得一一归案存档。业务档案的建立，便于公司管理人员和具体业务参与人员的业务自查，以便控制业务按计划开展，随时检查业务中的疏漏，发现和修正业务中出现的偏差。业务档案制度，是公司业务管理的重要手段。同时，业务档案也是公司进行业务总结的重要依据，以及处理各类业务纠纷的重要法律凭证。

▶ 三、工作单制度

由于代理服务的工作环节及涉及的工作部门和业务人员众多，许多公司除了以召开协调会议的形式来协调工作，还常采取工作单制度，来实施业务运作管理和控制。工作单又叫工作任务单，一般由公司的业务总监和项目负责人签发，将代理服务的各项业务工作分别向有关业务部门或业务人员下达。其主要内容有：需要具体完成的工作任务，以及规定完成的时间和有关质量的要求，还有工作任务接受者的签收，任务完成结果的信息反馈。该制度要求接受工作任务单的有关业务部门和业务人员在所下达的工作任务完成后，填写好任务完成结果信息反馈栏，将工作任务单连同完成的工作任务一并返回工作单下达者，由工作单下达者一并签收。实践证明，工作单制度是广告公司实施业务管理和控制的有效方法之一，是确保公司业务高效而有序运作的重要手段，也是执行部门和员工业务考核的重要依据。

▶ 四、业务审核制度

按业务审核制度的规定，公司在业务运作过程中所完成的每一项业务工作，如调查报告、策划书、计划书、广告创意文案、制作的广告作品等，在报告或提交客户之前，必须经公司主管或业务主管，或公司的业务审核机构，或由相关人员组成的临时审核会议的最后审核和认可，质量达不到要求者，一律不予通过。这一制度旨在实施严格的业务把关，以确保公司优质"产品"的"生产"。

▶ 五、业务保密制度

公司在为客户提供广告代理服务的过程中，所接触和掌握到的有关客户的所有商业资讯，未经客户允许，不得向任何一方泄漏，公司在为其他客户提供广告代理服务时，也应以不损害该客户的利益为原则，即使该客户转寻其他广告公司作代理，也应如此。公司为客户所做的一切广告代理策划，在未公开实施之前，公司也应为其严守秘密。业务保密制度是一切商务活动的通则，广告代理公司也必须无条件遵守。

第四节　广告公司的收费制度

作为一种现代公司类别和形态，广告公司的经营本质目的与其他公司一样，都是为了获取利润。在投入成本进行服务后，广告公司必须要有相应的盈利模式和收费方式，才能有效地弥补资本投入，获得价值补偿和利润增值。广告业经过一百多年长期的发展演变，形成了稳定的收费范围和收费方式。当然，市场在变，广告客户和广告公司的服务范围、服务方式在变，不断适应新的服务范围和服务方式的收费制度也在不断演变和发展。在平等和公平交易的前提下广告收费制度有效地维系着广告公司与广告客户之间的代理关系。

▶ 一、广告公司的收费范围

1. 媒介代理费

媒介代理费是广告代理主要的收入来源，约占整个广告代理收入的3/4。这项收费在广告代理业萌芽之初即确立，逐步演进，形成制度，这就是我们通常说的代理佣金制。关于媒介代理费，有以下三点需要说明。

第一，最初的媒介代理费由广告主按实际媒介费用的一定比例向广告公司支付，后转而由媒介向广告公司支付。从目前的实际运作情况看，又明显表现出由广告主向广告公司支付的倾向，或者由广告公司在购买媒介的价格折让中实现。

　　第二，最早的媒介代理费主要是用来支付广告公司从事媒介代理的佣金或劳务费用的，随着媒介刊播费用在整个广告费用中所占比率的增长，这项费用不仅包括广告公司从事媒介代理的劳务费用，还包括广告公司为实现媒介代理而为广告主所提供的其他广告代理服务的酬金，如广告策划、广告文案等代理服务。

　　第三，并不是所有广告公司都有资格从事媒介代理并能从媒介获取代理佣金的。媒介仅对被认可并正式签订代理协议的广告公司支付佣金。

2. 其他服务费

　　广告市场调查、广告策划、广告创意、广告设计与制作、广告媒体调查、广告效果测定，都属于广告代理公司的基本代理服务。这些代理服务如何收取费用？是否属于广告代理的收费范围？

　　广告策划这项服务是否收费需视具体情况而定。如属于全面代理，其酬劳已包括在代理公司从媒介所得的代理佣金之内，广告客户一般不再向广告公司另行支付策划酬劳，这在现在已成惯例。即使属于全面代理，但由于广告主的广告投入有限，代理公司从媒介获取的佣金不足以支付代理公司为策划所付出的成本和劳务，代理公司可向广告主另行收取策划特别服务费，但必须事先征得广告主的认可和同意。如属于单项代理，广告公司应向委托策划的客户按成本和劳务收取策划费用。

　　广告调查包括市场调查、媒体调查、广告事前事中测试、广告效果调查。广告调查的费用由谁承担？一般的情况是，为制订广告的活动策划所进行的必要的调查，其费用由广告代理公司承担；如受广告主专项或特别委托，专为广告主所做的调查，调查成本和佣金由广告主支付。当然，如果广告代理公司本身不从事市场调查而必须通过专门的机构进行调查，其费用由广告主承担也是理所当然之事。

　　广告创意费的收取，可参照广告策划费收取的情况执行。广告设计与制作费依惯例均在收费范围之内。这里有两种情况：一是由广告公司自行完成设计制作；二是由广告公司完成创意设计后，转托专业制作公司执行制作。如属后者，广告主须全额支付制作公司收取的制作费用，另向广告公司支付一定比例的费用，作为广告公司在这一过程中所付出的监督制作执行、控制制作品质等劳务的酬金；如属前者，广告公司则应一并向广告主收取制作成本及制作劳务佣金。

3. 特别服务费

　　特别服务是指广告代理服务之外的其他服务项目，如公共关系、促销活动等代理。包括为企业所进行的 CI 策划，均属正常的收费范围之外的特别服务。

▶ 二、广告公司的收费标准与方式

　　广告公司的收费标准和方式随着广告代理形式和内容的演变而不断地发生演变，这是市场演进的必然结果。从整体上说，广告收费标准和方式朝着越来越科学、量化、公平的方向演变，体现了广告公司与广告客户之间错综复杂的博弈与合作关系。实费制取代佣金制（不管固定佣金制还是协商佣金制）体现了广告客户对于广告服务的客观要求。而效益分配制则直接将广告公司的收益与广告服务的销售效果挂钩，对于广告公司的服务质量提出了更高的要求，同时对广告代理的效果评价带来了更大的挑战。

1. 佣金制

这是广告代理中最早形成和确立的一种收费方式。最初标准不一，低者比率仅为广告总费用的 2.5%，高者达 25%。佣金比率确定为 15% 是在 1917 年的美国，后经逐步推广，成为国际通行的一种收费制度。我国目前实行的是 10% 的代理佣金制。这主要是就媒介代理的收费标准而言的。

广告公司为广告主所提供的媒介代理之外的许多非免费服务项目，如广告调查、广告制作以及诸多杂项服务和特别服务，广告主都得向广告公司支付实际成本费之外的服务佣金，标准原则上仍为 15%，只是计算方法有所不同。

如一项非免费服务项目的成本支出总额为 8 500 元，广告主除如数支付外，还要按 17.65% 加成惯率向广告公司支付服务佣金，计算方法如下：

成本总额为 8 500 元；

加成为 8 500 元 × 17.65% ≈ 1 500 元；

广告主应付给广告公司的金额为 8 500 元 +1 500 元 =10 000 元。

加成惯率之所以定为 17.65% 的原因是，广告公司此项服务所得 1 500 元的服务酬金，恰好是广告主支出总额 10 000 元的 15%，与 15% 的代理佣金标准正好一致。

2. 协商佣金制

以 15% 为标准的固定佣金比率使广告公司有了一定的收入保障，但有时对广告主不利。在佣金比率固定不变的情况下，媒介刊播费用越高，广告公司所得就越多，而其所付出的劳务却不因媒介费用的增加而增加多少。因而广告主的不满也逐渐增长，尤其是一些媒介费用支出较大的广告主，对广告公司因此所得超出其劳务付出的报酬，常抱抵触情绪。与此同时，广告公司在为广告主所作的广告计划中，出于自身的利益，也倾向于增大刊播费用，倾向于使用比较昂贵的媒介。这样，广告主与广告公司为佣金的事常起纷争。于是，20 世纪 60 年代，一种新的计费方法——协商佣金制在美国广告界出现了。协商佣金制主要是针对一些媒介费用支出较大的广告代理业务，由广告主与广告公司协商，确定一个小于 15% 的佣金比率。按照协定的比率，广告公司把从媒介得到的佣金超出该比率的部分退回给广告主。这种新的计费方法对广告主比较有利，它是建立在广告主与广告公司协商的基础之上的。

在这种新的计费方法出现之后，通行的以 15% 为标准的佣金制依然保留着，虽说 15% 不再是绝对标准，但依然是一个常用的参照系数和参考标准。

3. 实费制

实费制与协商佣金制的兴起同是在 20 世纪 60 年代，由奥美广告公司率先实行。

所谓实费制，就是不采取按一定的比率来支付代理佣金的形式，而是采取按实际的成本支出与实际的劳务支出来支付整个广告代理费用的方式。

按照实费制，广告公司在整个代理过程中的一切外付成本，包括媒介费用、调查费用、广告制作费用以及印刷、差旅等各项杂费，均按实际付款凭证向广告主结算。而广告公司为此所付出一切劳务则按实际工时和拟定的工时单价向广告主收取酬金。这就要求一切外付成本必须具有收款机构的收款凭证，公司机构内各项花费如无需外付成本的，也必须具有公司本身的财务凭证，广告公司将各项凭证一并提供给广告主审核，广告主审准后方能据此支付。如果广告活动持续的时间较长，可划阶段或分月结算。

此外，广告公司所有参与此项代理的作业人员，都必须每天记录自己在各项业务上花费的时间。为保证记录的准确，甚至不以一小时或半小时，而以一刻钟作为计时单位，精确记录下一天之中多少个一刻钟的作业时间及具体作业内容。进入记录的工时还包括向客户提供咨询和与客户一起讨论业务所花费的时间。全体参与此项广告作业的人员的合计工时乘以工时单价，再加上双方一定的利润比率，便是广告主应支付给广告公司的劳务酬金。

奥美广告公司在实行实费制之初，曾受到广告公司之外的许多有识之士的赞许。可是这个制度很不受广告界的欢迎。这都是可以理解的，在一定程度上，实费制损害了广告公司的利益而有利于广告客户对广告公司工作和付出的有效评估。实费制使得广告公司的收益更加细化和量化，广告公司的付出受到更为科学和理性的衡量和回报，对比佣金制的倾向于维护广告公司的收益的制度而言，是对广告经营的一次重大挑战。平心而论，实费制在操作上是相当麻烦的，工时记录更是凭天地良心，但的确也可避免佣金制的许多缺点和不足，除了使广告主觉得比较公平合理，也使广告公司自身在进行广告策划时解除了许多顾虑，如建议广告主加大广告投入而削减促销投入或建议其使用高价媒体时，不至于被广告主怀疑动机不良等。

4. 效益分配制

在以往的广告代理中，广告公司只向广告主要求代理权利，却一般不承担实际的代理责任。效益分配制将代理的权利和责任联系在一起，把代理的利益与销售效果联系在一起，要求广告公司承担代理的销售风险。广告公司从广告主所产生的实际销售中分取一定的利润比例，如不能产生实际的销售，则不能取得相应的利润。

这种方式在理论上很难成立，因为销售效果并不是广告的直接目的，或者说广告并不是实现销售的唯一推广形式，销售应是多种推广形式共同努力的结果。因此，销售责任不能由广告独自承担，但是不少广告主主张实行效益分配制。事实上，自从"达格玛"理论发表以来，有许多广告公司和广告业务实践着这一代理收费方式，并取得了很好的效果。

由于这种方式还处在实践和探索过程之中，实行起来又存在许多难以界定的问题，能否推广和普及还有待于人们的认识。

5. 议定收费制

所谓议定收费制，就是根据具体的广告活动个案，对代理的时间成本和外付成本做事先的预估，在预估的基础上，广告主与广告公司共同议定一个包括代理酬劳在内的总金额，一并交付广告公司，在运作过程中，或盈利或亏损，广告主不再过问。

这种收费方式，实际上是实费制的一种补充形式，这样可避免广告主与广告公司之间因时间成本和外付成本认定不同而发生争执。

广告公司如何收费，一直是广告代理业务中的热门议题。广告主越来越精明，越来越精打细算。广告公司时常因在收费问题上无法与客户达成协议而不得不放弃一些代理业务。力求在广告代理中建立一个统一的收费模式越来越困难，我们应该允许多种收费方式的存在，但任何收费方式都必须建立在广告主与广告公司双方充分协商的基础之上。

思考题

1. 简述广告公司经营的法律原则和道德原则的内容。
2. 简述广告公司经营的双重责任和双重效益观。
3. 简述广告公司收费范围和收费方式的内容。

本章即测即评

2

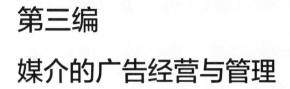

第三编

媒介的广告经营与管理

第八章　媒介与广告

　　媒介（media）是指信息传播的载体，如以报纸和杂志为代表的印刷媒介，以广播和电视为代表的电波媒介，以网络、手机、数字电视为代表的新媒介，等等。媒介的现代化经营，逐步将自身改造成高度市场化和结构化的传媒组织，"媒介"即成为报社、杂志社、广播电台、电视台、网站等传媒组织的代名词。这种意义的媒介又称为媒体。媒介对经营效果的强依赖性，以及广告对传播效果的强目的性，必然导致媒介与广告的强强联手。本章讨论媒介与广告的关系，揭示媒介广告经营的必要性与重要性。

第一节　媒介之于广告

▶ 一、广告对媒介的利用与媒介对广告的全面接纳

（一）媒介概念释义

　　"媒介"是传播学的核心概念之一，但"媒介"概念存在多种含义，加大了人们对其理解的难度。美国约翰·费斯克（John Fiske）编撰的《关键概念：传播与文化研究辞典》对"媒介"做如下解释："一般来说，媒介是一种能使传播活动得以发生的中介性公共机构（agency）。具体点说，媒介就是拓展传播渠道、扩大传播范围或提高传播速度的一项科技发展。广义上讲的说话、写作、姿势、表情、服饰、表演与舞蹈等，都可以被视为传播的媒介。每一种媒介都能通过一种信道或多种信道传送符码。媒介的这种用法正在淡化，如今它越来越被定义为技术性媒介，特别是大众媒介。有时它用来指涉传播方式（比如是用'印刷媒介还是广播媒介'），但更常用于指涉使这些方式成为现实的技术形式（比如收音机、电视机、报纸、书籍、照片、影片与唱片）。麦克卢汉的名言'媒介即讯息'，就是在这个意义上使用这个词语的。他以此表明，一种新技术媒介本身所包含的个人意义与社会意义大于对它的实际使用：电视的存在比起电视节目的内容，意义更为重大。"[①]

　　由此可见，"媒介"一词至少有四重含义。其一，从广义的角度讲，媒介是指一切可以承载信息的载体。麦克卢汉是广义媒介论的代表，在其代表作《理解媒介》中，他列举了26种媒介，包括"口语词""书面词""道路与纸路""数字""服装""住宅""货币""时钟""印刷品""滑稽漫画""印刷词""轮子、自行车和飞机""照片""报纸""汽车""广

---

　　① ［美］约翰·费斯克等：《关键概念：传播与文化研究辞典》（第二版），李彬译注，新华出版社2004年版，第161—162页。

告""游戏""电报""打字机""电话""唱机""电影""广播电台""电视""武器""自动化"，等等。其二，从狭义的角度讲，媒介是指公开地向人数众多、分布广泛、成分复杂的受众传递讯息的载体，专指报纸、杂志、广播、电视四大大众媒介。其三，从延伸的角度讲，除了大众媒介外，还存在分众媒介和新媒介两大类型。分众媒介也称为小众媒介，小众是指人数规模不大、结构比较单一的消费者群体，这类媒介包括户外媒介、交通工具媒介和电话黄页媒介等。新媒介是指新近出现的并且运用了新技术的媒介，目前新媒介主要包括三种典型形式：网络媒介、手机媒介和数字电视媒介。其四，从经营的角度讲，"媒介"与"媒体"同义，是指从事信息采集、制作和发布的中介性机构，即传媒组织，通常是指报社、杂志社、广播电台、电视台、网站等组织机构。本章所谈的"媒介"是指第四种含义。

（二）广告对媒介的利用

从广告发展历史来看，任何新的广告形式的出现，都是以新的媒介诞生为基础的。广告总能敏锐地洞察新媒介的诞生，并依据媒介特点确定其商业价值，在市场力量作用下将其变为广告媒介。

广告利用大众媒介，主要是因为大众媒介刚好符合广告传播的特点。大众媒介在以下四个方面能满足广告传播的需求：第一，大众媒介具有较广的地域范围。报纸、杂志、广播、电视都可以根据需要定位成地方性的、区域性的、全国性的、国际性的媒介，而产品销售地域往往覆盖某个地方、某个区域、全国甚至跨国，广告商选择与自己产品覆盖地域相一致的媒介来发布广告，更具有传播力。第二，大众媒介具有较快的传播速度。报纸传播周期一般以天为单位，杂志的传播周期一般以月为单位，而广播和电视的传播速度更快。对于快速反应不断变动的市场而言，大众媒介更具有竞争力。第三，大众媒介具有较多的受众人数。大众媒介的受众一般数以万计，广告信息借助大众媒介能够同时迅速传达到成千上万的受众，其传播效率大大提高。第四，大众媒介具有较强的影响力。大众媒介深入千家万户，成为广大人群日常生活中休闲娱乐的第一选择。由于存在信息传播"把关"，"把关人"对信息实行选择、过滤、加工，因此广告信息传播借助大众媒介具有更强的可信度和影响力。

广告对分众媒介的利用，也是因为分众媒介具有广告所需要的独特资源。分众媒介不像大众媒介那样有大规模的受众人数，但是分众媒介有两个独有优势：第一，分众具有群体一致性。例如，公交车的受众一般是城市普通市民，乘坐的公交车每天有着固定的线路，因此在分众媒介刊载广告，表面看受众人数不如大众媒介，但针对性比大众媒介更强。第二，在分众媒介上发布广告的成本远远低于大众媒介，因此分众媒介广告发布周期多数是以年为单位。实际上分众媒介日积月累的受众在人数数量和到达率上从某种程度而言不逊于大众媒介。

广告对新媒介的利用，原因在于新媒介的迅速普及，形成了巨大的受众数量。根据中国互联网络统计中心发布的《第 50 次中国互联网络发展状况统计报告》，截至 2022 年 6 月，我国网民规模达 10.51 亿，互联网普及率达 74.4%，手机网民规模达 10.47 亿，网民使用手机上网的比例为 99.6%。我国网络视频（含短视频）用户规模达 9.95 亿，网络支付用户规模达 9.04 亿。[①] 新媒介广告形式不断裂变，例如手机广告就分为短信、彩信、二维码、微信等形式，网络广告可以分为旗帜、按钮、文字链接、E-mail、搜索引擎、网络视频、网络游戏、虚拟社区等形式，数字电视广告包括节目预告、节目冠名、礼品赞助、植入式广告、广告频道、交互广告等形式。

（三）媒介对广告的全面接纳

新的媒介诞生之初，对广告的态度一般是漠然的。随着媒介日益成熟，它们对广告的态度也发生改变，从被动接受到主动出击，最终实现对广告的全面接纳。

在 17 世纪报刊诞生之初，广告与新闻在排版上没有分野，二者糅合交织在一起。例如，在美洲杂志《民众杂志》上刊登的第一则广告文案如下："由于是邮政路线，而且还是从安纳波利斯到威廉斯堡的捷径，现在波托马克河上开辟航班渡轮（系由本刊赞助人开办），届时所有的先生们都可以在该处乘坐一条性能优良的新船，船上配有称职的水手。由波托马克邮局副局长理查德·布莱特供稿。"[②] 这个广告在排版上与新闻稿放在一起，在写作手法上采用"新闻稿"写作方式，反映了人们最初对广告还缺乏足够的认识。但随着报刊经营的深入，媒介越来越认识到广告对媒介的重要性。例如创办《民众杂志》的本杰明·富兰克林后来转变了对广告的态度，他用装饰花边将新闻版面与广告版面分开，用大标题和插图使广告更醒目，这大大吸引了广告主的广告投入。许多报刊还主动向广告主推销自己的版面。例如，我国最早刊登广告的《遐迩贯珍》杂志，于 1854 年 11 月 13 日刊登一则招揽广告的启事："若行商租船者等，得借此书（指《遐迩贯珍》——引者注）以表白事款，较之遍贴街衢，传闻更远，则获益至多。今于本月起，遐迩贯珍各号，将有数帙附之卷尾，以载报贴。"这里的"报贴"即指报刊广告，接着还标明了该刊的广告价格"五十字以下，取银一元。五十字以上，每字多取一先士。一次之后，若贴再出，则取如上数之半"。[③]

分众媒介对广告的接纳，在于广告收入是分众媒介生存和发展的直接来源。根据中国广告协会的调查，目前本土广告公司生存状况比较好的多是资源型分众媒介机构，它们拥有公交资源、高铁资源、地铁资源、楼宇视频资源等，例如江苏大贺国际广告集团有限公司、上海新结构广告有限公司、上海机场德高动量广告有限公司、分众传媒、上海华智地铁广告有限公司、北京公交广告有限责任公司、上海地铁通成广告有限公司、北京通成推广公交广告有限公司上海分公司、南京梅迪派勒公交广告有限公司等。

新媒介对广告的接纳，也是因为广告收入是网络媒介、手机媒介、数字电视媒介的主要经济支柱。

由此可见，媒介对广告的全面接纳，最主要的原因是媒介经营的压力。像上面《遐迩

① 中国互联网络信息中心：《第 50 次中国互联网络发展状况统计报告》，第 1 页。
② ［美］朱丽安·西沃卡：《肥皂剧、性和香烟：美国广告 200 年经典范例》，周向民、田力男译，光明日报出版社 1999 年版，第 21 页。
③ 陈培爱：《中外广告史新编》，高等教育出版社 2009 年版，第 39 页。

贯珍》杂志明确说明自己需要广告的原因："非以求利，实为取每月遐迩贯珍三千本之费用而已。"[①] 媒介在经营实践中发现，媒介经营的好坏与广告收入成正相关关系，媒介经营得好则广告收入高，广告收入高则媒介经营得好。由此，媒介将广告经营作为自己经营的重点，媒介与广告形成密不可分的关系。

▶ **二、现代媒介催生现代广告**

媒介技术是不断进化的，从古至今媒介技术经历了三次革命：印刷技术革命、电子技术革命和数字技术革命。媒介技术的每一次革命都催生出新的媒介形态，而新的媒介形态催生出新的广告形态，广告运作方式随之发生变革。

（一）大众媒介广告和新媒介广告的诞生

从古代社会开始，广告就作为一种基本信息传播活动存在着。古代的广告，基本上是以声音、文字和图画符号为符码，以石器、青铜器、龟甲、陶器、玉器、竹简、布帛、金属、木板、乐器、纸张等为媒介，传递商业信息、政治军事信息或社会信息。在很长的一段时间里，广告都是一种自给自足的生产方式，传播范围和传播影响力有限。

随着媒介技术的进步，媒介形态发生了重大变革。15世纪中叶，德国工匠谷登堡制成了活字印刷机，直接导致近代印刷报刊的兴起。1609年，德国出版的定期印刷报纸《报道或新闻报》，被看作世界上最早的报纸。1612年，法国创办《巴黎公众告知杂志》，被看作世界上最早的杂志。到17世纪中叶，欧洲各国都创办了自己的报纸和杂志。

近代报刊的兴起，为近代报刊广告的兴起创造了绝佳的条件。广告商迅速发现报刊的价值，开始利用报刊发布广告。法国的《巴黎公众告知杂志》是最早刊登广告的杂志，在创办之初就刊登了广告。1624年英国的《信使报》刊登了一条关于图书出版的公告，被看作世界上第一条报纸广告。1645年1月，英国《每周新闻》首次开辟广告专栏，题头标注为"Advertisement"。在美洲，1704年创办的第一份报纸《波士顿新闻信札报》就刊登了一条售租房地产广告。1741年，本杰明·富兰克林创办的第一份杂志《民众杂志》上就刊登了一条航船线路广告。

1844年，美国人塞缪尔·摩尔斯发出世界上第一封电报，这标志着电子时代的来临。1920年美国匹兹堡KDKA广播电台首次对外广播，1922年纽约WEAF广播电台播出世界第一条广播广告——杰克逊·哈伊兹新建公寓广告，到20世纪30年代广播广告进入"黄金岁月"。1939年纽约国家广播公司试验电视台首次发射电视信号，1941年纽约WNBT电视台在播出棒球比赛的间歇播出了世界第一则电视广告——布洛瓦手表广告。50年代后，电视机在全球普及，电视成为最有影响力的广告媒介。

1969年，美国国防部高级研究计划署（Advanced Research Projects Agency，ARPA）建立了最早的计算机网络ARPAnet。1986年，美国国家科学基金会NSF（National Science

---

① 陈培爱：《中外广告史新编》，高等教育出版社2009年版，第39页。

Foundation）通过 TCP/IP 与 ARPAnet 相连，这一年"Internet"名称正式开始使用，中文正式译名为因特网。1997 年底，有 186 个国家和地区加入因特网，上网用户超过 7 000 万户，连接网络数量为 134 365 个，连接主机数量为 1 600 万台。1998 年 5 月，联合国教科文组织新闻委员会在年会上正式提出：因特网是继报刊、广播、电视之后的第四媒体。1994 年《热线》网站（www.hotwired.com）发布第一个网幅（Bannar，又译为旗帜）广告，反响良好。1998 年美国网络广告收入接近 20 亿美元，2000 年超过 80 亿美元，2005 年超过 125 亿美元，2011 年超过 310 亿美元。2019 年，美国网络广告收入达到 1 246 亿美元。[①]

由此可见，大众媒介的出现为现代广告的出现奠定了基础，以报纸、杂志、广播和电视为代表的大众媒介，将广告从一个狭小的空间拯救出来，提供了大展宏图的空间。而以网络为代表的新媒介，成为广告市场新的领地，大有赶超传统大众媒介广告之势。

（二）现代广告运作模式的形成

1841 年，美国福尔尼·帕尔默兄弟在费城开办第一家广告代理公司，自称是"报纸广告代理人"，专为费城的各家报纸兜售广告版面，并从报社拿回 25% 的佣金。1865 年，乔治·路威尔在波士顿开办广告代理公司，他从 100 家报社用便宜的价格买下大量报纸版面，然后卖给广告客户，称为"广告批发代理"。美国艾耶父子广告有限公司于 1869 年在费城成立，从 1876 年开始，公司采用公开订立合同的制度，把佣金价格固定为 15%，即所谓的"公开比照制度"，受到广告客户的欢迎，也因此成为第一家具有现代意义的广告公司。

随着广告公司业务的开展，一些客户提出新的要求，例如要求广告公司帮助设计标志、提供广告文案、进行市场调查等。广告公司开始从单一的媒介代理，发展为同时为媒介和广告客户做双重代理。广告业务从版面推销扩展到开展市场调查，再到广告创意设计和广告策划。到 20 世纪初，广告代理费固定为 15%，成为一种行规。这意味着广告代理制的形成，也意味着现代广告运作模式的形成。

第二节 广告之于媒介

对广告而言，媒介不仅仅是一种载体，也催生了现代广告形式和现代广告运作方式。反过来，广告对媒介的影响也十分重大，也可以说是现代媒介生存和发展的支柱。

▶ 一、广告对媒介内容的融入

大众媒介的根本价值是提供受众"内容"，以满足受众对新闻、知识、娱乐等方面的信息需求。因此，内容生产成为媒介的主要业务，内容质量的好坏成为媒介经营好坏的主

---

① 数据来源：国际簿记师协会（IAB），《2019 年美国网络广告收入报告》，第 3 页。

要依据，"内容为王"成为媒介生存和发展的原则。不过，随着现代传媒业的发展，广告信息逐步成为媒介内容的有机构成部分，并且与内容生产越来越紧密地结合在一起。

（一）广告信息成为媒介内容的组成部分

从大众传媒的信息构成来看，广告信息已经成为其不可缺少的重要组成部分，媒介发布的信息大体可分为新闻信息和广告信息两大部分。

如今，广告信息在大众媒介信息中比率越来越大。美国报刊的广告版面一般占其总版面的50%以上，甚至达到70%。而电视中广告时间所占比率也越来越大，以美国热门电视剧《生活大爆炸》为例，每集时长约20分钟，广告差不多有10分钟。尽管许多读者或观众抱怨广告太多，但毋庸置疑，在市场经济条件下，广告已经成为人们获取生活信息的重要来源。据达门市场研究有限公司对深圳特区报的一项调查显示，该报广告的读者注意度高达87.9%（其中经常注意广告的22.2%，偶尔注意广告的65.7%），几乎和时事新闻内容的受众不相上下，这说明阅读广告已成为读者读报的一种需求行为。[①]

实际上，广告能够提供给消费者诸多方面的信息。首先，提供产品或服务方面的信息。尤其是当消费者有关于某方面产品或服务的购买需求时，他们常常主动搜索广告，以此作为自己进行决策的参考。例如，当消费者在寻找工作时，他们会认真阅读每一则招聘广告。其次，提供科技方面的信息。当今世界日新月异，高科技产品层出不穷。一些广告在向消费者传递新产品信息的同时，向消费者传授了一些新知识。例如通过广告，人们知道了"无氟冰箱""变频空调""等离子体彩电""低碳装修""环保汽车""节能热水器"等新名词，知道了一些疾病预防、养生保健等卫生健康知识。再次，提供人文方面的信息。人们通过广告知晓了关于民族歌舞、民间故事、民间工艺、民族建筑、节庆习俗等方面的人文知识。最后，提供美学方面的信息。优秀的广告能给人美感，给人美的享受，传递着当下社会的审美观和美学标准。例如，平面广告通过对文字和图片的配合，达到对称平衡、色彩和谐、节奏灵动，从而产生设计美感。电视广告通过荒诞与新奇、华丽与自然等要素，揭示广告艺术美。正因为广告能够满足消费者多种信息需求，因此成为消费者的必需品，也构成媒介信息不可或缺的组成部分。

（二）广告生产与内容生产的深度融合

随着媒介细分化和消费市场细分化，传统粗放式投放广告的方式为精细化投放方式所取代。广告投放需要考虑广告目标市场与媒介受众群体的契合度，也需要考虑广告信息与媒介内容的契合度。例如《深圳特区报》根据消费者信息需求，设置了"天天楼市""畅游天下""电脑时代""温馨家居"等十多个广告专栏，使报纸广告信息更加丰富多彩，也更方便读者查找和阅读，将广告与内容结合起来，受到读者欢迎。而在电视领域，随着专业付费频道的细分化，频道特色与观众收视偏好大体一致，广告形式更加丰富，出现碎片化、数据化、隐性化三种趋势。

---

① 刘青：《重新认识广告的媒介地位 开拓报纸广告经营新思路》，《当代传播》2001年第1期。

1. 碎片化趋势

电视广告化整为零，镶嵌在节目中，主要形式有：节目预告广告，例如"海尔提醒您，接下来节目是……"；冠名广告，例如"蒙牛酸酸乳超级女声""加多宝中国好声音""立白洗衣液我是歌手"等电视节目广告；节目赞助广告，包括主持人服装、节目设置的奖品、节目使用的道具和背景等，都可以成为企业和品牌赞助的对象。

2. 数据化趋势

出现了专门的电视广告频道，将电视广告按药品、服装、软饮料、食品、汽车、工艺品、房地产等不同板块收集在一起，便于消费者查询和点播。

3. 隐性化趋势

植入式广告和定制剧广告越来越多。植入式广告，是将产品、品牌嵌入到电视剧或电视节目中，通常以场景植入、道具植入、剧情植入、台词植入等方式出现产品或品牌的名称、标志、广告语、吉祥物、包装等。定制剧广告也是借助于影视剧的隐性广告诉求方式。不同于植入式广告的地方在于，定制剧广告只有唯一的企业（或品牌）赞助整个影视剧的生产，从选题、脚本写作到演员选择都是为企业（或品牌）量身定制的。如 2010 年宝洁出资拍摄的《丝丝心动》、联合利华出资拍摄的《无懈可击》，都将广告和艺术融为一体，二者界限变得十分模糊。

▶ 二、媒介对广告的依赖

媒介本来是以新闻内容生产为核心的传媒组织，但在现代社会，媒介离不开广告的内容支持，也离不开广告的经费支持。

（一）从"一次售卖"到"二次售卖"

在传媒经营理论中，有"一次售卖"和"二次售卖"两种理论。

一次售卖理论是指媒介向受众提供新闻或娱乐信息，满足受众对新闻或娱乐信息的需求，第一次售卖的是内容，内容即商品。以报纸为例，报纸的第一次售卖，是将报纸卖给读者，读者购买的是新闻信息或娱乐信息，这一次销售的是信息的实效性，落脚点是发行量。

二次售卖理论指的是媒介单位先将媒介产品卖给终端消费者（读者、听众、观众），再将消费者的时间（或注意力）卖给广告商或广告主的过程。简而言之，第二次售卖是将受众的注意力售卖给广告商。受众的注意力是商品。仍以报纸为例，报纸的第二次销售把读者卖给广告客户，广告客户购买的是读者的注意力，这一次销售的落脚点是广告量。

二次售卖理论揭示出媒介经营的秘密。所有媒介在参与市场竞争时，其实主要是在争夺两个层面的资源，即受众资源和广告资源。媒介首先要将有形的物品和服务销售给受众，然后再将受众销售给广告客户，大众媒介通过两次售卖，为媒介生存与发展建立起主要的赢利模式。二次售卖理论也揭示出媒介依赖广告的秘密。

（二）广告在媒介兴衰中的作用

广告在媒介兴衰中扮演重要角色，广告经营额可以直观反映某种媒介的生存状况。近些年来，报纸媒介一直呈没落之势。受到互联网的冲击，读者们越来越青睐实时的在线阅读，这导致报纸的广告收入严重下滑。按照皮尤研究《2016美国媒体发展状况报告》的统计，2015年美国的日报发行量遭遇了2008年经济危机以来最惨重的下跌，日报平均发行量下跌7%，纸质报纸平均发行量下跌9%。[①]"如果现在报纸读者的发展趋势持续不明朗，到2044年，确切地说是2044年10月，最后一位日报读者将结账走人。"这是北卡莱罗纳州立大学的教授菲利普·迈尔公开发表的一个预测。中国报业同样步入危机期，"中国报业经历20年的高歌猛进之后，目前陷入了一场深刻的经营危机。以2005年为'拐点'，传统报纸停下了持续多年的上升脚步，进入一个抛物线般的下滑轨道。广告增长率从持续了20年的高位跌落下来，就是这一趋势的显著标志，同时伴随着的是年轻读者的流失和发行市场的萎缩"。[②]

与报纸媒介形成鲜明对比的是网络媒介的兴起以及网络广告投入的快速增长。1994年美国出现第一条网幅广告，1995年美国网络广告收入超过5 000万美元，2005年美国网络广告收入超过100亿美元，2007年超过200亿美元。[③]2018年美国网络广告收入1 075亿美元，排在第二位（仅次于电视广告），仅谷歌一家的广告收入已经超过了美国报纸杂志的广告收入总和。[④]由此可见，广告在媒介经营中的决定作用，以及媒介对广告的依赖程度。

▶ 三、广告驱动现代媒介的产业化发展

（一）西方媒介产业化由广告驱动

17世纪初，报纸在欧洲诞生。报纸诞生之初，报纸版面、内容、读者人数以及影响力都十分有限。随着广告越来越多地进入报纸版面，报社找到了一种新的经营模式。首先，报纸以低定价策略刺激了发行量的增长，发行量增长吸引更多广告主的投入，然后用广告收入弥补报纸发行的亏空，从而形成良性循环，报纸产业由此不断壮大。19世纪初期，英国陆续出现一些价格低廉的周报和日报，它们以中下层市民为对象，满足和迎合他们的口味，通常一二便士一份报纸，故又称"便士报"。如《泰晤士报》在1815年仅发行了5 000份，在1800年平均每天刊登100件广告，到1840年每天刊登的广告增加到400件，1844年发行量达2.3万份。据统计，1837年英国有报纸400多种，日刊出广告8万余条。[⑤]

① 张宸：《数字时代美国媒体的发展状况与趋势——解读皮尤报告》，《新闻写作》2016年第9期。
② 吴海民：《媒体变局：报纸的蛋糕缩小了——谈报业的未来走势及发展》，《广告大观（媒介版）》2006年第1期。
③ 参见艾瑞咨询集团：《美国网络广告市场数据研究报告（1995—2011年）》，第8页。
④ 国际簿记师协会（IAB）：《2018年美国网络广告收入报告》，第2页。
⑤ 陈培爱：《中外广告史新编》，高等教育出版社2009年版，第234页。

美国报纸也有类似的大众化过程，最有代表性的是 1833 年由本杰明·戴在纽约发行的《太阳报》，售价仅 1 美分，报纸开始走进千家万户。1851 年，理查德·邦纳接手《纽约总汇报》，降低报纸售价，增大广告收入，使之成为发行量达 40 万份的全国性周报。到 19 世纪 90 年代，《星期六晚邮报》等报纸价格十分便宜，发行量均超过 100 万份。据统计，1900 年美国的日报数量达 2 226 份，1904 年周报数量达 13 513 份。[①]

欧美的"便士报"运动使报纸成为第一个大众媒介，报业的现代化转型首先基于规模扩张，其背后离不开广告主的投入和广告费的支撑。

（二）中国媒介产业化始自广告经营

在改革开放之前，我国媒介主要承担舆论宣传和信息传播任务，其性质也是由国家财政供给的事业单位。党的十一届三中全会之后，党和国家工作重心转向经济建设，传媒开始从单一的舆论宣传功能中解放出来，开始发挥更多的信息传播功能和经济功能。在此背景下，传媒单位在内外多种作用力的共同推动下逐步打破过去的"铁饭碗"，向市场迈进。1979 年 1 月 4 日，《天津日报》首家刊登商业广告；1 月 14 日，《文汇报》发表文章《为广告正名》，为媒体刊登商业广告呐喊造势；4 月 17 日，《人民日报》刊登了汽车、地质仪器等商品广告。1979 年 1 月 28 日，上海电视台播出的"参桂补酒"广告，成为我国第一条电视广告；3 月 15 日，中央电视台首次播出一条外商广告，即"西铁城星辰表"广告；11 月，中共中央宣传部发出《关于报刊、广播、电视台刊登和播放外国商品广告的通知》，提出广告宣传要着重介绍四化建设中可借鉴参考的生产资料，消费品除烟酒外，也可以刊登。至此，我国传媒名正言顺地开始广告经营，中国传媒业终于在改革的春风中踏上了市场征程。据统计，1979 年，全国经营广告的报纸有 231 户，全国 29 个省、自治区、直辖市都建立了电视台，电视机数量总共为 485 万台，全年电视广告营业额达 325 万元。而到 2019 年，中国传媒产业总产值达到 22 625.4 亿元。可见，中国的媒介产业化也是由广告驱动的。

▶ 四、媒介对广告使用的限制

从某种意义上说，媒介成长史即为广告发展史。一方面，传媒业的发展为广告业的开创与进步提供了前提条件；另一方面，广告业的发展也促进了传媒的进步和成长。然而，二者也存在摩擦与冲突，需要相互适应。

（一）广告对媒介的负面作用

在广告对媒介的全面渗透过程中，广告对媒介的负面作用也开始显现。首先，广告导致媒介广告信息的拥挤。媒介在生存压力与赢利目标的驱动下，出让更多的版面或时段用于发布广

---

① ［美］朱丽安·西沃卡：《肥皂剧、性和香烟——美国广告 200 年经典范例》，周向民、田力男译，光明日报出版社 1999 年版，第 116 页。

告，导致广告版面的不断扩张、广告时间的不断延长。在媒介有限的时间和空间里，广告信息量的增大意味着新闻信息量的压缩，从而导致媒介在履行信息传播职能与赢利之间产生冲突，受众面对媒介广告的"专制与暴力"，只能被动忍受，最终形成对广告的逆反心理，这也严重影响了广告的传播效果。其次，广告可能导致媒介品质的下降。媒介对广告的严重依赖，使得媒介节目或版面安排等受制于广告客户，为了获得广告客户的青睐，单纯追求收视率或发行量指标，而忽视了媒介的社会责任和高品质追求，导致媒介的"媚俗"和"低俗"化。更有甚者，当出现大型企业（对一些媒介而言就是大型广告客户）侵害广大消费者利益时，一些媒介为了不得罪广告客户而"噤声"，完全违背了媒介最基本的职业道德素养。因此，媒介必须处理好媒介利益、广告客户利益和公众利益之间的关系，并适当限制广告的使用。

（二）媒介对广告的限制

从世界范围来看，媒介对广告的限制主要表现在以下五个方面：

1. 不同性质媒介对广告做出的不同限制

西方媒介一般分成商业媒介与公共媒介，商业媒介对广告没有过多限制，而公共媒介对商业广告完全禁止，像英国广播公司（BBC）、日本广播协会（NHK）、美国公共电视网（PBS）等电视机构为了防止资本对公共媒介的控制，规定不得发布任何形式的商业广告。

2. 媒介对商业广告时间长度的限制

欧洲各国对商业广告时间长度有所限制，曾经规定每天广告时间不得超过 3 小时，每小时电视节目中广告时间不得超过 12 分钟，插播广告的最短间隔时间为 45 分钟。2007 年欧盟发布《视听媒体服务指令》，对商业广告时间长度的限制有所放宽，根据欧盟成员国最终达成的方案，虽然 12 分钟的上限继续保留，但每天不得超过 3 小时的要求被取消，而且将插播广告的最短间隔时间减少为 30 分钟。

3. 媒介对儿童广告的限制

西方各国对儿童广告均有限制，美国 1974 年在《儿童电视报告与政策声明》中规定：周末每小时儿童电视节目中广告时间最多为 9 分 30 秒。希腊严格禁止在 7:00—22:00 期间做有关玩具的电视广告。加拿大针对儿童的广告只能出现在周一到周六的上午，而新西兰限制在 15:00—16:00 之间。德国、荷兰、瑞士、新西兰都禁止在周日和节假日对儿童做广告。英国对儿童广告有严格的限制，规定凡是儿童使用的药品、营养补充品、维生素等广告不得在晚 9 点前播出。2006 年英国通信管理局公布一项法案，禁止在儿童电视节目时间播出鸡块、炸薯条、裹糖麦片、炸薯片、可乐和其他含糖饮料等"垃圾食品"的广告。

4. 媒介对植入式广告的限制

欧盟各国采取的管制程度并不相同，芬兰与爱尔兰完全禁止植入式广告，丹麦认定植入式广告属于秘密广告而予以禁止，意大利则规定广告必须与节目内容区分，实际上也予以禁止。在德国、希腊，如果有节目编辑上的需求，可以将产品植入节目中，但必须避免过度强调。在英国，除非产品免费出现在节目中，否则禁止所有支付对价的植入广告。荷兰主张只要植入式广告出现的时间短暂，即属合法。2007 年欧盟发布《视听媒体服务指令》，放宽了成员国的植入式广告限制，同意在电视节目或电影中突出使用赞助商的产品，作为一种广告宣传手段，但要求消费者必须被告知，而且广告不得用于儿童节目和信息类节目中。

5. 媒介对广告内容的限制

世界各国对广告内容均有限制，最基本的底线是不得发布虚假广告，不得欺骗和误导消费者。我国广告法还规定广告内容应当有利于人民的身心健康，不得损害未成年人和残疾人的身心健康。《广告法》还规定广告不得"（一）使用中华人民共和国国旗、国徽、国歌；（二）使用国家机关和国家机关工作人员的名义；（三）使用国家级、最高级、最佳等用语；（四）妨碍社会安定和危害人身、财产安全，损害社会公共利益；（五）妨碍社会公共秩序和违背社会良好风尚；（六）含有淫秽、迷信、恐怖、暴力、丑恶的内容；（七）含有民族、种族、宗教、性别歧视的内容；（八）妨碍环境和自然资源保护；（九）法律、行政法规规定禁止的其他情形"[1]。

由此可见，媒介对广告既有依赖，也有限制。媒介在不断强化自身责任的同时，也对广告内容、广告数量和广告品质进行必要的规范。

第三节　媒介的商业价值及其量化评估指标

媒介是现代人们生活不可或缺的信息中介，媒介的价值表现在其具有政治价值、社会价值和经济价值。

▶ 一、媒介的价值与商业价值

（一）媒介的价值

传播学者对媒介价值的思考主要集中在对大众传播功能的探讨上。1948 年哈罗德·拉斯韦尔在其《传播的社会结构和功能》一文中提出传播有三项基本功能：（1）监视社会环境的安全功能，（2）协调社会关系的交往功能，（3）传承文明遗产的教育功能。后来查尔斯·赖特又补充了一项功能：提供娱乐休闲的消遣功能。1948 年拉扎斯菲尔德与默顿在《大众传播的社会作用》一文中，提出大众传播另外的三项功能：（1）授予社会地位，（2）促进社会准则实行，（3）麻醉大众精神。两位关于媒介负面功能的阐述进一步加深了人们对媒介功能的认识。传播学集大成者施拉姆总结了媒介的五种功能：第一，守望人的功能；第二，决策的功能；第三，社会化的功能；第四，娱乐的功能；第五，商业的功能。[2]

---

①　邓小兵、冯渊源：《网络广告行政监管研究》，人民出版社 2014 年版，第 63 页。
②　参见童兵：《理论新闻传播学导论》，中国人民大学出版社 2000 年版，第 106—107 页。

我国学者对媒介功能的思考一直没有停息。邵培仁从个人、组织、社会三个层面来分析媒介的功能，个人功能方面体现在个人的社会化和个人的个性化，组织功能方面体现在告知功能、表达功能、解释功能和指导功能，社会功能方面体现在政治功能、经济功能、教育功能和文化功能。[①]李良荣认为新闻媒介的一般功能包括：（1）沟通情况，提供信息；（2）进行宣传，整合社会；（3）实施舆论监督；（4）传播知识，提供娱乐。[②]

综合国内外学者的研究，媒介的价值主要表现在三个方面：第一，政治价值，主要指媒介有意识形态控制和引导作用，例如通过舆论宣传来整合社会思想，或者通过舆论监督来监视权力等。第二，社会价值，主要指媒介在社会构建和运作中的作用，例如告知信息、传播知识、普及教育、协调关系和提供休闲娱乐等功能。第三，经济价值，主要指媒介本身对经济建设方面的作用，例如通过发行、广告、品牌开发发展媒介产业，或者通过媒介产业发展带动相关产业的发展。

（二）媒介的商业价值

我国媒介在相当长时间里没有认识到自己的商业价值。一直以来，媒介的政治功能被过分放大，媒介把舆论宣传当作主要任务。改革开放后，我国媒介的信息发布功能明显增加，从宣传本位回归新闻本位。与此同时，人们对媒介经济属性认识逐步深入。1989年，周鸿铎发表《探讨广播电视事业的经济属性》一文，提出电视业具有双重属性——政治属性和经济属性，与之相适应，电视业存在双重功能——政治功能和产业功能。1995年，李良荣提出传媒同时具有形而上的上层建筑属性和形而下的信息产业属性。[③]"双重属性"论是对已走向市场的中国传媒业实践的追认，隐藏着传媒产业化身份认可——在不改变传媒上层建筑性的前提下，承认传媒具有信息产业特点，为"事业性质、企业化管理"提供理论支撑，由此引发媒体经济的起飞。

从实践上看，媒介的商业价值主要表现在三个方面：

其一，媒介发行。我国报刊长期依赖邮政发行，由事业单位硬性作为任务订购。1985年，《洛阳日报》开始自办发行，打破邮局发行的体制，之后各地报刊将发行作为经营的重要工作，报刊数量和发行量剧增。据统计，"2018年，全国共出版图书、期刊、报纸、音像制品和电子出版物465.27亿册（份、盒、张），其中，出版图书100.09亿册（张），占全部数量的21.51%；期刊22.92亿册，占4.93%；报纸337.26亿份，占72.49%；音像制品2.41亿盒（张），占0.52%；电子出版物2.59亿张，占0.56%"[④]。报刊的发行量与其销售额直接关联，另一方面也成为吸引广告商的重要指标，从而成为媒介广告经营的基础。

其二，媒介广告。1979年之后，报纸、杂志、广播、电视四大媒介开始进行广告经

---

① 邵培仁：《传播学》（修订版），高等教育出版社2007年版，第91—96页。
② 李良荣：《新闻学导论》（第三版），高等教育出版社2016年版，第159—161页。
③ 李良荣、沈莉：《试论当前我国新闻事业的双重性》，《新闻大学》1995年第2期。
④ 《2018年全国新闻出版业基本情况》，《中国新闻出版广电报电子报》2019年8月29日。

营，广告成为各大媒介经营收入的主要来源。随着互联网广告的发展，四大传统媒介逐渐式微，除电视广告外，广播、报刊、期刊社的广告收入逐年下降，网站的经营规模迅速扩大。至 2018 年，网站的广告经营额已达 12 786 175 万元，仅次于电视媒介（见表 8-1）。

表 8-1　2018 年全国广告经营单位基本情况统计表[①]

项目	经营单位（户）	从业人员（人）	广告经营额（万元）
电视台	2 507	62 923	15 643 653
广播电台	1 090	20 897	1 366 619
报社	1 654	37 256	3 125 725
期刊社	3 207	25 871	587 938
网站	96 116	304 351	12 786 175

　　其三，媒介品牌相关经营。现在的传媒市场已经由"二次售卖"向"三次售卖"阶段过渡。"三次售卖"理论是指欧美发达国家媒介经营的模式，第一次售卖是指"卖内容"，即发行量。第二次售卖是指卖"受众注意率"，即广告销售。第三次售卖的是媒介品牌和资源的衍生产品。可以说，凡是与媒介自身资源和品牌相关的经营活动都可以纳入第三次售卖的范畴。以电视动画片为例，衍生产品通常包括图书、影碟、服装、配饰、食品、饮料、玩具、文具、电子游戏、日用品、主题公园、影视城等，它们也会带来巨大的营业额。

▶ 二、媒介商业价值的量化评估指标

　　媒介的商业价值是可以通过评估指标来衡量的，广告商通过评估媒介商业价值大小来选择媒介或媒介组合，它也是决定广告效果的重要因素。

（一）印刷媒介商业价值的量化评估指标

　　印刷媒介是诉诸视觉的媒介，衡量其商业价值大小的指标不少，常见的指标有发行量、传阅率、阅读人口、目标受众阅读率。

1. 发行量

　　发行量是指印刷媒介每期实际发行到读者手中的份数，它是衡量报纸和杂志商业价值的重要指标。一般来说，发行量与报刊媒介的商业价值成正比，即发行量越大其商业价值越大。

2. 传阅率

　　传阅率是指某种报刊媒介在人们中间传阅的人数。如某期刊被 3 人传阅，则传阅率为 3，被 5 人传阅，则传阅率为 5。

---

① 中国广告协会、《现代广告》杂志社编：《中国广告年鉴 2019》，机械工业出版社 2020 年版，第 29 页。

3. 阅读人口

阅读人口是指在一定时间内阅读了某种报刊的人口数量。阅读人口跟发行量和传阅率都有关系，其公式为：阅读人口 = 发行量 × 传阅率。

4. 目标受众阅读率

目标受众阅读率是指在一定时间内，目标受众阅读某种媒介的人数占总阅读人口的比率。因为现实中广告目标受众与阅读人口不存在完全对应关系，通常来讲，目标受众阅读率越高，广告传播的效率就越高。

（二）电子媒介商业价值的量化评估指标

以广播、电视为主的电子媒介，是诉诸人的听觉和视觉两种感官的媒介，衡量其商业价值大小的指标与衡量印刷媒介的指标有着显著的不同，常见的指标有开机率、收视（听）率、目标收视（听）率、目标收视（听）人口、毛评点、视听众暴露度、到达率、暴露频次。

1. 开机率

开机率是指在一天中的特定的时间段内，打开电视机（或收音机）的家庭或人口数占拥有电视机（或收音机）的家庭或人口数的百分比。某个地方的开机率高，意味着当地收看电视或收听广播的家庭数（或人口数）多。

2. 收视（听）率

收视（听）率是指在特定时间里，接收某一特定电视节目（或广播节目）的家庭户数占拥有电视机（收音机）总户数的百分比。

计算公式：收视（听）率 = 收看（听）某特定节目的户数（或人数）/ 拥有电视机（收音机）总户数（或总人数）。

收视（听）率反映的是同一时间段观众对特定节目的喜好，因此成为衡量某个节目受欢迎程度的指标。

3. 目标收视（听）率和目标收视（听）人口

目标收视（听）率是指在确定的商品目标消费群中，收看（听）某一特定节目的人口数占所有目标消费群人口的百分比。目标收视（听）人口是指在确定的商品目标消费群中，收看（听）某一特定节目的人口数。这两个指标意味着广告传播能否更准确地到达目标消费群中。

4. 毛评点

毛评点是指某一广告在特定时间段内到达观众（或听众）的收视（听）率的总和，与收视（听）率一样是百分比，但收视（听）率数值不可能超过100%，而毛评点数值可以超过100%。例如，在一个收视率为20%的节目中插播广告6次，则该广告的毛评点为120%，计算公式：20% × 6 = 120%。

5. 视听众暴露度

视听众暴露度是指某一广告在特定时间段内被观众或听众收看（听）的人数总和。其含义与毛评点类似，但它不是用百分比表示，而是用总人口数或总户数表示。其计算公式：

视听众暴露度 = 视听总数 × 收视（听）率 × 发布次数；或者视听众暴露度 = 视听总数 × 毛评点。

6. 到达率

毛评点和视听众暴露度都是计算重复暴露于媒介的总数，其缺点是不能显示到底有多少不同的人（或家庭）暴露于媒介，到达率可以解决这个问题。到达率是指某一广告在特定时间段（一般是一个月）到达不同个人（或家庭数）占总人口数（或家庭数）的百分比。计算到达率时，将多次重复的同一个个体只做一次计算，因此到达率高意味着在特定时间段内该广告覆盖面比较宽。

7. 暴露频次

暴露频次是指某特定时间段的某一广告到达不同个人（或家庭）的平均次数。暴露频次与毛评点和到达率有关系，可用计算公式表示：暴露频次 = 毛评点 ÷ 到达率。例如，一则广告在 4 月份的某电视台毛评点为 200%，到达率为 80%，则暴露频次为 2.5 次，计算为 200 ÷ 80=2.5。

（三）户外媒介商业价值的量化评估指标

户外媒介是指城市中交通要道、街道两旁、车站码头、房屋建筑物等处的路牌、灯箱、霓虹灯、高立柱广告牌、LED 看板等，由于其发布时间长、城市人口覆盖率和到达率高而受到广告商的欢迎。考量户外媒介商业价值的量化评估指标主要有人流量和车流量、媒介高度、媒介尺寸、能见角度、广告密度等。

1. 人流量和车流量

人流量是指某特定单位时间处于该路线、路段、地区的人数总量。高人流量意味着该地接触到户外广告的人群数量多。车流量是指某特定单位时间处于该路线、路段、地区的车辆总量，随着私家车的剧增，车流量也成为考察户外广告商业价值的重要量化指标。

2. 媒介高度

户外媒介的高度与可能辐射的范围有关，媒介高度越高，则覆盖受众面越广、受众人数越多。当然，从内容接受习惯而言，媒介高度应以平视或略高于平视为最佳高度。

3. 媒介尺寸

媒介与受众的距离越远，则呈现的媒介尺寸越小，尺寸大小会影响受众对信息的接触和理解。因此在评估媒介尺寸时，应该把受众在不同距离接触媒介所呈现的尺寸大小加以分级评分。

4. 能见角度

能见角度指媒介所有能被看到的角度，显然，多角度比单角度有更多的受众人数。如果能见角度是多维的，则应该从不同方向对显示效果加以分级评分。

5. 广告密度

户外广告人流量大的地方往往广告数量也多，广告密密麻麻拥挤在一起，会互相形成干扰，影响广告传播效果。因此，广告密度小，意味着注意力资源的集中；广告密度大，意味着注意力资源的分散。

（四）网络媒介商业价值的量化评估指标

网络媒介是基于数字技术的媒介，它运用图片、文字、音频、视频、动漫等多种符号传播信息，已经成为当今最重要的媒介形式之一。网络媒介商业价值的量化评估指标主要有浏览量和点击率。

1. 浏览量

浏览量是指来访用户点击页面的次数，即某特定时间段打开网站主页的总量，也称为页面浏览量。

2. 点击率

点击率是指网站页面上某一内容被点击的次数与被显示次数之比，反映了网页上某一内容的受关注程度，常常用来衡量广告的吸引程度。如果该网页被打开了 1 000 次，而该网页上某一广告被点击了 10 次，那么该广告的点击率为 1%。

（五）媒介广告成本的量化评估指标

不同媒介有不同的媒介广告报价，媒介广告报价通常反映媒介的商业价值，主要的量化评估指标有千人成本、收视率成本等。

1. 千人成本（CPM）

千人成本（Cost Per Mille，简称 CPM，M 是罗马计数单位"千"），指广告每接触 1 000 人所需花费的金额。

印刷媒介千人成本计算公式：千人成本 = 广告刊例价 × 1 000/ 发行量

电波媒介千人成本计算公式：A 节目千人成本 =A 节目广告刊例价 × 1 000/ 总人口 × 电视机（收音机）普及率 × A 节目收视（听）率。

户外媒介千人成本计算公式：千人成本 = 广告刊例价 × 1 000/ 人流量

由此可见，千人成本是作为同一类别媒介间横向比较时的参考指标。一般来说，某处的千人成本越小，说明广告投入越划算，也就越应当在此投放广告。发行量、收视（听）率、人流量越大，且广告刊例价越低，则千人成本越低。

2. 收视率成本（CPRP）

收视率成本（Cost Per Rating Point）是由总广告费除以毛评点得到的，它是评价各电视媒体广告投资效果的量化分析方法。具体公式为：收视率成本 = 总广告费 ÷ 毛评点。

▶ 三、媒介商业价值的非量化评估指标

媒介商业价值同众多因素有关系，不能简单根据发行量、收视（听）率、人流量、千人成本等指标来确定其价值。

（一）媒介商业价值量化指标的局限性

发行量是衡量报刊媒介商业价值的参考指标，但不是一个绝对的指标。实际上，发行量不能代表读者数量。例如，《小学生作文》传阅率很低，而《青年文摘》传阅率很高，传阅率高，阅读总人口就大。单纯从发行量上看，《小学生作文》与《青年文摘》差不多，但《青年文摘》传阅率远远高于《小学生作文》，因此《青年文摘》实际读者人数远远高于《小学生作文》。即使某报刊发行量大、读者量大，也不意味其商业价值一定大，对于某些产品来说，合适的媒介比发行量大的媒介更具商业价值。例如，《读者》发行量远远高出《老年之友》的发行量，但其读者群集中在中青年，而《老年之友》读者群集中在老年群体，如果一种老年保健药品选择媒介发布广告，《老年之友》是更恰当的选择。

同样道理，收视（听）率也不能与商业价值画等号。首先，收视（听）率只能反映同一媒介的不同栏目（或节目）的相对价值，不能跨媒介进行比较。例如不能用收视率作为中央电视台1套《新闻联播》节目与凤凰卫视《新闻直通车》节目的商业价值的评估指标，因为二者覆盖地域、收视人群、节目播放时间等都存在差异，收视率数据没有可比性。其次，由于存在卷入度因素，"收视（听）率"不能完全反映节目商业价值。例如某交通广播电台的《音乐流行风》节目比《路况指挥台》节目的收听率高得多，但听众对前者的卷入度比后者低得多，后者广告商业价值或许超过前者。最后，不同栏目（节目）有不同的受众群，产品消费者群与受众群重合度高则商业价值高。中央电视台《黄金剧场》的收视率高于《夕阳红》，但对老年保健品品牌来说，《夕阳红》的商业价值肯定是超过《黄金剧场》的。因此，在选择电视或广播媒介时不能只看收视（听）率指标。

完全以人流量为户外广告衡量标准也存在许多缺陷。第一，人流量只是数学指标，缺乏社会学考量。商业价值必须结合消费者的消费能力来谈，如某学校门口人流量显然高于某商场的人流量，但从消费能力而言，商场更具商业价值；第二，不同路线、路段、地区的人流量有不同的群体特征，必须针对产品目标对象来谈，才能比较商业价值的大小。例如某车站比某写字楼的人流量大，但是对某高端科技产品而言，写字楼更具商业价值。第三，人流量大的地方发布的广告多，密集的广告信息相互干扰，其效果可能低于人流量少的地方。

完全以千人成本作为媒介商业价值大小的评判标准也存在弊端。第一，千人成本不能作为不同媒介种类之间比较商业价值大小的依据，只能作为同类媒介不同形态或不同载体之间比较商业价值大小的依据。也就是说，哪怕某城市某路段户外媒介千人成本比某电视台某节目千人成本高得多，也不能说电视台就一定比户外媒介更具商业价值。第二，即使同一媒介不同节目的千人成本大小不同，也不能得出千人成本小的节目比千人成本大的节目更具商业价值，商业价值与节目背后的观众群消费力、消费行为和消费心理都有关系。第三，商业价值还与受众对节目卷入度有关，卷入度高的节目比卷入度低的节目商业价值大。例如同一电视频道的两个节目A和B，受众在观看节目A时很认真地在看，在观看节目B

时很随意地看，尽管节目 B 比节目 A 的千人成本低得多，但不意味着节目 B 比节目 A 更具商业价值。正如美国营销学专家杰克·西瑟斯所说："CPM 与销售的关系并不十分密切，较低的 CPM 并不意味着较高的媒介价值。"①

媒介商业价值的评判是一个非常复杂的问题，任何简单化、单一化的评判方式都可能将其引入误区。发行量、收视（听）率、人流量、千人成本等量化指标，都只能作为广告媒介选择和投放时的一种可参考标准而不能作为终极参考标准，媒介商业价值评估还需要参考非量化指标。

（二）媒介商业价值的质化指标

在衡量媒介商业价值时，除了考察量化指标，还必须考察质化指标。媒介商业价值的质化指标包括以下因素：

1. 媒介受众与广告目标受众的契合度

媒介受众是指媒介信息主要接收群体，媒介受众群体可以根据人口统计指标、地理统计指标和消费行为统计指标加以描述。广告目标受众是指广告信息欲诉求的对象，广告策划时已经对其有定位。如果媒介受众就是广告目标受众，则媒介商业价值高，两者契合度越低则表明媒介商业价值越低。

2. 媒介受众结构

媒介受众结构是指信息到达受众的整体状况，包括受众人口统计特征（年龄、性别、文化程度、职业、收入等）、地理统计特征（地区、省、市、农村等）、人口心理特征（兴趣、爱好、品位、阅读习惯、消费观念、消费行为特点等）。显然，受众的人口统计特征、地理统计特征和心理特征都对衡量媒介商业价值有影响。

3. 媒介影响力

媒介影响力是指媒介自身实力、权威性在受众心目中的分量。考察媒介影响力的因素主要有：（1）媒介受众人数；（2）媒介内容质量（名栏目、名节目、名主持人）；（3）媒介实力（资金、设备、人力资源、广告收入等）；（4）权威性（组织级别、内容可靠度、读者信任度）。可见，媒介影响力越大，则商业价值越大。

4. 受众卷入度

受众卷入度是评估受众接触媒介时的注意状态，受众在接触媒介时，可以是全神贯注，也可以是一般关注，或者漫不经心。卷入度与广告效果之间存在正相关关系，卷入度越高，则广告效果越好。

总之，在衡量媒介商业价值时需要综合考察多方面的变量，既要考察媒介商业价值的量化指标，也要考察媒介商业价值的质化指标。

---

① 〔美〕杰克·Z. 西瑟斯、林肯·布巴：《广告媒体企划》，贾丽军等译，企业管理出版社 2000 年版，第 85 页。

思考题

1. 为什么说现代媒介催生了现代广告？
2. 媒介对广告的依赖表现在哪些方面？
3. 媒介对广告使用的限制表现在哪些方面？
4. 媒介的商业价值表现在哪些方面？
5. 考察媒介商业价值的量化指标有哪些？
6. 考察媒介商业价值的质化指标有哪些？

本章即测即评

3

第九章　媒介的广告经营

　　媒介（也称为广告媒体）是广告市场的三大主体之一，媒介的广告经营也是广告经营的重要组成部分。媒介的广告职能是其基本职能之一，媒介的广告机构的构成机制与媒介广告经营的相关管理制度决定着媒介广告经营的效率和效益。媒介是广告发布的平台，广告主必须委托媒介来刊登和发布广告，因而媒介广告代理是广告活动中的重要环节。同时，数字技术的发展催生了很多不同的新媒介，以网络为代表的新媒介的广告经营也存在着新的特点和趋势。

第一节　媒介的广告职能与广告机构

▶ 一、媒介的广告职能

　　现代广告业是在现代媒介的发展过程中逐步形成、发展成熟的。媒介最初的广告经营是集承揽、发布多种职能于一身。随着现代广告业的独立发展和广告经营机制的确立，媒介的广告经营经历了职能与角色的转换过程，即由集承揽、发布多种职能于一身而转向专门发布广告。最先实现和完成这一转换的是广告业高度发达的美国。美国现代广告业实现了完全的广告代理制。在这种广告代理制下，媒介不直接与广告主接洽，除分类广告外，一切广告活动均由广告公司代理，媒介只负责发布广告。不过由于国家和地区差异，广告经营运作方式不会完全一致。即使在推行广告代理制的国家和地区，像美国那样实现完全广告代理的也不多。

　　再如日本，由于许多广告公司与媒介相互拥有股权，大多数广告公司拥有各自的媒介，媒介也拥有某些广告公司的股票，因此日本的广告产业结构与美、英等国截然不同。在日本，广告公司与媒介的广告经营职能没有明确的划分，媒介广告经营的职能几乎与广告公司相同。日本的媒介，不仅接受广告公司的广告代理、发布广告，也能直接面向广告主承接广告，还为广告主提供广告制作以及各种调查等多项服务。

　　我国的广告代理制还处于初步推行阶段。目前，媒介的广告经营除规定外商来华投放广告必须经过广告代理，其他方面与广告公司无异。就我国目前的情形来看，严格意义上的广告代理制还不能在短期内实现，目前媒介几乎都有自己的广告公司，似乎符合广告代理制的要求，而实际上，媒介广告部与媒介广告公司大都是一套人马，明分暗合，仍维持着媒介和广告代理公司职能的混一。

▶ 二、媒介的广告机构

媒介的广告机构依据媒介在广告经营中所实现的具体职能来设置。在不同国家和地区，广告机构设置也会不同。

在实行完全广告代理制的国家和地区，媒介在广告经营中一般只承担发布广告的职能，媒介广告经营的业务范围限于通过广告代理公司发布广告，也就是向广告代理公司和广告客户出售媒介版面或时段。这类媒介的广告部门就是媒介广告版面或时段的销售部门。由于职能与业务内容单一，其机构设置一般比较简单。

较大规模的媒介广告部门，一般下设营业部、编排部、行政财务部等几大部门。营业部负责对外的业务联络与接洽，向广告公司和广告主销售媒介广告版面或时段。编排部负责广告刊播的编排、整理和校阅。行政财务部负责行政财务方面的管理和督促广告费的及时回款。在这三个部门中，营业部一般最庞大，媒介广告部通常依据营业部门的业务范围和内容分设若干营业科，如国际广告营业科、分类广告营业科、国内广告营业科等。在我国，由于国内广告业务量远大于国际广告业务量，因此，媒介又常把国内广告营业部再细分为不同广告营业科，分理不同地区或不同产业的广告业务。

这里有几点需要说明：

第一，无论是全国性媒介还是地方性媒介，广告客户都分布在全国各地。在国外，媒介主要是依靠各地的代理来争取广告业务，由分管各地广告的广告科负责具体联系。在我国，除委托媒介代理外，也有由广告部门直接派工作人员驻守各地来承办各地广告业务，或者由媒介派驻各地的记者来代为办理广告业务。

第二，较大规模的媒介广告部门，根据媒介广告业务开展的需要，有时还设置有关媒介调查机构和专门的广告研究机构。

第三，在国外，广告发布前的审查，一般由广告主、广告代理公司和媒介共同组成的独立的广告审查机构来进行。而在我国，由于广告预审制还不够完善，广告发布前的审查，一般由媒介自行执行，也就是我国目前的媒介是集广告发布与广告审查的职能于一身，因此，我国媒介广告部一般还设有广告审查机构，负责广告发布前的审查。

在没有推行广告代理制或没有实行完全广告代理制的国家和地区，媒介不仅负责广告发布，而且兼任广告代理。这样媒介的广告部门机构设置就比较复杂，除了设有基本的负责广告版面或时段销售的业务职能部门，还设有负责外部业务联络的部门，该部门除了向广告代理公司承接广告业务，还和广告公司的客户部一样直接向广告客户承接广告，兼有广告代理公司客户部的职能。由于媒介广告职能的扩大，这类媒介广告组织还常常在基本业务职能部门的基础上增设一些新的业务部门，如调查科、广告策划科、广告设计制作科等，有的媒介广告组织机构甚至比一般的广告代理公司还复杂。报纸、杂志、广播、电视媒介由于媒介性质不同，广告机构的设置也不同，但不存在根本性的差别，这里就不分别作讨论了。

第二节　媒介广告发布的计费标准与价格政策

▶ **一、媒介广告发布的计费标准**

媒介进行广告经营的实质，就是向广告客户销售广告版面或时段，并按单位版面或单位时间向广告客户收取广告刊播费用。媒介单位版面或单位时间的定价受很多因素的影响。至少有以下三个方面的因素对广告的定价影响较大。

（一）发行量或收视（收听）率

广告的定价与媒介的发行量或收视（收听）率关系密切。一些传媒产业发达的国家很早就表现出对媒介的发行量或收视（收听）率的关注。早在印刷广告发展初期的19世纪60年代，美国的乔治·罗威尔就开始主动调查报纸发行量，并汇编出版了《罗威尔美国报纸指南》，供广告客户或广告代理在选择媒体时作参考。1914年，美国正式成立了报刊发行量审计局，该机构负责稽核报刊的发行数量和质量，并定期公布审计结果，逐步建立起很高的权威。随后，英国、日本等也建立起类似的组织。报刊发行量审计局或广播电视收视（收听）率调查组织公布的调查资料、出版的各类数据手册已形成一种社会评议力量，对各媒介的广告定价产生了十分重要的影响，它促使各媒介的广告定价标准大体趋于一致。我国目前还没有设立比较权威的发行量和收视（收听）率调查组织，但是各媒介应根据自身的实际发行量或收视（收听）率慎重拟定广告价格，并将本媒介的发行量或收视（收听）率如实相告，以争取广告客户和广告代理公司方面的广告业务。

（二）媒介的权威性

媒介影响力的强弱，并不单纯取决于受众的多少，还取决于它在受众中所建立起的信任度和权威性。受众对媒介越信任、媒介的权威性越强，媒介的广告影响、广告渗透力和效果也会越好。因此，在发行量或收视（收听）率差不多、其他条件相似的情况下，权威性高、影响力大的媒介，其广告定价往往相对高出许多。

（三）媒介受众的特点

媒介受众特点是衡量媒介广告价值的又一重要标准。一般认为，受众越多的媒介，其广告效力也越大。但是，事实上，如果该媒介的受众多属于低收入者和低购买力者，其广告效果并不一定理想，甚至会很差；而有些媒介受众的数量虽然不多，但其受众的购买力强，那么其广告效力往往超过受众多但受众购买力低的媒介。因此，比较科学的说法应该是，受众多并且受众购买力强的媒介，其广告效果比较理想。

以上所讨论的是媒介广告定价的基本原则和依据，并不涉及国家或地区间以及各种不同媒介之间的价格差异。由于现代广告是市场经济的产物，广告定价会依据市场来调整，因而广告定价不存在统一的国际标准和国家标准。发达国家与发展中国家的广告价格可以相差几十倍甚至上百倍。同一国家的不同地区，广告定价也可以差距悬殊。一般来说，同一国家的同一地区，以及同一类媒介内部，各媒介在制定广告价格时会有大体一致的定价标准。但是，在同一媒介中还会有一些因素影响媒介广告的定价，这些因素有：

1. 时间

如广播电视媒介，它们多半是 24 小时全天播出，在这 24 小时内，总有一些时段收视（收听）率要高些，一些时段收视（收听）率要低些。广播电视媒介在制定广告价格时，都会考虑到这些时段因素。以电视媒介来讲，电视时段一般分为特级、甲级、乙级、丙级四个等级，每天晚上的 7:00 到 9:30 是电视媒介收视率最高的时段，归列为特级时段，广告收费也最高；晚上的 9:30 至 10:30 次之，归列为甲级时段；其他时段依此类推，丙级时段收视率最低，广告价位自然也最低。按时段等级收费不仅合理，也是媒介广告经营的必要手段。收视率高的时段，广告量也大；收视率低的时段，广告量也小，有的时候甚至没有广告。按时段定价，对高收视率的时段施以高价格，可以起到以价限量的效果，同时增加高收视率时段的广告收入；而在低收视率的时段，对广告客户施以低价位的诱惑，可以起到促进低收视率时段广告时间销售的作用。

2. 具体节目

广播电视媒介的时段价位比较稳定，而节目价位依节目内容的不同常常会有变动，可以随时调整。

节目广告一般有两种形式，一种是节目赞助，另一种是节目前或节目中插播广告。节目广告的价位主要以节目的时段安排为依据，但是也要考虑节目自身的广告价值，即节目的收视（收听）率。同一时段的不同节目，对观众吸引力不同，因此收视（收听）率会不一样，广告价格也就不同，而且可能会有较大的悬殊。节目之间插播的广告，排序不同，价格也会不同，一般来说，节目后第一支广告与节目前第一支广告，价格要高出其他排序的广告。此外，在某个时段，若节目中安排有热点内容、热点新闻、热点赛事、精彩的影视剧等，那么因节目制作费、购买费、收视（收听）率的增加，广告价格也相应会增加。

3. 版面

版面主要是针对报纸、杂志媒介而言的。报纸和杂志的广告费都是按单位版面来收取。由于版面位置不同，其重要程度、暴露程度、受众的注目程度也会不一样，价格也因而有所差异。如《南方都市报》2018 年深圳版周五的工商广告价格，分为前半叠、后半叠和底版系列版面，同样大小的头版，在后半叠版的价格是 112 000 元，在前半叠版却要 122 300 元，在底版则要 203 200 元，价格差高达 91 200 元。版面位置对价格的影响程度可见一斑。至于报纸、杂志以栏目赞助的方式所作的广告，价格变化更大，全依广告客户对具体栏目的兴趣以及双方的协商而定，没有固定的标准。

4. 整售与零售

整售与零售的价格差别也是比较大的。如中央一台中午 12：00 的《新闻 30 分》节目之前的广告价格（此价格为 2018 年的广告价格），30 秒广告标价为 158 400 元，15 秒广告价格为 88 000 元，5 秒广告价格为 45 900 元。也就是说，同样是 30 秒的广告时间，如整售是 158 400 元，若分成两个 15 秒广告出售，总售价则为 176 000 元，若分为 6 个 5 秒广告销售，能卖到 275 400 元。广告客户购买的广告时间越长，价格越便宜。媒介就是通过这种定价方式来鼓励广告客户整版或整时段购买。

5. 长期刊播与短期刊播

无论广播、电视，还是报纸、杂志，对长期刊播的广告客户，在版面或时间价格上会比短期刊播要优惠得多，这样可以鼓励广告客户长期刊播广告。该原理与商品销售中以批发零售的价格差异来鼓励成批购买是一样的。

6. 指定刊播与非指定刊播

各媒介对指定刊播价格都另有规定。非指定刊播一般按正常价格收费，而对于指定刊播，一般都采取加价收费。指定刊播有多种情况，如特定节假日，紧俏的时段、版面，热门节目的广告插播，版面的安排或时段的排序等。对指定刊播加价收费，一方面是因为这些日期、时段、版面、节目本身具有更大的广告价值，能给广告客户带来更好的广告效果；另一方面，从媒介的广告经营角度来说，可以增加广告收入，而且可以以价限量，避免广告过分集中以至没有足够的空间安排广告刊播，媒介还可以借此避免在广告空间的安排上引起误会，产生纠纷。

这里需要提到的是，广告价格一旦确定，不得轻易改变，无论降价或抬价都必须慎重，而且必须事先通知广告客户和广告代理公司，并讲清楚理由。如果其他媒介都抬高价位，而只有自己不敢抬价，或者其他媒介都没改变价格，只有自己作价格上的变动，都会使广告客户和广告代理公司产生疑惑，以致产生与媒介主观愿望相反的效应。

总之，媒介的广告价格一定要公平合理，要做到既有利于维护媒介声誉，又有利于促进媒介广告资源的销售。

▶ 二、媒介广告发布的价格政策

媒介通常制定统一的价格标准，并要求业务员作价大致统一。统一的价格标准是指媒介规定公布价的一个固定折扣作为实收价格，以此作为业务员开展业务的依据，这一依据对任何业务员都一样。业务员承揽的广告作价超出实收价格，则超出部分归其所有；等于实收价格，业务员则拿不到佣金；低于实收价格则由业务员自己承担业务损失。这种作价制度给业务员开展业务赋予了一定的弹性，因为实收价格与公布定价之间具有一定的差距，差距越大，其赋予业务员的弹性也就越大。如果实收价为公布价的 7 折，业务员就有公布价的 30% 的作价空间；实收价为公布价的 6 折，则有 40% 的作价空间。有的发行量和影响力小的媒介甚至将实收价定为公布价的 2～3 折，这赋予业务员的弹性也就更大了。弹性的业务员作价虽然并不影响媒介的实际收入，但是业务员作价之间的差距过大，会给人造成价格混乱的不良印象，从而影响媒介的广告经营。当然，完全划一的作价也太古板，虽然有经营状况较好的媒介采取这一价格政策，但是对大多数媒介来说，这一价格政策不容易让习惯讨价还价的广告客户接受，也不利于它们的广告经营。这样便产生了一个矛盾：作价没有弹性不行，作价弹性太大也不行。在现实操作中，媒介一般是规定一个高于实收价格的折扣作为作价的大致标准，让业务员的作价保持在这个标准的一定幅度内。这样既不会导致作价绝对一致，又能保证作价的大体划一；既能保持媒介的良好形象，又能避免业务员在价格上的恶性竞争。

媒介的价格策略的制定需注意以下几个方面：

1．媒介的资源有很大的差异性，有强势媒介和弱势媒介之分，媒介的项目也有紧俏和滞销产品之分，弱势媒介和滞销产品需要更大的价格弹性空间。

2．媒介广告存在明显的淡旺季，淡季更需要促销。

3．客户的长期合同对媒介和广告主有着不同的意义，对媒介而言，长期合同减少了不确定性，而对广告主而言，长期合同则意味着一定程度的不确定性。对提前购买者给予优惠，对临时增加购买者收取更高的费用是国外发达市场上通常的做法，我们可以参考。

4．客户付款的时间存在着差异，因为企业在银行贷款是需要付利息的，提前付款意味着企业成本的增加，媒介有理由对提前付款的广告主提供优惠待遇。

5．客户的行业存在着差异，一些行业是高利润行业，而另一些行业则需要媒介的倾斜扶持，因此媒介对特定行业则需要制定特殊的价格体系。如目前最少有争议的是农产品广告和城市形象广告，这两种广告大都是政府在付费，受益的则是当地的农民和居民，其他行业不好攀比。

在媒介广告经营的运作中，大客户需要关照，新客户需要培育，信誉好的客户要给予激励。科学合理的价格策略可以促进市场的良性循环，而这其中最关键的是要掌握价格策略的尺度。媒介的价格策略同时要考虑媒介的整体定位和竞争市场环境，市场领先者的价格需要在稳定中调整，跟随者的价格则可以成为促销的利器。有时候，价格策略是为媒介的整体营销战略负责而不仅仅是追求当期最大销售额，比如吸引新客户、培育市场、回报忠诚客户等。有些价格策略的制订是为了让一部分客户放弃广告的投放，因为广告量过大对大品牌和新品牌的广告效果都有干扰作用。

总之，媒介的广告价格和价格策略不仅反映着市场的供求关系，也反映了媒介、广告代理商和广告主间的博弈关系。

第三节　媒介广告经营的相关管理制度

▶　一、营销目标的制订[①]

一般来说，媒介营销目标包括两层含义。第一层含义是从企业传播的角度来看，媒

---

① 吴国雄：《市州报广告目标管理探索》，《新闻前哨》2008 年第 6 期。

介营销目标是根据企业的市场营销目标而制订的广告的媒介传播目标。第二层含义是从媒介自身广告经营的角度来看，媒介营销目标是建立在出售媒介广告资源（包括广告版面和广告时间）基础上所要实现的广告经营额。这里的媒介营销目标主要指后者。媒介营销目标的制订直接关系到媒介经营的成效，甚至关系到媒介的经营活动能否正常的开展。改革开放以来，我国逐步加大媒介产业化的发展，大多数媒介都逐步实行自负盈亏，政府不再给媒介提供资金，媒介必须学会自己养活自己。这就促使媒介每一年必须制订营销目标，完成广告经营任务，才能保证媒介所有的经营活动正常运营。因而，媒介营销目标的制订具有非常重要的意义。媒介营销目标不是随意制订的，它必须遵循以下原则。

（一）媒介营销目标必须合理

媒介在制订营销目标时必须要合理。媒介的营销目标并不是制订得越大越好，不切实际的媒介营销目标会影响营销目标的实现和完成。媒介营销目标的制订应建立在媒介自身资源的基础上。一般来说，第二年的媒介营销目标与头一年的相比，要保持稳定增长的态势。媒介营销目标不仅要分析媒介广告市场的竞争情况，还需要考虑国家经济、区域经济以及相关行业的总体发展状况。比如，世界金融危机来临，大多数国家和地区的经济必然也会受到影响，企业的媒介广告投放的增长也会随之放缓，那么媒介营销目标的制订也要进行相应的调整。

（二）媒介营销目标必须清晰

一般来说，媒介营销目标指导和规约着该媒介一年内的所有广告经营的相关活动。因而，媒介营销目标必须制订得清晰、明确。同时，媒介营销目标的完成通常和媒介广告人员的考核联系在一起。模糊的媒介营销目标不具有指导性和考核性，对媒介内部经营的激励也不够，会阻碍媒介的广告经营。

（三）媒介营销目标要有可执行性

可执行性是目标制订的一个重要的原则，不能够执行的目标就是空中楼阁，无法实现。在制订媒介营销目标时同样要求有可执行性，也就是要落到实处。媒介营销目标一旦总体确定之后，还需要有细化的分目标，分目标的制订要落实到具体的人和具体要完成的时间。只有这样，媒介总体的营销目标才能够得到有效的实现。

▶ 二、广告资源的管理

广告是媒介经营的最重要的资源。广告资源的管理，就是要对广告资源进行合理的配置，其核心的目的是提升广告资源的使用效率，促进媒介的市场竞争力。以电视媒体为例，电视媒体的广告是一种注意力资源，它是电视媒介向企业营销的产品，它与一般产品不同的是：电视广告是一种动态的资源性产品，不能保存与运输，只能在电视媒体上即时实现其广告价值。

电视媒体在进行广告资源管理的过程中，通常采用"依播出类型分类"，即把电视广告大致分为栏目类广告、时段广告和特殊形式广告三个基本类型。从理论上讲，电视媒体广告资源创新的本质就是科学、合理、适度地创造出更多的特殊广告形式、广告载体和广告平台。在激烈的媒体广告市场竞争中，由于政策的影响、消费者的躲避、广告主的理性、新技术的冲击、新媒体的挑战，传统电视广告的效力不断下降，常规电视广告形式不再具有不可替代性，电视广告的播出时间、生存空间都被大大压缩，生存环境日益严峻，市场份额增速减缓。因此，突破单向思维，对广告资源进行管理和创新，成为电视媒体增强广告竞争力的必然选择之一。

电视媒体广告资源管理与创新的主要策略有：

1. 善用载体创新广告资源。包括善用特殊位置，提高广告的到达率和关注度；善用特殊节目，让广告与节目融为一体；善用空间、声音等传播载体，加大广告对消费者的心理冲击力。

2. 整体策划创新广告资源。包括基于时段特性对广告结构进行优化调整；压缩时段广告，优化广告环境，强化广告与节目的关联性；基于观众构成特性对广告指向进行独特设计；基于节目特殊编排对广告项目进行科学设置；基于广告与节目的高度融合对广告样式进行有益尝试；基于媒体形象塑造加大公益广告创作力度；基于客户特殊要求对节目形式和内容进行特殊创意。

3. 拓宽思路创新广告资源。包括整合频道资源，提升广告资源竞争合力；强化品牌质量，放大广告资源的扩散效应、持续效应、放大效应等附加价值；借助频道或栏目的品牌形象，放大广告资源的价值，将广告时段品牌化运作，直接赋予广告资源个性与灵魂；进行数字化，丰富广告资源形态，如隐性广告、赞助广告、广告频道、互动广告等。

4. 开发电视广告的边缘产业、延伸产业。由电视广告衍生出边缘产业，由栏目的品牌广告效应带动延伸产业。

但从目前的情况来看，电视媒体广告资源创新的性质和水平良莠不齐。这其中既有成功的经验（如雅典奥运会期间的广告形式创新），也不乏竭泽而渔，缺乏可持续发展的恶性创新。另外，我国电视媒体广告资源管理和创新存在很多误区，比如屏幕资源开发过滥，影响收视和审美；栏目广告挤占正常节目时间；节目内广告过多过杂，喧宾夺主；广告表达方式过于直白，痕迹过于明显；电视广告违规违法现象过多。

电视媒体广告资源创新应坚持的主要原则是：避免为创新而创新，创新要能够为广告客户提供更好的广告发布平台，创新不能够冲击正常节目，必须在国家电视广告管理法规的框架内进行，要充分考虑电视观众的收视权益。

电视媒体广告资源创新不仅仅只是传播方式的创新，必须遵循科学、合理、适度的原则，需要倡导文明合法的广告运作方式。只有实现电视与观众互动、广告与节目互补，才能更好地为电视台创造价值。

▶ **三、广告业务员的管理**

媒介广告业务员制度由来已久，广告业务员所承揽的广告是媒介重要的收入来源，甚至是一些影响力小的媒介的唯一收入来源。因此，建立广告业务员制度，加强对广告业务员的管理，是媒介经营与运作中的一项重要工作。

媒介在挑选广告业务员时主要应看其是否具有招揽广告的能力。这要求业务员具有很强的社会交往能力，除此之外还要熟悉媒介的广告业务运作。另外，为了防止某些广告业务员在招揽业务的过程中胡乱承诺，以至破坏媒介的公众形象，媒介在挑选业务员时，还要特别注意其自身的素质，如是否诚实、可靠，是否有责任心等。如果广告业务员的广告业务是通过不正当手段承揽过来的，就会极大地破坏媒介的形象，对这种业务员即使其招揽业务的能力再强也不能聘用。

媒介在对广告业务员进行管理时应注意做好以下工作。

（一）建立归户制度

归户制度有两种情况。一是给业务员事先指定联系范围，由他负责联系该范围内的目标客户；二是谁先争取到广告业务，该客户的业务就由他专门负责，除非该业务员离开媒介或主动放弃，其他业务员不得插手。这两种方式各有利弊。它们都能保障业务员的权利，鼓励他们积极开发和维系客户，避免业务员之间的恶性竞争。但是第一个方法会由于业务员自身能力等方面的限制，使区域内广告业务产生不必要的流失；后一种情况则可能使客户大量集中到少数业务能力强的业务员手里，造成客源垄断，使其他业务员丧失招揽的兴趣。媒介广告部门对这两种方法应加以权衡，根据实际情况选择合适的归户办法。

（二）规定适当的招揽数额

媒介对广告业务员应有一个招揽数额的规定，并以是否完成或超额完成任务作为考核的依据。对非在编的广告业务员更应制定一个业务标准，并根据业务员达到标准的情况予以奖惩。

▶ **四、广告代理的管理**

广告代理的产生与广告代理制度的建立，是市场经济机制的驱使，是广告业自身发展的产物和内在要求，其发展形态和程度取决于市场经济的发展进程。广告代理制从初创至今，经过一个多世纪的发展，已经成为国际通用的广告运作方式与经营机制。由于我国媒介广告代理的特殊性，我国媒介的广告代理主要存在两种形式：第一种是媒介直接进行广告代理，也就是媒介通过自身的广告业务人员直接与企业取得联系，开展广告代理的经营活动；第二种是媒介通过专业的广告代理公司进行广告代理。一般来说，第一种形式的广告代理的管理就是对媒介内部广告经营和业务人员的管理，而第二种形式的广告代理的管理主要指对广告代理公司的管理。这里我们主要探讨第二种形式的广告代理的管理。媒介对广告代理的管理主要包括以下内容。

（一）媒介对广告代理公司代理资格的审查

广告代理公司必须是经相关机构核准登记，在确定的广告经营范围中有代理广告业务项目的广告经营者。不是经相关机构核准登记的广告经营者，或虽然是广告经营者，但广告经营范围中没有代理广告业务项目的，不能代理广告业务。

（二）媒介与广告代理公司的法律责任约定

广告代理代表客户与媒介交易时，在法律地位上即为委托人，负责支付客户因广告所发生的债务。如果客户破产或违约，广告代理须承担支付账单的责任。

（三）媒介应对广告代理公司代理的内容进行审查

为了避免刊登和播放违法、违规的广告，以致造成不良的社会影响，媒介应该对广告代理公司代理的广告内容进行细致的审查，以确保广告内容的合法性。

（四）媒介建立广告代理的激励机制，提高广告代理的效率

媒介在进行广告代理的管理时，应建立合理的、透明的广告代理的激励机制，确保广告代理公司的公平权益。通过激励机制的建立，媒介可以培养一批稳定的、长期的广告代理合作公司，提高广告代理的效率。

（五）媒介必须限制广告代理公司或媒介购买公司的高度垄断

由于一些跨国的大型广告公司和媒介购买公司的资金实力雄厚，常常对一些媒介资源进行垄断，媒介在进行广告代理管理时要特别注意跨国媒介购买集团对媒介版面或时段的垄断。一旦他们对媒介资源进行了垄断，他们对媒介版面或时段的议价能力就会提高，媒介的议价能力就会相对降低；同时，对一些实力相对弱小的广告公司会造成广告代理的恐慌。

总之，媒介对广告代理的管理的目的主要是建立稳固的广告代理关系，规范广告代理的制度，实现对媒介广告资源有效的售卖，同时要合理避免媒介广告代理过程中的风险。

▶ 五、广告经营的目标考核与绩效管理

目标考核和绩效管理都是管理学上的概念。目标考核法，即按一定的指标或评价标准来衡量员工完成既定目标和执行工作标准的情况，根据衡量结果给予相应的奖励。它是在整个组织实行"目标管理"的制度下，对员工进行的考核方法。绩效是指对应职位的工作

职责所达到的阶段性结果及其过程中可评价的行为表现。所谓绩效管理是指管理者与员工之间就目标与如何实现目标达成共识的基础上，通过激励和帮助员工取得优异绩效从而实现组织目标的管理方法。绩效管理的目的在于通过激发员工的工作热情和提高员工的能力和素质，以达到改善公司绩效的效果。

我国媒介实行产业化政策以来，政府对媒介实行"断奶"，媒介的收入来源主要依赖其广告经营。因而，媒介对广告经营的目标考核和绩效管理显得尤为重要。按时间来划分，媒介对广告经营目标考核主要分为月度目标考核、季度目标考核和年度目标考核。按目标实现的程度来划分，媒介对广告经营目标考核分为超额完成经营目标、刚好实现经营目标和未完成经营目标。按目标执行的主体来划分，媒介对广告经营目标考核分为对媒介业务人员个人的考核和对部门的考核。媒介对广告经营的目标实现的不同程度进行合理的考核，有利于媒介广告经营目标的实现。

媒介广告经营的绩效管理与其广告经营的目标实现紧密地联系在一起。媒介广告经营的绩效管理要求及时、规范、公正和合理。媒介应制定合理的广告经营目标考核的制度，媒介在实行绩效管理和考核时要严格按照制度来执行，对于超额完成广告经营目标的广告业务人员，应该给予相应的奖励；对于未完成广告经营目标的广告业务人员要给予一定的惩罚。不过，目前我国很多媒介的绩效管理还不太规范和科学。媒介的广告业务人员虽然在收入分配上增长空间大，但由于很多媒介对业务人员都实行无底薪制度，没有稳定的收入，他们的工作压力非常大，他们对媒介单位的归属感也较低。值得欣慰的是，我国一些实力较强和管理比较现代的媒介的广告经营目标考核和绩效管理已经逐步规范化和科学化。

第四节　传统媒介的广告经营运作

▶ 一、传统媒介广告经营运作的基本模式

广告经营是传统媒介收入的主要来源，传统媒介的广告经营运作的基本模式基本一致。一般来说，媒介广告部是广告经营运作的主体部门，广告部经理（广告总监）负责该媒体的广告经营的所有工作，广告部的业务人员与客户包括广告主和广告代理公司洽谈广告业务，签订广告合同，再把广告的样稿或广告视频创意提交给编辑部，最后按照合同的约定进行广告的编排、刊登或视频广告的播出。但由于媒介的形式不同，报纸媒介与电视、电台媒介的广告经营运作模式也存在一定的差异。报纸媒介的广告运作流程是广告业务部与企业客户或广告代理公司签订合同，报社的管理部安排时间或版面，同时，管理部把广告样稿交给设计部、校对部、审查部和出版部，财务部负责收款和考核，最后刊登了广告的报纸被送到印刷厂印刷（如图9-1）。电视台与电台的广告运作流程是，首先广告部业务员承接广告并签订合同，业务部经理进行审查，财务部经理核价，广告部主任签字后广告播放代理合同成立，最后广告通过电脑编排在电视或广播中播出（如图9-2）。

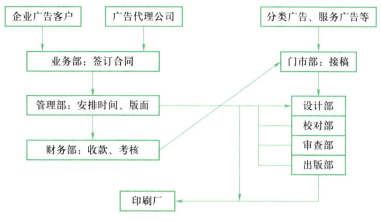

图 9-1　报纸媒介的广告运作流程

为了获得规模化的竞争优势，我国传统媒介报业和广播电视都纷纷开展集团化经营。传统媒介进入集团化经营阶段之后，传媒集团的广告经营的运作模式与之前单一媒介的广告经营模式发生了改变，一些传媒集团成立了自己的广告公司，由广告公司统一代理传媒集团内所有报纸、杂志或电视频道、电台的广告版面或时段。另外，还有些传媒集团只是进行了形式的整合，其旗下不同的媒介的广告仍然由自身内部的广告部来运作。

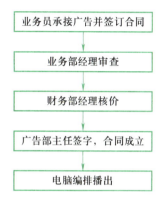

图 9-2　电台、电视台的广告运作流程

▶ 二、我国传统媒介广告经营的种类与方式

我国传统媒介的广告业务来源主要有三个方面：广告客户直接向媒介委托刊播广告、广告代理公司委托刊播广告和媒介业务员承揽广告。我国媒介的这三种主要的广告业务来源决定了媒介广告经营主要的三种方式。

（一）企业客户主动委托媒介广告部门刊播广告

广告部门如果直接接受广告客户的委托刊播广告，由于中间没有经过广告代理公司，因此企业客户一般不需要向广告代理公司支付佣金，这样可以增加媒介广告刊播的经济收益。不过这种广告业务多属分类广告，业务相当琐碎，如果管理不善，很容易造成财务问题。若先收费再刊播，广告客户会觉得麻烦，从而导致广告量的减少；若刊播后再收费，广告客户如果拖延交费甚至不愿意交费，就很容易引发呆账风险，从而造成媒介的财务损失。目前我国媒介的广告部门直接接受广告客户委托的非分类广告业务虽然从表面上看不需要向广告代理公司等第三方支付佣金，但是从广告界惯常的做法来看，媒介方面常常需要按相对应的比率减少广告刊播的费用，或赠送相应的广告版面等，因此在增多收益方面的优势并不明显。

（二）广告公司代理企业客户刊播广告

广告代理制要求广告承揽与发布分离，媒介只负责发布广告，广告公司则接受媒介或广告客户的委托，承揽或代理广告业务。这样就理顺了广告公司、媒介与广告客户三方的关系，形成了一种分工合理、运行高效的广告经营机制。在这种经营机制下，媒介广告组织可以省去很多不必要的工作，把主要精力放在为广告公司服务上面。广告客户也可以将广告业务直接委托给广告公司，接受来自广告公司的专业性的服务。在这种情况下，媒介的广告组织应争取和相关的广告代理公司建立良好的合作关系，保证广告销售渠道的通畅。

（三）媒介业务员承揽广告

媒介的广告业务员承揽广告一度是大众传播媒介广告业务最主要的来源，后来随着广告市场的发展和规范化，业务来源的主渠道功能才慢慢开始由广告代理公司承担。但是媒介广告业务员承揽的广告业务仍占媒介广告业务的很大份额，其所占份额大小取决于媒介自身的发展状况。发行量低、知名度和权威性不高的报纸，只有耗费大量人力，才能争取到广告业务，获得媒介正常运转所需的资金。那些运转态势良好、发行量大的媒介，则对业务员承揽广告业务的依赖性要小得多。

▶ 三、新媒体时代传统媒介广告经营面临的问题

随着数字技术的发展，人类社会进入了新媒体时代，以网络和手机为代表的新媒体目前已经受到大众的青睐。伴随着新媒体发展的广告也呈现出新的特征，与传统媒介广告相比，新媒体广告存在以下特点：

（一）传统媒介广告是单向的，新媒体广告是双向的

传统媒介的信息是单向传播，因此传统媒介中受众只是被动地接受广告信息；而网络则是双向互动的，受众是广告的主体，受众只会点击感兴趣的信息，减少了用户和企业客户之间的距离，提高了统计效率。传统媒介往往只采用片面单一的表现形式，并且受时间、篇幅的局限很大，而以网络为代表的新媒体广告基本不受时间和广告篇幅的限制。同时网络是以无限链接为基础的，网络广告也给受众提供无限链接的可能，只要受众感兴趣，他们可以点击并获得更多有关该广告和产品的相关信息。

（二）传统媒介广告受发布形式、发布地域和发布时间限制，而新媒体广告不受广告形式、发布时间和地域的限制

传统的报纸广告发布时往往以字数计算，在广播电视上的广告则是以时间计算，企业要传播的广告的本意很难表达清楚。相比之下，网络广告不存在发布形式的限制，且其传播范围非常广泛，只要具有上网条件，任何人在任何地点都可以浏览到网络的广告信息，这是传统媒介无法达到的。另外，传统媒介广告发布的时间周期比较长，而网络广告可以

即时发布，广告传播所需要的时间和周期较短。

（三）传统媒介广告价格昂贵，新媒体广告价格相对较低

从价格方面考虑，与报纸、杂志或电视媒体相比，网络广告的市场门槛相对较低，除了一些知名度高、影响力大的网络媒介，大多数网络广告宣传费用还是较为低廉的。

正因为新媒体广告比传统媒介广告存在更多的优势，传统媒介的广告经营面临着严峻的挑战。在新媒体的挤压下，传统媒介的广告市场份额被逐渐瓜分，在媒介广告总量中所占份额不断下降。面对竞争如此激烈的新媒体广告的冲击，传统媒介广告经营已经进入衰退期。传统媒介的广告经营如何与新媒体广告结合，从而发挥新媒体广告的优势是其实现突围的核心问题。事实上，在新媒体时代，传统媒介与新媒体形成一种竞合的关系，分为融合模式和借鉴模式。在与新媒体的融合模式下，传统媒介可以利用新媒体的可搜索、可精准传播的技术优势，解决传统媒介无法互动和无法精准营销的问题；在借鉴模式下，传统媒介可以套用新媒体的经营模式，创造出碎片化营销、甲方数据营销、事件营销、微博营销等经营方式。使用这两种解决方案，传统媒介的广告效果将大大提高，竞争力也会逐渐增强。

第五节　网络媒介的广告经营运作

▶ 一、网络与网络广告

（一）网络

1958 年初，美国国会批准成立国防部高级研究计划署（ARPA），旨在确保美国军事领域科学技术应用的领先地位。为了避免核战争导致通信瘫痪，美国 20 世纪 60 年代开始积极研发计算机网络技术。1969 年，阿帕网（ARPA）组建，这是互联网的雏形。1974 年，著名的传输控制协议 / 互联网协议（TCP/IP）研制成功，现代意义上的互联网得以诞生，互联网迎来了大发展时期。1983 年，TCP/IP 协议取代了旧的网络控制协议，成为互联网络上的标准通信协议，这是全球互联网正式诞生的标志。20 世纪 90 年代初，欧洲粒子物理研究所的科学家蒂姆·伯纳斯·李开发出万维网（World Wide Web），还开发出了极其简单的浏览器（浏览软件），此后，互联网开始向社会大众普及。1993 年，伊利诺伊大学美国国家超级计算机应用中心开发出了第一个可以显示图片的浏览器 MOSAIC，该软件后来被推向市场。此后互联网开始爆炸性普及。

中国于 20 世纪 80 年代中期开始"触网"，并于 1994 年 3 月获批准加入国际互联网。同年 4 月 20 日，中国实现与互联网的 TCP/IP 连接，开通了互联网的全功能服务；5 月 21 日，中国完成了最高域名 CN 主服务器设置，正式成为互联网家族的一员。

20 世纪 90 年代中期开始，互联网在全球迅猛发展，现在已发展成为当今世界影响最大、应用最广泛的全球性计算机信息资源网。全世界使用互联网的人数也是呈几何级数增长。在我国，使用互联网的人数也是逐年暴增。

网络之所以能够发展得如此迅猛，是因为其显而易见的特点与优势。网络媒介的优势主要有以下几点。

1. 信息传播的交互性

在报纸、杂志、广播、电视等传统的大众传播媒介的信息传播中，传播者和受众之间有着严格的界定，前者主动传播信息，后者是前者信息的接受者，而信息反馈具有延迟性特点。互联网属于双向传播，反馈及时，互动性极强。网络用户既可以非常自由地选择自己需要的信息，又可以通过发送电子邮件、在论坛发表意见等方式参与信息的传播，表达个人观点。在这种情况下，网络用户不再是信息的被动接受者，而成为信息的传播者。信息传播的交互性还表现在信息传播者与信息受众之间的交流更加快捷、方便。网络用户在接收信息后，只需要简单的操作，就可以在很短的时间内进行信息反馈。这既有助于提高网络传播的效率，又有助于网络传播者更好地掌握受众的需求，并对自己的传播内容和传播方式做相应的调整。

2. 信息传播的超时空性

互联网传播信息不受时间和空间的限制。现在互联网络已经遍布全球。世界各地发生的事件，几乎在发生的同时就可以通过互联网传播到地球的每个角落。美国"9·11"事件发生后仅数小时，世界各地的网民们已经在各大网站上读到相关的详细报道，对该事件有了比较详细的了解。网络对突发事件的超常反应能力可见一斑。

3. 信息的无限丰富性

互联网是一个巨大的全球性的信息资料库。它没有时空的限制，而且信息无所不容，可以通过无数个网络节点呈现给网民一个异常丰富的信息世界。而传统媒介由于受到版面或时间的限制，给予受众的信息量相当有限。美国的《华盛顿邮报》网络版给读者提供了包括新闻、科技、体育、时尚、图片库、天气预报等丰富的信息，如此海量的信息是印刷版的《华盛顿邮报》不可能给予的。

4. 多媒体的信息表现形式

互联网集声音、画面、文字于一体，通过多媒体技术实现了数据、文本、声音、图像在数字化环境中的一体化传播，可以给用户提供全方位的多维信息服务，满足他们不同的需求。

（二）网络广告

随着网络的普及，网络广告也应运而生。网络广告指的是企业在互联网上发布的一切信息，包括企业自己设立的网站、企业的互联网域名、个人或法人在网络论坛（BBS）上或公共聊天室里发布的具有广告性质的信息等。

最早的网络广告出现于1994年，美国著名的Wired杂志于当年10月14日推出了网络版的HotWired（www.hotwired.com），其主页上开始为14个客户推出旗帜广告。这使得广告以一种全新的方式进入人们的视野，让广告主与广告服务商看到了新的商机，在广告史上具有里程碑式的意义。此后，网络广告逐渐成为网络上的热点，网络媒体的经营者努力吸引更多的浏览人群及广告客户。

1997 年 3 月，比特网站（Chinabyte）上出现了中国的第一则互联网广告，广告形式是 468×60 像素的旗帜广告，中国网络广告的发展也从此拉开了序幕。据易观国际公司发表的《中国互联网广告市场年度综合报告 2007》显示，2006 年中国互联网广告运营商市场规模达 45.28 亿元[①]，2012 年网络广告收入规模达 773.1 亿元[②]，2018 年网络广告收入达到人民币 4 844 亿元，同比增长 29.2%[③]。

网络广告之所以会有如此惊人的发展速度，与网络广告独特的优势分不开。

1. 交互性强

传统媒介，无论电视、广播、杂志、报纸，还是路牌、广告建筑物，都存在很强的单向流动性，属于单向灌输。在这个信息交流过程中，受众的反馈是延迟性的，受众在反馈后要得到企业方面的反馈信息则需要更多的时间，甚至得不到回复。而在网络广告的传播过程中，受众占据了更主动的地位，可以根据自己的需要来关注网络广告，并即时反馈。广告企业也可以对反馈信息做出即时反应，并通过受众留下的信息很快与受众联系。这种交互过程既快，效率也高，产生的效果通常也比较理想。

2. 传播空间广

除极少数国家和地区外，目前互联网已连通了几乎全球所有国家和地区，覆盖面之广是其他任何传统大众传播媒介所不能比拟的。只要有需要，上网者可以毫不费劲地浏览到世界各地的广告信息，而且不受时间和空间的限制。另外，网络广告的信息提供量非常大，网络广告可以通过超级链接连接到相应的许多网页，从而提供海量信息供受众选择，而传统媒介广告容量则相当有限，只能提供十分有限的信息。

3. 费用低廉

网络广告发布的成本比其他传统媒体低很多。网络广告的千人成本费用大致是报纸的 1/5，电视的 1/8。广告客户可以根据自身的经济承受能力采取不同的网络广告形式。另外，网络广告的计费方式十分灵活，或按版面大小计费，或按时间计费，或按广告带来的收益计费。广告客户可以机动地选择对自己最有利的、最划算的广告发布形式和计费方式。

4. 传播效果统计更精确

在传统的大众传播媒体上做广告，传播效果很难准确计量，电视、广播的传播效果尤其不容易判断。而有些网络广告可以通过先进的技术手段精确地统计有多少人点击过该广告，进而分析他们的分布区域、他们查询广告的时间段，并通过他们留下的资料分析受众成分等。这样可以为广告客户正确评价广告效果、制定广告投放策略提供参考。

5. 广告发布的灵活性

就传统大众传播媒介而言，广告一经发布，无论内容或是形式，要做更改一般都比较麻烦，而且即使更改也要经过一定的时间才能生效，才能得到发布。而网络广告可以根据需要很快地变更广告内容、改变刊播计划。

---

① 易观国际：《中国互联网广告市场年度综合报告 2007》，第 V 页。
② 艾瑞咨询：《中国网络广告行业年度监测报告 2016 年》，第 9 页。
③ 艾瑞咨询：《寻找营销的道与术——中国网络广告市场年度监测报告 2019 年》，第 33 页。

6. 投放目标的针对性

和传统大众传播媒介"广撒网"的方式不同，网络广告可以做到在一定的区域，在合适的时间，将广告有针对性地发送给个人或团体。在客户资料比较详细的情况下，网络广告甚至可以准确地设计广告的形式和内容，将其传递给最有可能接受它的客户。网络广告的这种针对性消除了传播过程的盲目性，避免了大量广告资源的浪费。

当然，网络广告也有许多缺陷和不足之处，如创意的局限性、有效广告位置缺乏、客户结构单一、点击率不高等。

▶ 二、门户网站的广告经营运作

门户网站隶属于商业网站中的一种，它拥有较丰富的网络资源，维基百科给门户网站下的定义是：指通向某类综合性互联网信息并提供有关信息服务的应用系统。门户网站最初提供搜索和网络接入服务，后来由于市场竞争日益激烈，不得不快速地拓展各种新的业务类型。作为一个网点或资源集成，门户网站可提供范围广泛的服务，包括新闻、搜索引擎、电子邮件、论坛、免费网页空间、信息商情以及拍卖、在线购物等，希望通过门类众多的业务来吸引和留住互联网用户，以达到锁定客户的效果。

门户网站广告在互联网营销发展中的作用也是举足轻重的，如今国内主要网站已经是Web2.0时代，甚至已推出Web3.0概念。虽然门户网站只是Web1.0时代的主要代表，但它仍然是现今互联网的推动力，很多的网络新型服务都会在门户网站先行试水。因此，门户网站成为网络广告投放的黄金位置，网络媒体发展史几乎就是一部门户网站的发展史，从美国的雅虎（Yahoo）到中国的新浪、搜狐和网易，它们的每一个动作或多或少都对这个行业产生影响。不仅如此，这种变革还通过门户网站的模式更加深入触及整个网络媒体模式，为网络媒体的模式创新打开思路。

目前，我国大多数门户网站的广告形式主要有：按钮式广告、旗帜广告、多媒体广告横幅、自动弹出广告、全屏式广告、电子邮件广告、文本链接式广告。门户网站的广告来源主要有两种方式：一是网站广告业务人员主动打电话给客户争取广告。二是门户网站靠流量来吸引广告商主动登门，当门户网站的流量达到一定程度的时候，浏览的人数非常多，就自然会吸引广告商前来刊播广告。

门户网站广告经营的计费方式常用的有两种：一是按广告效果付费，主要是通过点击次数和浏览量来收费，如我国门户网站新浪采用的好耶（Allyes）系统，该系统对广告效果的计算比较准确。按最后的效果来计算费用的广告经营方式对企业广告主比较有利。二是按频道和栏目来付费，这种收费方式也比较常用，大客户的新产品的广告宣传通常采取这种付费方式，一般广告主也会选择门户网站中非常重要的频道和栏目进行合作。

▶ 三、搜索引擎的广告经营运作

搜索引擎广告是指广告主根据自己的产品或服务的内容、特点等，确定相关的关键词，撰写广告内容并自主定价投放的广告。当用户搜索到广告主投放的关键词时，相应的广告就会展示（关键词有多个用户购买时，根据竞价排名原则展示），并在用户点击后按照广告主对该关键词的出价收费，无点击不收费。

搜索引擎广告包括关键词广告、竞价排名广告、地址栏搜索广告和网站登录广告等形式，搜索引擎广告主要存在以下特点。

（一）具有极强的针对性

在搜索的时候，客户需求已经通过关键词表现出来，搜索引擎根据客户需求，给出相应结果，因此广告投放完全是精确匹配，直接针对有需求的客户。

（二）可跟踪的广告效果

好的搜索引擎可以提供广告的数据资料，由此生成完整的报告，方便广告主掌握广告投放效果，及时调整相应的营销战略。

（三）受众广泛

一个好的关键词，意味着网站可提高更具针对性的访问量。利用相关搜索功能，用户可以选择更多关键词。如只要在百度网页搜索引擎输入产品或服务名称检索，就可以在网页下端"相关搜索"中找到用户输入的其他关键词，相关搜索是按用户输入关键词搜索的频率由高到低排列的，选择比较方便。

搜索引擎广告经营策略不仅能提升网站质量，获得搜索引擎较好的排名位置，而且还能通过搜索引擎进行宽泛的关键词补充。搜索引擎策略还包括使更多的网页能被搜索引擎收录，并通过搜索引擎返回结果被用户发现，从而赢得更多的产品销售机会。

用搜索引擎做企业推广可采用以下几种方法：（1）免费登录分类目录；（2）搜索引擎优化；（3）关键词广告；（4）关键词排名；（5）网页内容定位广告；（6）收费登录分类目录。不难看出，这六种方式大致可以分为两大类：一是网页优化，二是登录排名。

首先是优化网站。一个企业网站要在网上立足，必须能有效展示企业形象，宣传企业品牌、文化，陈列企业产品，建立客服通道，甚至建设产品交易或分销渠道等，只有这些工作都做好了，才有利于企业正式开展网络营销。

其次是对网站进行有效的推广。一个网站再好，要是没有人去看，它就是没有价值的。网站的推广重点之一就在于搜索引擎，例如在百企搜中输入"汽车"一词，跳出来的第一栏如果是一汽公司，那说明它的访问量一定很大，这样一来企业知名度和网站上的成交量也随之大大提高，就会给公司带来效益。

最后，搜索引擎广告本身发展的诸多不稳定因素，给整个搜索引擎广告行业和广告主带来了相当的冲击。首当其冲的是困扰企业网站的恶意点击，不管是竞争者消耗对手的广告成本的点击行为、搜索引擎广告联盟网站为了获取自己相应的广告佣金的点击行为、竞价排名代理服务商为了自身代理佣金的点击行为，还是访客无意间的误点击行为，都实实在在地增加了广告主的广告成本开支。

▶ 四、电子商务网站的广告经营运作

在电子商务交易模式的分类基础上，网络广告交易模式按交易对象可以分为三类：商业机构对商业机构（B2B）、商业机构对消费者（B2C）、消费者对消费者（C2C）。而传统媒介广告和网络广告交易模式一般都是 B2B 或 B2C。

（一）商业机构对商业机构

在网络广告上面，大型的门户类网站和某些知名搜索引擎网站就属于其中的商业机构（B）。他们因超高的市场份额而使得其广告的门槛变高，因此合作的机构大部分是一些大型商业机构，网络广告目前也是一些大型门户网站的主要盈利渠道。

（二）商业机构对消费者

网络广告中，大型门户网站属于商家，而各个中小版面的广告位买主即属于"消费者"。这种模式下，由于商家占据强势市场地位和主动权，往往使得"消费者"议价能力降低。

（三）消费者对消费者

在网络广告的发展中，由于技术限制，C2C 模式的实现遇到很多阻碍。淘宝联盟网络广告交易平台的推出即是对网络广告 C2C 的一种应用尝试，它为属于"消费者"的众多中小网站提供技术支持，使得网络广告不再只是大型网站的专权，在帮助众多中小网站的流量变现的同时也推动了网络广告市场的发展。

淘宝联盟是由淘宝网 2010 年 4 月针对中小站长及网络合作伙伴推出的网络广告交易平台。它是阿里巴巴旗下的一个针对网络广告位的发布和购买的全新的互联网广告交易平台。它首次引入"广告位是商品"这个概念，让广告位第一次作为商品呈现在交易市场里，并且让买家和卖家都能清清楚楚地看到广告位的性质和价格，其主要的广告形式包括时长计费广告、推介广告、按成交计费广告和按点击计费广告，按时长计费广告是主推形式。

▶ 五、社交媒体的广告经营运作

社交媒体广告是在社会化媒体技术诞生的基础上发展而成的新型网络媒介广告形式。社交媒体是指在 Web2.0 的理念和技术的基础上，用户可以进行内容生产和内容交互的一类网络媒体，国外的脸书（Facebook）、照片墙（Instagram）和国内的微博、微信等都属于典型的社交媒体，基于这些社交媒体而传播的广告内容便属于社交媒体广告。广告主可以自行建立社交账号发布广告，也可以委托其他自媒体账号进行广告推广。

社交媒体广告主要存在以下特点：

（一）用户参与广告传播流程

社交媒体用户很乐意主动获取信息和分享信息，显示出高度的参与性、分享性与互动性。社交媒体广告传播的主要媒介是用户，广告信息通过用户所在的社交关系网络进行网状传播，因此与传统广告形式相比，社交媒体广告无须大量的广告投入即可实现广泛传播。

（二）定向广告投放实现精准营销

社交媒体储存了海量用户数据，广告主和媒体方可以通过大数据、数据挖掘和人工智能等技术获取并分析用户数据，使这些信息碎片与商业价值进行结合，依据用户个人情况定向地对用户进行广告投放，从而实现精准营销，避免无效广告投放从而节约成本。

（三）广告主与用户能够进行互动

在社交媒体上，广告主或品牌方可以创建自己的社交账号，从而与用户进行互动。一方面向用户传播广告信息，另一方面也接收用户的反馈信息并做出回应，与用户建立长期社交关系，从而提升品牌好感度和忠诚度。

社交媒体广告效果的评估指标主要包括曝光次数（总体发布量、阅读数量、点击数量、转载数量、回复数量等常规内容数据）；转化率（对比广告前后用户的使用、关注、参与的数据）；第三方数据（对比谷歌趋势、百度指数等数据，或委托第三方公司调研品牌美誉度等指标变化）。

▶ 六、网络媒介广告经营的发展趋向

网络广告作为一支生力军正在广告市场异军突起。网络媒介广告市场呈现以下发展趋向。

（一）网络广告在高速增长后进入成熟期

随着互联网的发展，网络媒介对于传统媒介的冲击越来越明显。2015 年度中国网络广告市场规模达到 2 184.5 亿元，首次超过传统广告市场规模。[①]2018 年度中国网络广告市场规模达到 4 844 亿元，较上一年增长 29.2%。互联网广告的市场规模增长到一个新的量级，未来互联网广告市场将继续保持着较高的增速。[②]但随着市场更加的成熟以及市场规模量级的不断提升，网络广告经营在高速增长后会进入成熟期，未来市场增长率或有所降低。

（二）电子商务网络广告成为拉升网络广告增长的主要动力

自 2011 年以来，我国电子商务平台网站广告市场规模持续增长，市场份额也在不断扩

---

① 艾瑞咨询：《寻找营销的道与术——中国网络广告市场年度监测报告 2019 年》，第 33 页。
② 艾瑞咨询：《寻找营销的道与术——中国网络广告市场年度监测报告 2019 年》，第 33 页。

大；淘宝在 2018 年的电子商务热潮中维持了近年来的高速增长，交易额突破三万亿元，其广告收入规模也得到快速增长，其广告规模超过 1 300 亿元。[①]同时，我国的电子商务的发展获得了前所未有的发展，除淘宝之外，京东商城、苏宁易购、拼多多、微店等网络商城的崛起，也推动了电子商务网络广告的快速发展。2018 年，电商广告经营额在网络广告经营额中的占比达到 33.6%，位居第一名。电子商务网络广告已成为拉升网络广告持续增长的主要动力。[②]

（三）网络搜索广告经营额增幅放缓，视频网络广告增长加速

2012 年至 2015 年期间，网络搜索广告一直占据我国网络广告市场份额第一位。2016 年起网络搜索广告增速放缓，市场份额退居第二位。2018 年我国搜索引擎运营商市场规模为 957.7 亿元，较 2017 年增长 12.4%，市场收入占比 19.8%。[③]在网络广告经营方面，视频网站广告也获得了一定的增长。2018 年我国网络视频市场广告收入为 417.9 亿元，较 2017 年增长 15.9%，市场收入占比 8.6%，预计未来仍将保持较高的增长率。[④]

总的来说，互联网对信息传播方式和营销方式的深刻改变，是网络媒介广告获得如此高增长性的重要原因。互联网具有的媒体性质、工具性质，实际上超过了传统媒介所能覆盖的范围，互联网广告的成长潜力不可小觑。未来几年，网络核心媒介的广告经营的比重会继续上升，网络广告市场会继续保持一定速度的增长。同时，网络广告的细分也更加明显，不同网络媒介的广告经营额的差距也会越来越明显。

思考题

1. 媒介广告经营的计费标准受哪些因素的影响？
2. 媒介如何能够更好地对广告资源进行管理？
3. 广告的业务员制度是怎样的？
4. 传统媒介广告经营与网络媒介广告经营各自有哪些优劣势？
5. 在网络媒介广告的比重加大的趋势下，传统媒介需从哪些方面加以改革来维系自身的生存与发展？

本章即测即评

---

① 参见 Wind 数据库：《阿里巴巴集团 2018 财年年报》。
② 艾瑞咨询：《寻找营销的道与术——中国网络广告市场年度监测报告 2019 年》，第 40 页。
③ 艾瑞咨询：《寻找营销的道与术——中国网络广告市场年度监测报告 2019 年》，第 40、43 页。
④ 艾瑞咨询：《寻找营销的道与术——中国网络广告市场年度监测报告 2019 年》，第 46 页。

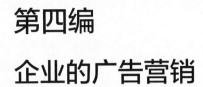

第四编
企业的广告营销

第十章　企业与广告

只有了解了广告及其他营销推广诸要素的特点和相互关系、各自的职责、功能与目的，我们才能够根据统一协调的原则来实现广告与营销推广要素的整合，从而获得一个有效的传播实体，来进行整合营销传播，达成营销推广及整合营销的目的。

第一节　广告在企业营销中的地位与作用

▶ 一、营销要素与营销推广要素

广告是一种营销传播，隶属于营销的范畴。那么，什么是"营销"呢？美国著名经济学教授菲利普·科特勒认为："营销是个人和集体通过创造，提供出售的产品，并同别人交换产品和价值，以获得其所需所欲之物的一种社会和管理过程。"[①] 营销管理包括以下过程：选择目标市场，通过创造、传递和传播优质的顾客价值，获得、保持和发展顾客。美国市场营销协会所下的定义是：营销是计划和执行关于商品、服务和创意的观念、定价、促销和分销，以创造符合个人和组织目标的交换的一种过程。简而言之，从本质上来看，营销关注的核心是在特定的资源分配条件下的交换过程，其结果是达成交易，实现交换双方的价值交换。

在营销学理论中，营销要素的 4P 思维框架影响深远。产品、价格、渠道与促销共同组成了企业自行可以支配的四大类元素。在买方市场条件下，企业必须在竞争中形成并动态保持差异优势，差异优势是营销竞争的基础。广告作为一种营销传播工具，自身以及通过与其他营销变量的组合，对企业降低交易费用、建立差异化的竞争优势具有重要价值。以下首先介绍此四类营销要素。

（一）产品：营销组合中的最基础要素

所谓的产品是指能够提供给市场以满足人们需要和欲望的任何东西，包括实体商品、服务、体验、事件、地点、财产、组织、信息和创意等，核心利益、基础产品、期望产品、附加产品和潜在产品共同构成了顾客价值层级的产品层级。

不同的产品类别与产品还存在着不同的生命周期，包括引入期、成长期、成熟期、衰退期四个阶段。

---

① ［美］菲利普·科特勒：《营销管理：分析、计划、执行和控制》，上海人民出版社 1999 年版，第 9 页。

（二）价格：营销组合中的利润直接回报要素

在营销组合中，价格是唯一能够直接产生利润回报的要素。价格是能够由企业根据市场情况自行加以调整的，一般由生产成本、流通费用、国家税金和企业利润四个部分构成。企业对产品的最终定价受成本因素、政策因素和市场供求因素的影响，通常分为成本导向定价、需求导向定价和竞争导向定价三大类。

价格战成为企业之间争夺市场份额的有效途径。有实力的企业常常借助规模效应以大幅度降低价格的方式争夺消费者，也是对潜在的竞争对手释放强烈信号，警示缺乏实力的挑战者不得进入市场。

（三）渠道：营销组合中的支撑要素

犹如生命依赖血管向躯体源源不断地输送营养和氧气一样，作为企业营销管理层最重要的决策对象，渠道是指促使产品或服务顺利地从工场走向市场而被使用或消费的一整套相互依存的组织。分销网络的建立与管理，直接影响其他所有的营销决策。现代企业的市场竞争，不仅仅是产品或服务的竞争，也不仅仅是价格的竞争，也是销售网络、分销渠道的竞争。娃哈哈的联销体就是例证，通过捆绑利益，制造商和渠道结合成强大的市场同盟军。

良好而合理的分销网络，将加强企业的物流运转，大大缩短物流时间，减少营销费用，提高终端服务功能，从而从根本上提高企业竞争力，提高企业利润。错误或不良的分销渠道，不仅直接增加企业的营销成本，影响企业的服务水准，而且会导致企业丧失市场竞争力。

近年来，B2B、B2C、C2C 等多种形式的电子商务成为传统渠道的有力竞争对手。企业将在传统分销方式和电子商务之间花费心思进行利润分配、关系协调，减少企业自办渠道与代理渠道、传统分销方式与电子商务等之间的竞争和冲突。

（四）促销：营销组合中的最灵动要素

促销，即营销推广，包括以下几方面。

1. 销售促进

销售促进通常是以获得立即的销售反应为直接目的的销售方式。其最重要的一点就在于，销售促进能通过提供一项短程的激励，促成短期的销售行为，它能获得立即的销售反应，却无法促进产品的美誉度或建立消费者对品牌的忠诚度。销售促进推广活动一旦停止，消费者一旦失去激励，由销售促进所建立的销售效果是很难持续的，由其所促成的消费者购买行为往往会发生转移，有时甚至会对产品销售产生副作用。

2. 公共关系

所谓的公共关系是这样一种管理功能，它建立并维护一个组织和决定其成败的各类公众之间的互利互惠关系。公共关系活动主要是通过企业与社会公共关系的沟通和改善，力求在消费大众中树立起良好的企业形象，以此来促进和影响销售。在销售目的上，销售促进比广告来得更为直接，公共关系则较广告来得更为间接。

　　新闻传播常常成为公共关系的一种主要传播方式。新闻是一种无偿的信息传播活动，重点履行监视环境、管理、控制以及满足人们对新闻信息的需求等职责。而广告传播则是一种商业活动，一种有偿的商业信息传播活动，并旨在通过商业信息的传播，促成产品或服务的销售，从而实现其商业利润。此外，新闻是新近发生的事实的报道，具有较强的时效性，除重大新闻外常常是一次性报道。广告可以是新的产品或服务信息的传播，也可以是市场既存产品和服务信息的传播，它需重点把握的是进入市场的时机，且需要反复传播才能达成传播效果。重复是广告传播的一个重要规律。新闻宣传具有广告传播所不能比拟的权威性，在商业推广中常被采用，因而也成为营销推广中的一个重要方式。企业在营销推广中利用新闻宣传来树立企业和产品形象，也是一种正当的行为，但宣传的内容必须具有新闻价值，真正构成"媒介事件"，必须杜绝背离媒介责任和义务的"新闻炒作"和"有偿新闻"。"有偿新闻"从本质上讲，就是模糊广告与新闻的界限，造成"广告的新闻化"和"新闻的广告化"，这是必须严格禁止的。

3. 广告

　　广告的特点有三：有偿购买媒体、有明确的广告主、以销售产品为终极目的。关于广告在企业营销管理系统中的作用，详述如下。

▶ 二、广告是企业营销与营销推广中不可或缺的组成部分

　　广告首先是一种营销传播，在企业营销的范围内发挥作用，但又不仅仅具备推动产品销售、获取利润的经济功能。企业通过广告来降低和利益相关者（顾客、潜在顾客、股东、雇员和其他重要的参与者）的信息不对称程度，发挥告知、诱导、劝服和沟通的功能，还可以获取其他相关的经济和社会的竞争优势。因此，分析广告在企业中的重要地位与作用，应当把广告作为营销传播子系统，放在企业整体运营系统中加以观测。

　　简而言之，广告对企业在营销方面的功能可以归纳为三方面：一是在短期内可以促进产品销售，有利于企业取得生产的规模化效益，占领市场份额；二是营造差异化竞争优势；三是长期的广告投放有利于企业建立强势品牌形象，以获得消费者的口碑和品牌资产。

（一）作为营销组合的构成部分，广告是常用的"拉"式促销工具

　　广告通过向目标消费者传递产品信息，可以刺激欲望、引导需求，提高中间商分销的积极性，推动产品从制造厂商通过分销渠道向消费终端流动。这是对广告传播功能的最基本也是最原始的认识。众多新产品、新品牌上市都是运用广告这一形式迅速在消费者心目中建立知名度。

　　作为商业广告的一种，比较广告是企业开展营销竞争的一种有力武器。比较广告也称为"对比广告""竞争广告"，是指广告主将自己的产品或者服务与处于竞争态势的产品或者服务进行比较的广告。一般来讲，广告无论以何种方式，只要涉及竞争对手，或提及了其产品和服务即构成比较广告。如曾引起很大争议、后加以变更的"广告做得好，不如

新飞冰箱好",就是一种间接比较广告。再如 2013 年春节前后的中国凉茶广告大战就是在"加多宝"和"王老吉"两个品牌之间开展,它们都是利用广告直接、快速地向市场宣示自己的"正宗"身份。

(二)广告是形成品牌形象力的重要途径

在产品同质化日趋严重的市场状况下,企业竞争本质上发生在附加产品层次(在欠发达国家与区域市场,竞争主要在期望产品层次),即除了顾客真正购买的产品、基本服务或利益,顾客在购买时通常希望和默认的一组属性和条件——增加的服务和利益。广告则是企业推动产品形成差异化、形成独特的品牌个性、提高产品附加价值的重要传播工具。

消费者根据产品提供潜在的效用和满意度来评价产品效用,满意是主观性和社会性的。换句话说,效用是从产品和人的关系中产生而不是产品本身内在的因素。例如,广告让一位女士使用化妆品感到更漂亮,她将因为广告而获得更高的满意度。广告因此为产品附加上了价值。在众多精神象征类产品、奢侈品的营销战略中,广告都是充当着为商品和品牌提供社会地位、社会意义的独特角色。例如"古驰""香奈儿"等国际知名品牌在杂志上的大量整版广告在无形中树立了一种高端、优质的品牌形象。

在质量方面相近的品牌之间,获得消费者在感情上的偏好则是占领市场的不二法门。广告依托不断重复的情感,刺激建立品牌与目标消费者之间的连接,建立消费者对广告品牌的偏好,最终达成消费者在市场终端对该品牌的选择。美国国际商业机器公司(IBM)拥有尖端技术、优良的服务和严谨的工作作风,素有"蓝色巨人"之称,这些也是和企业长期的广告传播密不可分的。而且,作为沉没成本,一个企业广告越多,那么消费者越可能认为其产品好。广告即信息,通过广告这一线索,消费者试图辨认出市场中的品牌是胜利者还是失败者。

(三)广告是树立组织良好形象、获得社会公众支持的重要工具

近年来,公众要求企业承担社会责任的呼声很高。企业形象广告、赞助型公益广告等常常能够帮助企业向公众传递企业精神、主动承担社会责任的信息,产品广告、企业形象(CI)战略有时也附带有此类信息的叠加。由此,企业可以获得两方面的收益,组织的良好声誉和利益相关者的优先支持。享有良好声誉的企业会增强消费者选择产品的信心,在获得人力资源、政府政策资源等方面具有竞争优势。

近年来,随着生态文明观念的普及,企业在树立环境友好、低碳生产、资源回收等方面的环境亲善广告不仅呼应了公众对生存环境的诉求,而且对企业绩效的提高也具有显著推动作用。在社会营销观念日益普及的情况下,广告在传播企业履行社会责任方面的功能将越来越得到企业的重视。企业在营销活动中只有将自己置身于社会经济大环境中来考察自身利益,才能做到与消费者进行良好的沟通。例如,2012 年 5 月 31 日起至 2012 年年底,每销售一瓶营养快线,娃哈哈就将向中国扶贫基金会"筑巢行动"捐赠 1 分钱,娃哈哈的这项活动就是充分利用广告来获取公众注意力的。于是,广告在一种以企业行为带动社会行为、以商业性推动公益性的多赢营销机制中,充当了先锋队和发动机的角色。

（四）助推企业实施国际化，超越文化差异获取认同

法国雪铁龙公司很注重这一点，他们曾用欧洲家喻户晓的模特克劳迪娅·希弗为"赛纳"车型打广告，并取得了巨大的成功；但在中国市场，他们没有使用这则广告。原因在于，调查显示，40% 的中国广告商对希弗并不了解，普通消费者了解她的就更少。在推出"毕加索"车型时，雪铁龙在法国播出的广告是毕加索本人生前的一段录像，并没有将汽车作为主角；而在中国的广告中则将汽车作为广告主体，通过不同角度展示汽车内部如何宽敞、如何适用于工作和生活。在中国，国际品牌越来越本土化、越来越让中国人感觉亲切，如：肯德基形象大使山德士上校穿上了大红唐装，可口可乐连续多年用"风车""舞龙""泥娃娃"等中国传统形象制作贺岁电视广告。

第二节　广告与企业整合营销传播

▶ 一、整合营销与整合营销传播

20 世纪 90 年代中后期，营销领域最重要的新发展是出现了整合营销（Integrated Marketing）。在营销传播领域，最重要的新发展是作为整合营销组成部分的整合营销传播（Integrated Marketing Communication）理论的出现和运用。整合营销传播是在整合营销的基础上提出的，是后者在营销传播领域的回应。

1990 年，美国市场营销专家劳特朋提出"整合营销"的新概念，其含义随着营销实践的发展而不断得到充实、扩展。所谓的整合营销包括两方面的含义，其一是各种营销职能（广告、产品管理、营销调研、人员推销、销售促进、公共关系等）必须彼此协调，所有营销职能必须从顾客观点出发彼此协调（由此演绎出 4C 理论）；其二，企业的全部活动都以营销活动为主轴运营，企业非营销部门如生产、财务、人事等部门的员工都要接受"为顾客考虑"的观念，和营销部门紧密配合、协同作业。

"整合营销传播"的概念首先由舒尔茨在 1993 年提出，此后包括汤姆·杜肯在内的许多学者不断完善了整合营销传播理论。整合营销传播的内涵是：以利益相关者为核心，重组企业行为和市场行为，综合协调地使用各种形式的传播方式，以统一的目标来传播品牌形象，传递一致的产品信息，实现与利益相关者的双向沟通，迅速树立产品 / 品牌在利益相关者心目中的地位，建立、保持和发展产品 / 品牌与利益相关者长期密切的关系。

整合营销和整合营销传播受到重视的原因主要在于它们顺应了营销环境的改变，包括：

1. 媒体市场的细分化和大众传播媒介价格的上涨降低了企业对大众媒体的重视而集中精力于小型、目标性的媒体选择，如直邮和活动赞助。

2. 市场力量由厂商向分销渠道转移，零售业的合并使小型当地零售商被地区性、全国

性、国际性连锁店取代。它们以其自身的影响力要求厂商支付促销费用和折扣，这也分散了制造商的整体广告投入。

3. 扫描机等新技术能使零售商获得信息，可评估厂商促销活动的效果，这也使厂商倾向使用销售促进等促销工具以获得短期效果。

4. 数据库营销迅速发展，许多公司使用计算机建立数据库，记录顾客姓名、人口学、地理学、心理学方面的资料，以及购买方式、媒体参考、信用能力等其他特征。厂商根据这些信息，采用直接营销方式打动消费者，如电话营销、直接反应广告，而不再依赖大众媒介。

整合营销和整合营销传播的创新点是看待营销问题的视角转换。传统的营销观念以生产者和产品为中心而强调4P，是一种由内而外的思考（inside-out thinking）。整合营销和整合营销传播以利益相关者为核心，重在沟通，强调4C，是一种由外而内的思考（ouside-in thinking）。

目前，虽然整合营销和整合营销传播在具体操作方法上还没有得到统一的认识，但概念涉及营销过程中的每个相关人员：企业意识到必须改变销售产品和服务的方式，不能仅使用某种特定传播工具，应采用一切能向目标受众提供讯息的途径；广告代理商给自己定位为不仅可提供广告服务，还能满足客户的整合需要，未来成功与否取决于是否有能力帮助客户发展和实施整合营销传播计划。

▶ 二、广告与企业营销推广诸要素的整合

整合营销和整合营销传播所引发的一场革命，改变着营销规则和传统广告代理商的任务。在这场已经和正在发生的革命中，传统广告尤其是大众传媒广告在整合营销中的地位将会相对下降。可以预言，在营销传播领域里，整合营销传播的提出，宣告单纯依赖单一的营销传播包括广告传播方式的时代的结束。

在现代复杂的市场环境下，要达到理想的营销推广效果，就必须实现广告与营销推广要素的整合，将广告纳入营销与营销传播大系统内进行审视，这是现代营销提出的需要，也是我们进行整合营销传播的基础和前提。

整合营销传播对于营销推广要素整合的基本要求，就在于直接运用各种不同的传播手段和方式，集中一致的目标，以一致的声音，传递一致的产品信息和品牌形象，实现与消费者的双向沟通，迅速确立产品/品牌在消费者心目中的地位，建立品牌与消费者长期的密切关系，更有效地实现产品行销的目的。

解决好广告与其他营销传播要素的整合问题，实现营销传播资源的最佳配置，能够有效增强广告的营销传播效果。广告与营销推广要素要实现成功整合，必须做到以下几点。

1. 一种声音——使广告、销售促进、公共关系、新闻宣传和人员推销等各个营销要素都传达统一协调的信息，以增强消费者对品牌、对营销内容的准确识别。现代社会信息量巨大，传播方式极其繁多，传播速度也极为迅速。每一种消费人群都时刻面对着巨大的信息"轰炸"，要使消费者对某一品牌的产品或服务产生消费需求，就必须让所有营销推广要素保持信息传达上的高度一致，建立统一的、有计划有步骤的营销沟通策略。

2．传播功能的专业化——现代营销学形成和发展的时间虽然不是很长，但是在广泛吸收社会学、心理学、传播学等学科成果的基础上，形成了极为成熟的学科体系。广告及营销推广诸要素，既是营销活动总体计划的一部分，也是相应独立的一门科学。广告侧重大众传媒的信息传播，销售促进侧重具体、即时的销量提升，公共关系侧重于企业社会生存环境及人际环境的改善，人员推销侧重于与消费者面对面的沟通交流及传达消费者的信息反馈，而新闻宣传则更多地侧重于树立企业和产品或服务的权威形象。各个学科领域都在整合的基础上，广泛吸收现代人文学科的先进成果，丰富自己的学术话语和研究方法。这种传播功能的专业化既是现代营销推广发展的必然需要，也是这些应用型学科发展的必然需要。

3．全方位的沟通和传播——现代企业与消费者的营销沟通形式越来越多样化，产品包装、报纸报道、杂志与电视的信息、商店内的促销活动、邻居和亲友间的口碑、新闻事件等，无不在传达产品信息。在购买行为发生之后，如售后服务、客户申诉、用信函公开回应以解决顾客问题等，凡此种种都是消费者与企业和产品或服务、品牌的接触。它们经年累月地不断影响着消费者与企业和产品的潜在关系。因此，现代营销推广要求广告销售促进、人员促销、公共关系及新闻宣传等达成整合，以统一的内在原则站在各自的角度与消费者接触，向消费者传达同一个营销理念。无论广告作品、产品包装，还是促销活动、联谊会等，都在塑造着一个共同的企业形象及产品个性。广告一直存在着与生俱来的公信力和可信度欠缺的问题。广告一般被消费者认为是代表某个企业的意见，而其动机与判断都与消费者不同。广告往往试图通过大量媒介费用来补偿自身缺陷，强调的是冲击力而非沟通力。整合营销以及整合营销传播提出的"品牌接触点管理"的观点，实质上是以"沟通"来对广告的这种缺陷和有限效果进行弥补。

营销推广系统的各个构成要素的共同任务都是通过向目标消费者传递产品的某种特征，来获得消费者的注意、兴趣、好感和购买意图。广告属于一种营销推广要素，与其他的营销推广要素具有不同的营销传播效果。营销推广系统的各个构成要素在营销传播效果上的差异如图 10-1 所示。

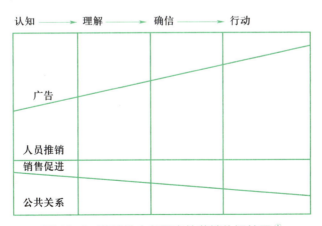

图 10-1　营销推广各要素的营销传播效果 [1]

---

[1]　［日］LEC·东京法思株式会社编著：《广告精要 I：原理与方法》，复旦大学出版社 2000 年版，第 142 页。

　　许多企业在开展广告活动的同时，不断开展日常的和专门的公共关系活动，以获得最佳的营销推广效果。这其中一个重要话题依然是广告、销售促进与公共关系的推广要素组合。而实行广告、销售促进与公共关系活动合理而有效的推广组合，重要的问题在于必须首先明确三者在功能、作用上的联系和区别，以及各自的优势与限制。

　　第一是广告与销售促进。广告与销售促进同为营销推广中两个重要的要素，其共同的终极目标都是为了促进产品的销售，而且近年来二者的发展都非常迅速。但是在具体目的和手段上，二者通常会表现出巨大的差异。

　　广告可以作长程的考虑，旨在为某产品创造一种形象，造成消费者对某品牌的一种认同。广告虽然也希望获得立竿见影的销售效果，但很难寻求到消费者的立即反应。因此，如果广告提供了购买的理由，那么，销售促进则提供了购买的刺激诱因。

　　就具体的手段和技术而言，广告通常只是向消费者提供一种产品的销售信息，并附带一种利益的承诺，成为引诱消费者购买的"理由"。而销售促进则以产品之外的附加利益，或为钱，或为物，或为附加的服务，作为诱使消费者购买的一种"激励"。正因为如此，销售促进常以销售为直接目的，并能获得立即的销售反应，而广告则不能。

　　正如广告有所能也有所不能一样，销售促进同样有所能有所不能。也就是说，广告与销售促进各有其优势，也各有其限制。广告虽然不能提供产品之外的某种激励，缺乏刺激消费者立即购买的能力，但在建立品牌的知名度、美誉度和树立品牌形象上，广告远远胜过销售促进。

　　正是由于广告与销售促进上述不同的功能与作用、不同的优势和限制，在整体营销推广中实行广告与销售促进的合理推广组合势在必行。但是，在以往的营销活动中，广告与销售促进常被单独考虑。一般情况下，广告活动委托广告公司代理，而销售促进活动则由企业自行进行，或委托专门营销组织代理。即使广告与销售促进同由企业自主操作，但广告与销售促进仍由企业的广告部门与销售部门分别执行，从而使广告与销售促进互不相干。

　　我们并不是在反对广告与销售促进活动分别操作，因为二者虽然有关，但毕竟是不同领域的东西，其目的、手段、功能和作用有重大差异。另外，由于销售促进活动常以销售为直接目的，并常能获得立竿见影的销售效果，因而受到企业的格外重视，得到更多的投资，获得单独的发展。但是不管企业也好，还是广告代理公司也好，都必须意识到，广告活动的成功、销售促进活动的成功，都不是各自单独的效果所致，而是两者共同努力的结果。销售促进活动常以广告为先导和手段，广告传播效果常有赖于销售促进活动加以强化。因此，企业在制订营销推广计划时，不管这种计划由谁制订、由谁执行，都必须考虑广告推广与销售促进的相互配合及协同，从而实行有效的推广组合。当接受企业的广告代理委托时，广告代理公司必须视销售促进活动为整体推广计划的重要因素，而将销售促进活动包括在广告活动之内，同广告予以整合，将其纳入整体广告计划之中加以发展。

　　第二是广告与公共关系。广告与公共关系活动之间发生联系常常表现在营销公关领域和公关广告领域。后者是以树立企业形象为目的的广告，实际上就是向公众"推销"企业的形象，以促进企业进行公共关系活动的一种形式，而前者则是直接对产品的销售构成一定的贡献、针对目标消费者所开展的广告形式。

公共关系活动常常需要利用广告的手段，通过现代媒介予以更大的社会影响，获得更广泛的社会效果。广告是推行公共关系活动最有效也是最经济的一种方式。

同样，广告需要借助公共关系活动来加强其效果。广告活动如果能建立在良好的社会公众关系的基础之上，建立在社会公众对企业的充分理解和支持之上，广告所传达的销售信息将能更快更有效地得到公众的认同和接受。因为限于时间和精力，人们不可能事必躬亲，只有借助于第三方信息源，才可能认识和了解自身所处的世界，而其中媒介是最好的选择。因此又可以说，公共关系活动又是强化广告效果的一种强有力的手段。

公共关系活动与广告活动也存在着很大的区别。这一点集中表现在：一般商品广告，主要是通过商品信息的传播、树立品牌形象来吸引消费者，来促进购买行为的发生。如果说广告主要是为产品提供一种购买的理由促成购买行为，销售促进主要是为产品提供一种购买的激励来刺激和实现购买行为的话，公共关系活动则主要是寻求超乎产品之上的社会公众对企业从理智到情感的全面理解和支持，为产品销售创造有利的人际环境。简单地说，作为社会公众的消费者，从广告中得到的主要是对产品的认知，从销售促进中获得的主要是利益的激励和对购买的驱动，那么从公共关系活动中实现的则是对企业的认同。

由于广告与公共关系活动的目的和手段、功能与作用不同，当公共关系活动用于产品促销之外的企业方面的事业时，就可获得单独发展。但公共关系活动一旦作为特定的营销手段，则必须考虑与广告、销售促进等多种推广形式的整合。又由于公共关系活动与销售促进活动都常常需要借助广告这一手段，用于营销推广的销售促进活动和公共关系活动即使得以单独发展，也常常被包括在发展广告活动的计划之内，而由广告活动计划者整合在总的推广计划之中。事实上，企业现今的营销推广活动，有些已很难界定是广告活动，还是销售促进活动，抑或是公共关系活动，而是呈现出一种你中有我、我中有你的融合发展趋势。

▶ 三、广告对企业整合营销的高端介入

广告是企业整合营销这一首交响乐演奏的指挥，因为广告最能明确、直接地标明企业营销的色彩、情感和品牌调性。营销要素的增多，乐器种类的增加，让广告这一指挥的角色优势更加彰显而不是可有可无。广告本身还是一种促销手段，它与人员推销、销售促进和公共关系一道共同发挥作用，并及时传达其他几个促销要素的信息，它对于促销要素的作用可想而知。我们需要通过广告来控制促销要素，将其整合到营销要素统一体系之中，以达到用一个形象示人、用一种声音说话的最终目的。

以下，我们分别从广告与诸营销要素之间的关系与整合中加以剖析。

（一）广告对产品战略的介入："第一信使"、品牌先导

产品作为营销的第一要素，它的特征和市场定位左右着其余的营销要素组合，也决定着广告应该采取的策略。广告的核心任务就是说明产品要素、产品价格和产品分销方式。对于一些高科技产品和同质化程度很高的产品，广告则需要以形象的方式建立产品个性。

但是，广告在为产品传达信息、建立个性的同时，要综合兼顾其他的营销要素，将产品要素纳入所有营销要素的统一形象之中。

1. 广告在传递产品各个层面信息方面拥有其独特的价值空间

这主要表现在四个方面：一是向目标消费者传递产品服务的信息；二是引导消费者注意特定产品或服务；三是刺激消费者对特定产品或服务的消费保持持续的好感；四是介绍与产品或服务相关的特定信息。广告以产品或服务的"中介者"的身份出现，在产品或服务和消费者之间搭起一座桥梁，行使其"告知"和"劝服"的功能，使消费者达成购买行为，从而担当了"第一信使"的角色。

对于不同的产品，以及同一产品所处的不同生命周期，广告也应该有相应的不同，这样才能够向消费者传达更为准确的讯息。

2. 品牌建立是产品战略的主要课题，广告则是实现品牌化的最有效工具之一

奥格威在其广告自传中提出，任何广告都是对品牌的长程投资，并将其创办的奥美广告公司的经营哲学定位为"360度品牌管家"。广告担当着塑造品牌个性、强化品牌精神内涵、建立品牌识别、提升品牌竞争力的重要使命。例如，一代又一代广告人为可口可乐这一品牌赋予了无数美妙、传神的品牌特征，所以美国人将可口可乐与自由女神、橄榄球等一起视为美国的象征。可口可乐能够百年长盛，其他一些饮料品牌却很难存在十年以上，其根本原因在于可口可乐的广告在不同时代都成功地抓住了消费者的心理，建立了饮料行业的强势品牌。

作为品牌建设工具的广告，已不仅仅只是传递产品或服务的信息，而是在长期的推广积累中上升到了精神和文化的层面，为单纯的产品或服务赋予一种人性化的性格与丰富的内涵，以实现与消费者平等的心灵沟通，并求得消费者的心理认同。

（二）广告对价格策略的介入："品牌溢价"、宣示实力

1. 广告预算被计入产品成本，广告预算直接影响了产品的定价

产品定价必须考虑企业和竞争者营销组合中广告的因素。高广告预算适合于顾客高感知价值产品，因为顾客愿意购买高价名牌产品而不是不出名的产品，企业也从中获取品牌溢价。具有相对的高质量和相对高广告预算的品牌可以制定高价，反之，低广告预算通常和占领市场份额的渗透定价策略相一致，低质量品牌和低广告费用只能出售低价。这是因为，当广告的长期积累为产品或服务赋予了广泛认同的个性之后，产品或服务就获得了所谓的"品牌溢价"，其价格也会加入这部分心理价值而高于同类产品。因此，长期、有效的广告投入是能够吸引那些相比价格来讲更关心产品特色、服务质量、额外便利和社会交往需求的顾客的。某些著名品牌如"范思哲""迪奥""欧米茄"等产品的价格远高于同质量的同类产品，就是因为广告已经为其累积起了巨大的无形价值，这些价值都在产品价格中得到了体现。

2. 广告和价格之间的关系与产品所处的市场地位和生命周期密切相关

就产品本身的状况而言，如果是新产品或新品牌投放市场，是需要较大的广告费用作为支撑的；而进入成熟期的产品则一般只需要维持连续性的广告发布即可。对市场领导者和低成长产品来说，在产品生命周期的衰退期，高价格与高广告预算之间的正相关关系更

为显著。

不同市场竞争地位的企业之间为争夺市场份额最直接的方式就是发起价格大战，市场领导者常常面临着挑战者的降价威胁。例如，利用价格优势，富士攻击柯达，康柏攻击IBM等。此时，价格大战的硝烟还通过比较广告的形式传递给顾客。作为应对策略，攻防双方可以考虑以广告来告诉顾客自己定价的合理性。

3. 企业在修订定价的时候通常通过广告向消费者传播价格调整的理由

企业发动降价存在着被消费者认为是产品质量低的风险，此时应当考虑通过广告来强调维持产品价值的信息。而在提高产品价格的时候，企业应在广告信息中突出产品质量提高的信息，力图让顾客认为该企业的产品代表了一种优良的价值。

（三）广告对渠道的介入：激励铺货、稳固网络

广告对渠道同样发挥着很大的作用，通常表现在以下三个方面：

（1）建立经销商对产品或服务的信心，有利于分销渠道的快速建立和合理布局，缩短产品上市时间。

（2）培养消费者的定点消费、习惯消费、就近消费的习惯，维护和扩大经销商的利益。

（3）通过广告激励，扩大分销渠道，控制销售终端，获得有利的市场竞争地位。

而在现代营销中，分销商不仅只卖产品或服务，他们更多地参与到企业的总体营销战略中，寻求更加积极主动的营销方式。他们与生产商的关系，不再是上游供货、下游销售的被动的、单一的关系，而是一种互相影响、共同合作的平等关系。因此，分销商对广告也抱有前所未有的参与态度。

通过合作广告活动，生产商和转卖商可承担广告发布费用。这种方式不仅节省资金（区域广告费比全国性费用低得多），广告针对性要强得多，而且这种经济利益的互相渗透使分销商与企业的关系更为密切，形成风险共担、利益共享的更有长期性、稳定性和竞争力的市场同盟。

批发商和零售商也经常发动自己的广告战役。在区域市场内，批发商、零售商常常有计划、有步骤地发动广告攻势。如苏宁电器，本来只是南京的一家家电产品代理商，它却通过一系列的广告市场战役，获得了极高的市场占有率，从而反过来控股一系列的家电生产商，成为市场真正的主导者。

除了在报纸、杂志、电视、广播等传统大众传播媒介上发布广告影响分销渠道，还有一种在专门在销售终端上发布的广告形式，即售点广告（POP）。POP多以平面广告和陈列广告为主，如宣传单、吊旗、灯箱、宣传画、霓虹灯广告、橱窗广告、展台展览等。POP是直接与消费者进行第一接触的广告形式，因此必须具有这样的四个特性：鲜明醒目、简洁明了、适合终端发布、适合产品本身的特点。由此，POP才能在最短的时间内吸引住消费者的目光，达到现场促销的目的。

（四）广告作为营销要素旋律整合的指挥

作为营销的要素，无论产品、价格、渠道，还是促销，都与广告发生着直接或间接的

关联。而作为一种营销传播方式，广告在传播沟通中肩负着营销乐曲演奏指挥的使命。

当品牌成为企业竞争的焦点时，广告和其他营销、非营销要素相互协调共同为建立强势品牌服务，只有品牌才是获得持久竞争优势的资本。我们现在觉得可口可乐等国际品牌越来越像我们身边的朋友，究其原因，一是他们的广告表现越来越多地采用中国元素；二是他们的品牌给了顾客综合的体验感受，他们品牌的外表与行为往往是表现一致的。而更深层的原因则是跨国公司采用了涉及广告统领的公关、形象识别、产品、销售、人事等多层面的一致性本土化品牌策略。

在涉及面相当广泛的现代营销中，仅靠单一元素是无法实现有效的传播沟通的，而是要实行整个营销系统的整合营销传播。整合营销传播的前提就是营销系统内部先达到整合，再与广告达成整合。任何单一的营销观念和营销行为，都只能解决企业营销中某一方面的问题，并且，在日益复杂的市场环境中，在日益激烈的市场冲突中，其效力都会受到来自各方面因素的限制与制约，只有先实现营销系统内部的整合营销，才能综合性地、协调性地解决企业面临的所有问题。而将广告与诸营销要素加以整合，才能使广告串联起营销的方方面面，使营销的诸要素以一个统一的面貌和声音出现在消费者面前，才能够为整合营销传播做好准备，以达到最大的传播效果。

当企业制订了营销战略，并根据此战略制订了相应的产品策略、价格策略、渠道策略及促销策略后，就要着手以广告来整合这些营销要素的对外传播形象，使所有的营销要素各司其职，并形成一种合力，都为营销目的的达成而服务。

价格的改变需要借助广告来传达，不同的价格策略又决定了不同的广告策略，而广告策略也反过来影响着产品的定价。高价位、高赢利、高市场垄断的产品，广告投入就会相对密集，广告制作相对精美，广告覆盖范围更大。而广告投入如果居于高位，那么产品的价格也不能太低，否则就不能保证合理的利润。因此，广告作为价格策略及价格本身的"晴雨表"，需要根据统一的营销要素核心及形象来对价格加以合适的制衡，再将这种反映营销要素统一形象的价格信息传达出去，以达到较好的营销要素整合。

对渠道而言，广告不仅影响渠道的建立效率，还直接影响分销商的利益，终端广告更是向消费者现场传递营销讯息。因此，广告政策及终端广告的形式、内容都对分销渠道起着极大的调节作用。企业需要把握好广告这种调节工具，使渠道要素符合整合营销要素组合的原则。

▶ 四、广告在我国企业整合营销活动中的应用前景

我国目前所处的市场环境和传播环境复杂而多变，规模与分化、机遇与挑战并存，整合营销传播在我国市场尚且需要一个深入研究和探索的过程。在众声喧哗的媒介化社会，广告将仍然保持着一枝独秀的势头为企业营销所青睐。

我国的经济增长速度虽然很快，但总体上市场规则还不成熟，地区和行业之间差异性较大。毋庸讳言，今天的中国仍然是制造业大国，不是品牌大国。企业无核心专长，导致

生存仍然是第一位的问题。我国本土公司的第一大问题是没有把客户放在最重要的位置，没有经由这个组织的外生变量，催生公司的责任流程和责任型组织。我们的许多公司还停留在制造的立场上，没有做好成为一个谦卑的倾听者的准备。在多数企业尚且不能保证产品质量和安全的严酷现实面前，我们无法保证企业有更多的实力进行前瞻式的整合营销传播。调查显示，在市场不成熟的阶段，企业营销之间的竞争总体上仍然是以传统的产品竞争、渠道竞争和促销竞争为主，广告仍然是一种主要的推广手段，只要广告活动做得好，就能产生很好的市场效果。在这种环境中，从成本来说，企业还没有必要使用更复杂的手段。

此外，还有其他原因使得我国企业不可盲目照搬整合营销传播，包括：（1）中国市场需求缺乏美国的可细分程度，细分市场不足以提供一定的利润；（2）中国厂商在传统营销组合即4P上的差异程度还比较大，传播在竞争中的重要性还没有凸显出来；（3）中国缺乏有能力实施整合营销传播的广告公司和广告主，强媒介弱广告公司这一严重制约中国本土广告公司发展和现代广告代理制顺利实施的因素会在相当长的时间内存在；（4）企业的信息技术水平还相当落后，数据库的建设尚且缺乏足够的资源；（5）获取消费者详细资料存在社会心理因素、历史因素和相应市场法规不够健全的障碍。

2018年，我国广告业占国内生产总值的比重还不到1%，而美国等发达国家早已达到或接近3%。伴随着中国市场的迅速发展，尤其是加入WTO之后，我国的广告业还存在着巨大的发展空间。在一段时间内，无论维护品牌发展，还是创造一个新的品牌，广告都将发挥着至关重要的核心作用。不过，随着市场的发展和消费者的成熟，当各个企业在渠道和促销等传统营销组合方面都基本成熟的时候，企业要取胜别无选择，传播将成为唯一形成差异化竞争优势的途径，整合营销传播的实施就成为一种必然。因此，对我国企业来说，未雨绸缪、洞悉营销环境发展趋势，积极思考整合营销传播中国化也是题中应有之义。

第三节　企业的广告观念与广告行为

▶ 一、企业的广告观念

观念支配行为。在广告经营市场的主体结构中，广告主是广告活动的发起者，也是作为一支控制性的力量而存在的。广告主是广告活动的发起者、广告信息的发出者，也是广告活动的出资者和最终受益者。广告主的广告意识与广告行为，既关系到自身的生存和发展，也直接影响和制约整体广告市场的发育和成长。

经过市场经济的洗礼，广告在现代企业的生存发展中，具备重要的地位与作用已经成为共识。作为广告主的现代企业，应当具备什么样的广告观念以指导其广告行为？纵观世界广告历史，我们发现，企业的广告观念在一定时期、一定空间内呈现出不同的功能主题，呈现出一定的时代特点、地方特点、品类特点。

（一）企业广告观念的时代特点

美国企业在 20 世纪的广告功能观念经历了"告知""说服""诱导""沟通"四大时期。中国企业在改革开放之后恢复发展的 40 多年时间里也快速经历了这样的四种时期。

（二）企业广告观念的地方特点

中国广告业仍然存在着许多制约发展的问题，主要是产业结构不尽合理，区域发展不平衡，处于产业核心的广告公司规模较小、专业化程度较低、市场竞争力不强、市场秩序有待进一步规范等。受此制约，不同区域企业的广告观念也表现出一定的地方色彩。沿海发达城市的企业广告观念已呈现出精确、深度的特点，欠发达的农村市场则更多地依赖传统大众媒介，狂轰滥炸的粗放式广告投放方式仍然风行。

（三）企业广告观念的品类特点

不同品类，对广告的依赖程度不同，广告表现形式不同，导致企业在不同品类之间呈现出不同的广告观念。例如高卷入产品如汽车、房产等品类广告的投放所占营销费用，通常低于快速消费品、保健品的广告投放比例。

1997 年 4 月，第一瓶农夫山泉饮用水投放市场。企业选择中小学生为市场切入点，组织开展了"水仙花"实验验证水质的活动；紧接着，以其运动盖包装为闪光点，制作了"在课堂上不要发出这种声音"的"课堂篇"电视广告。广告在中央电视台黄金时段密集播出，引起全国消费者关注。在引起市场关注之后，企业开始宣传农夫山泉的水源特点：来自千岛湖水下深层、国家一级水资源保护区、"pH 弱碱性"等支持点，打出"有点甜""我们只做大自然的搬运工"等功能点，广告活动始终主导着产品的差异化营销定位。

▶ 二、企业的广告行为

企业的广告行为是在一定广告观念的支配下完成的，有什么样的广告意识，就有什么样的广告行为。随着企业经营观念的发展，企业对广告的认识伴随自身发展也存在着一个逐步提升的过程。审视企业的广告行为，普遍存在下面的一些误区。

（一）广告万能观念支配下的单一型广告行为

广告已越来越受到企业的重视，似乎再没有哪一个企业怀疑广告的重大作用，尤其是近年来国内日用消费品企业以大量的广告投放作为占领市场的利器，因而导致对"广告是万能的"的误解，很多企业纷纷把广告作为拯救企业命运的"救命稻草"。

尽管在消费品和保健品行业不乏依赖广告投放获得短期销售成功和企业迅猛发展的案例，但仍然有不少企业做广告是"赔了夫人又折兵"。问题到底出在哪里？问题在于不是只要有钱做广告，企业的所有问题就都解决了。首先，在不同行业、不同成熟度市场和不同的品类中，广告对销售的拉动作用是不同的。广告对日用快速消费品的拉动通常大于对耐用消费品的拉动；对不成熟市场的拉动通常大于成熟市场的拉动。其次，广告只是企业市场营销的一个组成部分，或者说一个变量，只是企业市场营销传播与推广形式中的一个组成要素，它不能也无法承担市场营销的全部责任。企业营销任务的实现、品牌的建立，尚且需要与市场营销其他要素的合理整合以及企业价值链其他环节的协调配合，并且最终由顾客满意度来决定。正所谓"满意的顾客是最好的广告"。

　　企业最应避免的错误行为是在产品发生质量危机时，仍然正常播出产品质量广告。这种行为无疑是在消费者的伤口上撒盐，必然会引发消费者的愤怒情绪。

（二）投机观念支配下的短期型广告行为

　　广告在企业中的重要地位和作用，已不仅仅停留在产品营销的层面，不少成功的企业，早已把广告提升到企业整体发展战略的高度来认识，作为实施企业整体发展战略的重要组成部分。也就是说，企业的任何广告行为，不仅应该服从企业产品销售、实现利润的需要，而且应该符合企业整体发展战略的需要。现代企业应当实现广告直接服务于企业的市场营销和服务于企业整体发展的长远目标的高度统一。

　　我国本土企业目前对广告的认识还普遍缺乏这种全局性的理解。本土企业广告行为的着眼点和追求点，更多的是一种短期效应，由此企业患上了急功近利的"广告近视症"。相关调查显示，我国广告主进行广告投放的动机主要是广告投放后的实际回报，即销售额的增长。现实实践中，常常有企业为追求企业的短期效益而不惜损伤企业的长远利益，为追求所谓的"轰动效应"，而不顾品牌和企业的声誉。这样的投机行为，必然会损伤企业的整体形象和品牌形象，从而影响企业形象战略和品牌战略的实施。因此，企业必须在可持续发展的目标支配下，规范包括广告行为在内的企业营销活动，使企业的广告行为既能支持产品销售的即时效应，也有助于良好企业形象的建立和品牌资产的积累。

（三）缺乏统筹规划的散兵游勇型广告行为

　　品牌形象需要在消费者心目中保持一种前后一致的基调。散兵游勇型的广告行为是指在不同时间和不同市场缺乏整体规划的企业广告传播活动。企业的广告营销，就其具体的广告活动而言，常常发生于一个个局部、分散的市场。企业依据局部、分散市场的特点，制订具体的广告目标，实施具体广告策略，这是必需的。但这并不意味着企业的广告运作可以没有整体的规定性和同一性，权变绝不等于随机。相反，从建立品牌的角度看，广告应在众多分散的具体广告目标中，建立统一的品牌形象，在众多分散的具体广告活动中，创造统一的品牌个性。无论从广告目标到广告策略，还是从广告诉求到广告表现，应力求在一定时间阶段内的一致性，即广告的主题概念统一、表现风格一致，让消费者一眼就认出来。一个统一的、相对稳定的品牌形象是企业积累品牌资产的关键。

　　我国很多本土企业在各个分散市场和不同阶段的广告活动中，往往是各行其是甚至自相矛盾。在有的企业内部，广告部门、销售部门、生产部门、财务部门之间还经常发生冲突，广告预算动辄被取消。这样的广告行为，即使能产生局部的市场效应，却因缺乏整体规划，不能造成彼此呼应之势，很难建立统一、鲜明、富有个性特征的品牌形象。如是，必然导致企业始终在低水平产品竞争和价格竞争中徘徊。

（四）求全责备的"毕其功于一役"

求全责备的"毕其功于一役"型广告行为主要是从时间的维度来分析的，它是指企业要求广告从一开始就担负整体广告活动和建立品牌的全部责任，简单认为广告投放可以迅速产生各类效果，实现占领市场的目标。企业的良好愿望固然可以理解，但是这一"跨越式"的想法只能是一厢情愿。

从广告心理学的角度看，实现广告不同层次的传播效果，建立统一的品牌形象是需要一定的时间积累完成的。相关消费心理研究表明，广告传播通常具有效果滞后的特征，从形成认知，激发欲望、记忆到产生购买意图，层次越高，需要广告传播的时间越长。在不同的广告活动阶段，需要制订和实现不同层级的广告目标。同理，品牌的建立更非短期内就可以一蹴而就，建立强势品牌通常需要至少十年的时间。一个普遍的错误观点是品牌基本上是由广告建立的。品牌的实质是产品（品类）和消费者之间的关系，而这种关系是随着消费者体验的积累逐步建立起来的，作为一种稳固关系的品牌忠诚更需要企业长期的广告活动和整合营销。

（五）怀疑广告专业代理的内部大包大揽

广告代理的产生与广告代理制度的建立，是适应广告业自身发展的产物，已成为国际通行的广告运行方式和经营机制。它不仅对广告代理服务实现精细分工发展有利，而且对广告主与广告媒体同样有利。

然而，有的企业，对广告代理制的认识还不足，没有意识到它们从广告代理制的实行中将得到的利益和好处。广告投放费用的增多，常常使得企业内部人员希望分得一杯羹，从而产生内部利益瓜分或关系人转包的情形。

简单地看，广告代理作为广告主与媒体的中介，似乎可有可无。但如果作深层的思考，就可以认识到，广告作为一门营销传播的科学实非任何人都可以轻易驾驭得了的。怀疑广告代理的科学性，视广告代理为多余，这是对广告传播活动本身专业化认识的不足。实践证明，企业的自我执行型广告行为，虽然短期内节约了一定费用，但由于企业本身知识的固化和盲目自信，长期来看不仅对企业的广告活动效果、企业的市场营销以及企业的整体品牌发展有害，而且有碍广告市场的良性发育，造成广告市场的混乱无序。

（六）实施跨区域、全球营销时忽略本土消费心理与广告管制

全球化营销可简要概括为"思想全球化，行动本土化"（Think globally，act locally）。全球化营销就是从全球视角制订营销计划和营销组合方案，只要营销组合可行就寻求标准化的效益，只要文化的独特性要求调整产品和产品的形象，就予以调整。无论何时何地，只要有可能公司就将其标识、广告、店面装潢和布局标准化。同时，只要当地有差异化需求，就要根据当地的口味进行调整。换句话说，全球化就是若干本土化的总和。

　　进行跨文化广告传播时，必须考虑文化差异，尤其尊重当地的图腾崇拜和禁忌礼仪，否则就会造成不必要的广告损耗，甚至严重损害品牌声誉。例如 2003 年丰田汽车"霸道"在国内某汽车杂志刊登广告，图片是两只石狮蹲踞路旁，其中一只挺身伸出右爪向"霸道"车作行礼状，该广告的文案为"霸道，你不得不尊敬"。该广告随后引起国内舆论的轩然大波。因为石狮在一定意义上是中华民族传统文化的产物，具有非常重要的图腾象征意义。后来，丰田公司为此事公开道歉，杂志停止刊登此广告。

思考题

1. 营销要素和营销推广要素包括哪些内容？

2. 广告与企业整合营销的关系表现是什么？

3. 谈谈广告在我国企业整合营销活动中的应用前景。

4. 企业的广告观念有什么特点？

5. 企业常见的广告行为误区有哪些？

本章即测即评

4

第十一章 企业的广告管理与广告组织

在市场经济环境下，企业开拓市场、实现营销目标的重要手段之一就是广告。企业广告所面临的不仅仅是战略层面的方向问题，还有战术层面的实施问题和广告实施过程中的管理问题。企业广告管理是指对企业的广告营销活动进行决策、计划、组织、领导和控制，以实现企业的经营目标，提高企业经济效益、社会效益的活动的总称。在现代企业中，因企业的组织类型和组织职能、组织结构和管理、运作模式的不同，与广告营销相关的业务管理也归属于不同的职能部门。本章重点阐述企业的广告管理模式和广告组织类型、企业广告运作的流程和模式、企业选择广告公司并与其合作的范式，以及企业广告预算的制订和控制问题。

第一节 企业广告管理模式与组织类型

企业广告营销活动是指通过运行一定的广告组织来实现企业销售目标的活动。广告组织是承担企业各种广告营销活动的主体，包括营销、广告管理人员和广告管理机构，是实现企业广告战略目标的根本保障。科学的企业广告管理模式是企业实现广告营销目标的重要前提。因为企业的经营和管理战略是由企业所处的产业状况决定的，由此产生了企业广告管理模式与广告组织类型的不同。即使处于同一行业，企业也会因自身规模、企业定位、市场细分、经营理念等原因，产生不同的广告管理模式与组织类型。本节我们主要结合现代企业的广告管理实践来阐述这一问题。

▶ 一、企业广告管理模式

企业系统的运动即企业内部生产、销售、分配、生产要素投入和流通各环节之间不断地过渡和转化，同时是企业与环境之间的相互过渡和转化。企业的广告管理模式主要取决于企业系统的运动中的销售环节。销售环节包括产品的推销、配送和服务过程。从目前国内的情况看，企业广告管理模式主要分为两大类，一类归营销部门管理，一类归非营销部门管理。由此产生以下多种不同的职能分工形式。

（一）广告由企业营销部门管理

依据广告部在营销部门内的地位，有以下几种职能划分模式：

1. 广告部是企业营销体系的一级管理部门

其职能主要是建设品牌形象，为促进企业销售服务。这是为大多数企业所采用的最简单的企业广告组织结构形式，又称"军队式"结构。其领导关系按垂直系统建立，组织结构如图 11-1 所示。

　　广告部门直接由企业的营销主管（营销总监）或经营主管负责。这种管理模式最大的特点是结构简单，指挥系统清晰统一，责权关系非常明确，信息传递沟通快捷，内部协调容易，处理问题及时，因此管理效率比较高。该管理模式适用于那些广告投放量较大、产品销售受广告宣传影响较大的企业。在这种模式下，广告管理部门直接对企业营销主管或企业经营主管负责，能够凸显广告在企业经营决策中的战略地位。

　　如果一家企业有多个市场成熟度高的品牌，却不希望用户在心中对这几个品牌建立品牌联想，也几乎不进行这几个品牌之间的联动促销，甚至这几个品牌本身就是互相竞争的产品，那么可以针对各个品牌，实施品牌经理管理制。如被誉为"品牌教父"的世界上最大的日用消费品公司之一的宝洁公司，实施的就是品牌经理管理制，宝洁中国公司旗下的洗发护发产品系列众多，如潘婷、飘柔、海飞丝等。如果相较品牌本身，企业更重视整体企业形象，希望用户知道这几个品牌是同一家公司的产品，并由此经常进行这几个品牌之间的联动促销。在这种情况下，企业就有必要专门设立一个品牌管理部门统一管理这几个品牌。至于销售和客户服务方面，可以根据企业的实际运作情况确定是合并还是分离。

　　这种管理模式也有缺点。由于缺乏广告管理的专业化分工，企业广告管理实务依赖广告部的少数员工，这就要求企业的营销主管或营销总监必须是经营管理特别是广告战略方面的专家。但是当企业广告规模加大时，管理工作量会增加管理者的工作负荷，使之难以集中精力研究广告战略层面的问题。

2. 广告部是企业营销体系的二级管理部门

　　它的组织结构如图 11-2 所示。

　　广告、市场调研、营销策略由市场部管理，市场部由企业的营销主管或营销总监负责。这种模式的优点是基于科学的市场调研和统计分析来制订企业的营销策略，可以最大限度地保证企业广告投放策略的精准性、一致性。该模式也有缺点，一是因管理层过多，容易忽视广告投放策略在企业营销策略中的重要性，使企业错失最佳的广告投放时机，大大降低了广告投放的实效度。二是广告管理人员会认为他们在公司的地位同他们的作用不相称，影响工作的积极性。这种管理模式适用于那些中等或小规模的企业。因为对这些企业而言，一个精简的机构、一支精干的队伍更能发挥其小而精的优势，提升企业生存率。

3. 广告部是企业营销体系的三级管理部门

　　它的组织结构如图 11-3 所示。

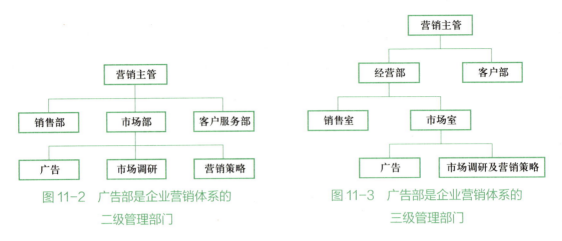

图 11-2   广告部是企业营销体系的
二级管理部门

图 11-3   广告部是企业营销体系的
三级管理部门

广告部归属于经营部下属的市场部门管理，市场部门除了负责广告宣传，还要负责市场调研和营销策略的制订。很显然，这一管理模式的最大特点就是重视管理的系统性，管理线条清晰。其缺点是广告管理部门层次烦冗。它适用于那些规模较大的企业。但是，当企业规模大时广告规模往往也大，广告管理部门的责任和工作量都较为沉重，而在这一管理模式中，广告管理部门被放在一个很低的层次，远离企业核心，容易影响广告管理人员的工作情绪，导致工作效率低下。

（二）广告由企业非营销部门管理

目前仍有很多企业将广告这一职能放在非营销部门，常见的有以下几种情况：

1. 广告由公关部负责

它的组织结构如图 11-4 所示。

这种模式的优点是公关部同时涵盖了广告和公关两项职能，有利于广告和公关的整体配合；公关部直属行政主管甚至企业总经理领导，在企业组织结构中级别高。该模式的缺点之一是把广告同企业的经营部门尤其是企业的营销研究及策略制订部门割裂开来，容易使企业的广告宣传失去方向；缺点之二是简单地把广告与公关等同，混淆二者的职能划分。当然，有些企业的公关部是广告部的代名词，负责公关和广告工作的人仍然属于经营部门管理。在这种情况下，公关部管理广告是没有问题的。

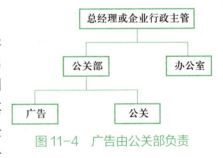

图 11-4   广告由公关部负责

2. 广告由总经理办公室负责

在计划经济时期，我国许多企业的宣传工作由企业的总经理办公室具体负责。进入社会主义市场经济时期以后，许多企业就习惯性地把广告职能留在总经理办公室执行。这种做法的缺点与上一种情况相同。

3. 广告由策划部负责

多数企业设有综合策划部或市场策划部，它们承担着公司战略制订、市场调研及广告策略制订等职能。该模式的优点在于能从企业营销的战略角度思考广告战略问题，避免广告投放出现偏差。其缺点在于实施具体的广告策略时易与实际经营活动配合度不够，使广告效果打折。

　　企业的广告管理虽然没有固定的模式，但广告战略是企业营销战略的重要组成部分，广告策略决定于企业营销策略已成为共识。需要注意的是，随着营销实践的发展而产生的"整合营销传播"理论，其内涵也随着实践的进一步发展而不断地丰富和完善。整合营销传播一方面把广告、促销、公关、直销、形象识别、包装、新闻媒体等一切传播活动都涵盖于营销活动的范围之内，另一方面则使企业能够将统一的传播资讯传达给顾客。其中心思想是以通过企业与顾客的沟通满足顾客需要的价值为取向，确定企业统一的促销策略，协调使用各种不同的传播手段，发挥不同传播工具的优势，从而使企业实现促销宣传的低成本化，以高强度的冲击力形成促销高潮。尤其是当今整合营销传播已成为企业广告营销的大趋势，广告已不再是简单的媒体发布，而是涵盖广告、促销、直效行销和公共关系、企业形象塑造等诸多内容的整合营销传播，它融合了各种传播技能与方式，有助于企业解决市场问题，并创造宣传的机会。由此，我们认为广告由经营部门负责是无可非议的。

　　至于该把广告管理部门放在企业组织构架的哪一个层次，企业可根据行业特点、企业规模、产品特性、广告实效性等因素进行灵活安排。然而广告部的层次不能过低，宜置于第一、第二级管理部门中，以免影响广告运作的效率。这里有一点需注意，由于广告最终要以广告创意的具体的物化形式表现出来，即以具体的广告作品展示出来，而在大部分企业中，这些创意在发布以前需要得到高层认可。但由于企业高层没有全程参与广告策划，往往依凭个人经验，造成判断失误，使原本优秀的创意得不到认可，失去实施的机会。所以，广告管理的层次不宜过多，机构不宜复杂。

　　综上，企业在广告实务操作过程中，要尽量规避企业广告管理的误区，同时健全企业广告管理机制，强化企业广告运作过程管理，明晰企业广告管理的思路与方法，将企业的广告管理纳入科学管理范畴。

▶ 二、企业广告组织类型

　　企业广告组织是指工商企业内部设置的广告业务机构，其职能是负责企业的广告活动等相关业务。一个理想的广告组织结构设计，可以帮助广告组织最大限度地发挥职能，实现企业广告投放效益的最大化。

　　企业的广告组织类型按职能大体可以分为两类：一类是企业内部负责广告业务活动的管理组织，如广告部、广告科等，它只负责本企业的广告业务，不对外经营；另一类是大型企业附设的、进行财务独立核算的广告公司，主要为总公司的广告业务提供服务，同时承接其他企业的广告业务。后者的组织类型和组织结构，请参看本书第五章"广告公司的类型与组织架构"。本节重点阐述企业内部设置的广告业务机构的组织类型。

（一）根据企业内部自设的负责广告相关业务活动的组织管理职能地位及其隶属关系进行划分

　　主要分为以下六种类型：

1. 总经理直辖制

广告部门在企业中与生产、销售等部门是并列的，与其他职能部门地位相同，部门经理直接向总经理负责。它有利于广告目标与企业目标的协调和广告计划与企业发展计划的协调，也便于广告部门与其他部门的统一和协调。

2. 销售主管直辖制

广告部门是隶属于营销部门的二级部门，广告部门经理直接向营销经理负责。需要运用多种营销方式和促销手段互相配合的企业多采用这一模式。

3. 市场营销辅助型

这种类型的广告部门也作为企业的二级下属机构，隶属于销售部门，在工作上对销售部门负责。

4. 集权制

一些大型企业下设多个分厂或分公司，总厂或总公司只设立一个广告部门统一经营广告工作。它有利于总经理的统一决策和指挥，便于统筹全局。

5. 广告部门分权制

大型企业下属分厂或分公司都设立专门广告部门，负责各自的广告工作。它有利于各分支机构按本身的产品与市场营销情况灵活调整广告策略，其不足之处是易将有限的广告预算化整为零，难以形成规模效应。

6. 集权分权混合制

企业设置企业广告部门，所属分支机构也自设广告部门独立承担广告活动，仅在业务上接受企业的统一管理。在企业统一的广告决策下，分支广告部门能充分发挥其能动性，分工协作，提高企业广告运作效率。这一模式适用于运作机制较完善的大型企业。

（二）根据企业广告部门内部的组织机构进行划分

主要分为以下五种类型：

1. 职能组织类型

企业的广告部门是按照广告工作的职能要求进行内部分工的。这一类型如图 11-5 所示。

图 11-5　职能组织类型

2. 产品组织类型

广告部门围绕企业产品来进行内部职能分工和组织划分。这一类型如图 11-6 所示。

3. 市场地区类型

企业的广告组织是围绕产品的销售地区市场的分布来进行机构设置和职能分工的。这一类型如图 11-7 所示。

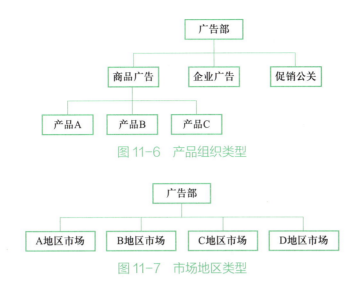

图 11-6　产品组织类型

图 11-7　市场地区类型

4. 广告对象组织类型

企业的广告部门是围绕不同的广告对象，如工业、农业、日用品的产品用户来划分其内部组织并进行职能分工的。这一类型如图 11-8 所示。

图 11-8　广告对象组织类型

5. 广告媒介组织类型

企业的广告部门按不同的媒介要求对其内部进行组织划分与职能分工。这一类型如图 11-9 所示。

图 11-9　广告媒介组织类型

▶ 三、企业采用广告管理与组织形式的原则

不同的企业有不同的广告管理与组织形式，但是不管采取什么样的广告管理模式与组织类型，都必须遵循和贯彻专业化分工与协作、目标至上与职能领先、有效管理幅度、责权利对等、统一指挥、因事设职和因人设职相结合等原则。我们认为，最重要的是遵循和贯彻功能定位原则、层级责任原则和统放结合原则。

所谓功能定位原则，就是要明确广告在企业中的具体作用，明确广告在企业的发展中究竟担负何种职责，履行何种职能。只有这样，企业的广告管理才有明确的目标，广告运作才有明确的方向，广告组织的工作职能才能落到实处，企业广告管理模式和组织结构才能与企业对广告组织的功能要求在高层次上统一起来。至少也要谋求与现有管理模式、组织结构和企业对广告组织的功能要求相一致。

所谓层级责任原则，就是要尽量减少企业广告管理层次，明确广告管理各层次的具体责任，建立起规范化、合理化的广告宏观决策的管理机制体系。落实到具体规划中，一般要求建立由企业营销主管和广告主管构成的企业广告管理的核心决策层。

所谓统放结合原则，就是企业广告投放要着眼于企业整体发展战略和企业营销战略的需要进行统筹规划，以最大限度地发挥广告的整体效应和累积效应。企业的具体广告执行策略应顺应复杂多变的市场需要灵活调整。因此，企业广告管理必须兼顾企业的短期利益与长远利益，保持对"统放"清醒的认识。

还需要注意的是，高效的广告管理与科学的组织形式仅仅是实现广告实效销售的一个重要方面。在企业广告管理与广告组织中，另一关键角色是企业的广告主管。作为企业的广告主管，向上参与企业广告的宏观决策，向下作为企业广告组织的代表，双向负责企业广告的组织管理与具体实施，担负的责任重大。

作为一名合格的现代企业广告主管，不仅要掌握生产和营销管理专业知识，同样也应该是广告管理专家。因为企业广告管理质量的好坏，同样决定着企业未来的生死存亡。而一位合格的广告管理专家，首先必须真正掌握广告活动的客观规律，切实树立重视广告的观念，从而更好地运用广告，最大限度地发挥广告在企业发展中应起到的作用。

在企业的广告管理中，广告主管的个人素质、工作能力与工作经验等因素固然十分重要，然而其作用的发挥，不单受其自身素质的限制，还要受企业特有的广告管理模式和企业经营背景的综合制约及影响。

需要说明的是，在企业的广告管理运作中，广告主管是最难扮演的一个角色。往往企业对广告的期望过多过高，要求广告主管承担的责任沉重，却又不赋予广告主管实际的管理权限，责权分离。如企业采取宣传型、销售配合型的广告管理模式，却要求企业广告组织承担营销管理的责任；广告主管不仅要顶住企业主管施加的压力，同时要满足销售部门对广告的要求，从而成为整个企业广告运作管理矛盾的焦点。

在这种情况下，企业的广告主管应力求摆脱组织的约束，避免掣肘过多。在现有的广告管理模式下，企业的广告主管应结合自身能力，切实履行好现有的广告管理模式赋予的职责。优秀的广告主管还应主动去影响、改变企业主管的广告观念，争取企业主管对广告的支持。唯有如此，问题才能获得根本的解决。

第二节　企业的广告运作

广告运作是企业战略性统筹谋划的内容之一，具有战略性、全局性、策略性、动态性、创新性等特点。使用科学规范的广告运作方法，可减少企业在广告运作中的不确定性，实现企业广告投放效益的最大化。企业广告是在一定的管理模式和组织类型结构下来具体运作的，那么，其运作程序与方式究竟如何呢？这是在明晰企业的广告管理模式与组织类型之后需要进一步阐述的问题。

▶ 一、企业广告运作的流程

阐述企业广告运作流程，首先要界定广告运作和广告活动的区别。广告运作指广告主基于企业长远发展目标，在一定的时期内按照既定的广告战略持续开展的、有着内在联系的系列广告活动的总称。广告活动存在于广告运作这个动态过程的每个节点，如战略的制订、策略的执行、创意表现、媒介购买等。不管广告运作还是广告活动，都包括以下几个方面的内容：市场分析、营销战略、广告战略、广告计划、广告执行、广告创意表现、媒介购买、广告效果预测和监控。本节仅就企业广告活动的一般运作程序进行阐述，将其归纳为广告战略、广告计划与广告执行三个基本程序。

（一）广告战略

所谓广告战略，是指企业营销战略在广告活动中的具体体现。广告战略是广告活动的中心环节，是广告活动的纲领，更是决定广告活动成败的关键。这一阶段的任务是对广告战略决策进行宏观把握，据此确立企业广告战略的主题。它是以战略的眼光为企业长远利益考虑，为产品开拓市场着想。具体来说，应明确企业总体战略目标，采取准确的战略手段，以此来指导企业的整体广告活动。科学的广告战略决策是企业广告宣传成功的关键，也是企业整个市场战略获得成功的关键，它具有根本性、全局性的重大意义。正确的广告战略决策是广告运作成功的基础，敏锐的市场眼光则是制订有效广告战略的前提。

（二）广告计划

所谓广告计划，是指企业关于未来广告活动的规划。广告计划是为了实现总体战略目标和具体广告目标而采取的广告活动的策略和安排，是整个广告运作的纲领性文件。企业在制订营销决策后，应就其整体发展目标确立企业广告的战略思想，进而建立具体的广告目标。在此基础上，广告组织应制订出一套科学严谨的广告计划，以解决如何才能实现这一总体战略目标和具体广告目标的问题。按照所涉及的组织活动范围分类，广告计划一般应包括战略性广告计划、战术性广告计划和作业性广告计划三种。

战略性广告计划是指与企业长期发展战略相适应，贯穿全部广告活动的宏观策略，即对全部广告活动所做的战略安排，是广告活动最高层的计划。它指导广告目标的制订，具有长远性、稳定性。在战略性广告计划的制订过程中，需要通盘考虑各种不确定性，谨慎制订计划。因此，广告战略性计划具有较大的弹性。例如，企业结合销售部门的营销战略和产品的生命周期，制订有关何时何地，以何种广告活动在市场上推出新产品，达到多大的市场占有率，提高企业的产品知名度和美誉度，以及为此而进行的广告预算和预算分配的决策等问题的计划，就是广告战略性计划。

战术性广告计划是为组织某一特定广告活动或为达到某一项广告目标而制订的广告活动计划，是为实施广告战略计划而制订的中等层次的计划。一般来说，该计划由企业中级管理人员来制订并负责组织实施，如临时性广告计划和单项广告计划。战术性广告计划的内容应该包括广告活动的全部运作环节，如广告目标、广告内容、广告对象、广告时间、广告地点、广告媒体组合、广告表现策略、广告预算、广告实施以及广告效果测定等。战术性广告计划是一个动态的活动过程，它要求企业广告组织要经常地进行市场调查与分析，密切关注企业产品在市场上的销售状况、同类产品的发展趋向以及消费者的需求，不断根据营销环境的变化来修订广告战术计划，保证广告目标的实现。

作业性广告计划是由基层管理者制订，根据战术性广告计划确定的具体目标和工作流程，包括划分合理的工作单位、分派任务和资源以及确定权力和责任。作业性广告计划具有个体性、可重复性，通常是必须执行的命令性计划。

战略性广告计划、战术性广告计划和作业性广告计划强调的是企业广告管理组织纵向层次的指导和衔接。从企业广告实务操作来看，战略性广告计划通常由高层管理人员负责，战术性和作业性广告计划则由企业的中层和基层管理人员负责。需要加以强调的是，战略性广告计划对战术性广告计划和作业性广告计划具有指导作用，而战术性广告计划和作业性广告计划是实现战略性广告计划的重要保证。

（三）广告执行

所谓广告执行，实际上就是指广告活动的具体展开过程。概括起来说，就是实现三层跃进，即从广告创作计划的制订到广告文案撰写的第一层跃进；再从广告文案到广告制作执行的第二层跃进；然后根据广告制作完成形式到交付媒体传播，进入实质性的广告活动阶段的第三层跃进。

广告计划应尽可能完善、正确，不至于发生对广告运作的方向性误导。但广告计划毕竟是事先的预定和规划，且广告运作是由多重工作程序和环节组合而成的系统工程，所以很难保证它在所有问题上都绝对正确无误，也很难保证不会由于操作上的问题而出现偏差和走样。在广告活动的具体展开过程中，企业必须明确该做什么能做什么以及怎么做，以保证企业广告组织任务的顺利完成。

▶ 二、企业广告运作的模式

一般来说，企业广告运作的基本模式有两种，一种是企业广告运作自我执行，另一种是企业广告运作委托代理执行。

（一）企业广告运作自我执行

目前，国内的企业大多采用广告运作自我执行的方式，这是由企业的内部客观环境决定的。但问题是，受我国的广告业并不太成熟的现状制约，绝大多数企业缺乏自我执行的能力，又不放心将企业的广告全权交由广告公司代理。因此，为了提高企业广告的质量和水平，许多企业采取一个折中的办法即实行部分代理，将整个广告运作过程分解成若干个具体的环节，然后审度企业自身的力量，将不能完成的工作交给广告代理公司。我们的建议是，像广告策划、广告制作和媒介计划这样专业性极强的活动最好交给广告公司来做。

（二）企业广告运作委托代理执行

广告公司可以在整个广告流程中帮助广告主，具体说来有以下内容：

一是前期作业。主要包括协助拟订营销计划、市场调查与统计分析、拟定产品概念、包装设计、产品研发，以及提出相关项目的建议。

二是广告策划与执行。主要包括制订年度广告活动计划，可以细分为广告策略、创意发展、促销活动、预算建议、媒体计划等方面；制作、监督或采购所有相关平面制作物，包含设计、完稿、文案撰写、摄影、修片等；监制广告影片及广播稿，选择适当的制作公司；分析、选择适当的媒体种类及时间或版面，并代为谈判与购买等。

三是后续作业。主要是指媒体执行效果分析和广告效果测定。

不管企业广告运作自我执行，还是企业广告运作委托代理执行，必须遵循以下广告的基本运作流程，如图 11-10 所示。

图 11-10　广告的基本运作流程

1. 明确营销目标

营销目标一般是由广告主自行决定的，也可以要求广告代理商参与决策。根据杰罗姆·麦卡锡于 1960 年所提出的 4P 营销理论，广告是为促销服务的，最终目的是产品或服务的推广。企业广告目标是企业营销目标的重要组成部分，不同企业在不同时期的广告目标各不相同。企业广告目标大致可以归纳为以下三种类型：

（1）创牌广告目标。创牌广告目标在于介绍新产品和开拓新市场。通过对产品的性能、特点和用途的宣传介绍，提高消费者对产品的认知程度。广告诉求的重点是提高消费者对新产品的知晓度、理解度，加强对厂牌商标的记忆。

（2）保牌广告目标。保牌广告目标在于巩固已有的市场，并在此基础上深入开发潜在市场和购买需求。它主要通过连续广告的形式，加深消费者对已有商品的认识，使现有消费者养成消费习惯，激发潜在消费者的兴趣和购买欲望。其广告诉求的重点是使消费者保持对产品的好感、偏爱和信心。

（3）竞争广告目标。竞争广告目标在于加强产品的宣传力度，提高市场竞争能力。广告诉求重点是在宣传本产品较同类产品的优异之处，让消费者认知本产品能给他们带来什么好处，包括实质利益和心理利益，以增强品牌偏爱度并指名选购。

另外，广告目标应当规定具体的指标和要求，如视听率、知名度、理解度、记忆度、偏爱度等，作为检查广告效果的依据。

2. 确定营销策略

在具体的营销目标下，企业结合自身广告组织或广告代理单位的服务职能，制订出较为详细的营销策略，实现营销目的。这些策略一般包括：

（1）策划、重新设计、修饰产品或服务；

（2）制订产品或服务的价格；

（3）决定产品线或服务的相关组合；

（4）加强企业的直销力度；

（5）规划并执行产品促销及商品化计划；

（6）拟订并执行广告计划；

（7）用其他营销活动来达到营销目的。

3. 确定广告策略

广告策略是实施广告战略的具体手段与方法，是为实现营销目标服务的。一般来说，常见的广告策略有四大类，即产品策略、市场策略、媒介策略和广告实施策略。这里必须要明确的是，广告策略必须具备以下三个要素：

（1）确定核心卖点。主要是指产品或服务的广告定位，也称为广告的核心信息。就是以消费者的语言来表达广告中产品或服务的精华，即产品需要在广告中体现出的让人购买的利益点。在产品同质化现象日趋严重的今天，企业应更加注重产品或服务对消费者心理利益的满足。广告商必须与客户共同找出产品的卖点，并将其体现到广告中。

（2）明确目标受众。目标受众是指目标顾客、目标群体，即产品或服务的广告对象。随着社会经济的高度发展，目标受众日益细化，企业准备将产品卖给谁、谁又会对产品有兴趣并采取实际的购买行动，是制订企业广告策略必须要首先考虑的问题。

（3）传达广告信息。传达广告信息就是要在确定广告要说什么的基础上，明确用什么样的方法说才能取得更好的效果。因此，广告公司必须依托合适的媒体，将核心广告信息传达给目标受众。

4. 制作广告

当广告策略得到企业营销主管或广告主管的认同，就要着手进行广告制作。广告制作应当根据广告策略的实施要求，通过具体的广告作品，以艺术的或心理的形式把企业产品或服务的诉求直观表达出来。广告作品具有策略性和信息性的双重属性。

5. 制订媒介计划

广告媒介计划通常由代理企业广告业务的广告公司负责。媒体计划书既要说明需要购买的广告媒体版面或时段，以便将广告传达给目标受众，也要定好广告播出时间表，并详细列出各段时间的媒体广告预算。全部计划由广告公司向广告主提出，经广告主核准授权后支付费用。

6. 购买投放媒体

媒体计划经核准后，广告公司就要尽量以最有利的媒体价格来为客户订购广告版面或时段。

7. 确认刊播及付款

当广告已确定出现在媒体上时，广告代理公司会收到账单。确定账目无误后，代理公司就向客户报账，最后由广告代理公司付费给媒体。

第三节　企业对广告公司的选择与合作

随着市场竞争的日益激烈和企业自身发展规模的不断扩张，在企业与广告公司的合作中，企业选择什么样的广告公司与企业的战略发展目标，以及企业所处的市场竞争环境是密切相关的。选择更优秀的广告代理公司合作，是取得较高的市场份额和利润，快速提升企业产品或服务市场竞争力的关键。广告公司为企业的广告组织提供必需但无暇调研的专业数据，在提高自身服务质量的同时，也有利于企业做出正确的广告战略决策。在本节中，我们重点介绍企业选择广告公司的一些具体标准，在合作的过程中，企业应该扮演一种什么样的角色，以及企业与广告公司如何维持一种良好的合作关系。

企业聘请广告代理公司的主要原因，一是为了获得从消费者方面看问题的客观的角度，从而能得到让消费者产生购买决策的最佳创意；二是为了获得专业的技术服务，因为企业难以拥有专业的高水准的策划创意人员和实现创意的专用技术设备。从这个意义上来讲，企业与广告公司是共创利润的好伙伴，而非主仆雇佣关系。确切地说，是企业把产品营销这壶水烧到 99 ℃以后，再由广告公司实现最后 1 ℃的创意表现，从而突显出产品的个性及与其他产品之间的差别，使之为消费者所知所爱，并完成购买。

因此，企业应确保广告经费的充足，让广告公司有利可图，二者才能成为共创利润的伙伴。当然也应明了，企业与广告公司做广告的动机略有不同：企业做广告是为了推销自己的产品或企业；广告公司也是一个企业，也要考虑自己的市场占有率问题，而能否获得广告大奖是提升其行业地位的重要手段。这里我们需要注意的是，企业做广告的首要目的是要吸引目标顾客，并非获得奖项。

▶ 一、企业对广告公司的选择

企业在制订了准确的广告预算之后，就要寻找合适的广告代理公司。在现代企业的经营管理中，选择一家合适的广告代理公司，对于企业广告战略的顺利实施具有重要意义。宏观层面来说，企业选择广告代理公司一是要考虑企业自身的发展规模和广告预算的实际投入，二是要考虑企业或产品目前所处的发展阶段。微观层面来说，企业可以根据以下七个步骤去寻找：组织搜寻小组开始寻找广告代理商，辨识出有潜力的角逐者，列出广告代理商初选名单，与有潜力的广告代理商接触，拟定代理商复选名单，代理商比稿，确定广告代理商。

广告主对广告公司的选择基于衡量一个成功广告公司的指标，即政府广告监管职能部门、广告产业行业组织、广告主、受众、媒介多方共同认可的基础上形成的知名度、美誉度。企业具体从广告代理公司的以下几方面进行考核遴选：一是广告代理公司的责任感和诚信度，广告代理公司要有对代理企业的高度责任感并为此坚守承诺。二是业务能力，主要体现在广告代理公司的策划能力和执行能力两个方面。三是性价比，这是企业选择广告代理公司必须要考虑的现实问题。四是核心团队，这要求负责该项目的核心人员具有极强的领导能力和全局把控力，团队成员精诚合作且配合默契高效。五是熟悉度，广告代理公司不仅要熟悉产品性能和特点、生产和营销状况、目标客户的需求重点，更要熟悉企业所在行业的整体趋势、主要竞争对手的情况、国家和行业的相关政策等。

此外还要从广告代理公司的媒介关系、代理经验、经营理念、管理水平、代理费用等几个方面进行综合考量。由于市场的高度发展带来的产品趋同，产品竞争已过渡到品牌竞争，因此广告主对广告公司的广告运作、品牌建设、新媒体应用、市场调查及统计分析等方面的标准也在提高，这对广告公司的综合或专项代理能力提出了新要求。

▶ 二、企业与广告公司的合作

企业和广告公司的代理合作关系单一并相对稳定，有利于企业和广告公司的双赢。一家能够为企业提供长期综合代理服务的广告公司，一方面，能为企业提供跟踪式的贴身服务，随时随地为企业进行品牌建设、品牌维护、品牌推广，能高效地保证品牌的成长；另一方面，也有利于企业产品广告调性的坚持和统一。

一般来说，企业与广告公司关系的建立与发展可以分为三个阶段：互相选择，建立初步的合作关系；保持长期稳定的合作关系；发展为持久的荣辱与共的战略合作伙伴关系。将合作深化，使不够稳定的合作关系变为持久、稳定的合作关系，对双方的发展壮大都是至关重要的。

影响企业与广告代理公司合作的主要原因有：广告主缺乏明确的投放目标和规划，双方对广告效果的评判标准不同，双方对市场的认知和判断不同及双方在广告策略执行上的不协调。

2004 年全美广告主协会（Association of National Advertisers）发表了《全美广告主协会 2004 年度客户代理商关系调查报告》，此项报告针对全美 100 位主要广告主进行跟踪调查，结果发现，在美国，广告主认为最影响和代理商关系的因素前几项分别是策略与创意脱钩（24%）、广告作品表现与策略不符（32%）、制作费用偏高（22%）、代理商工作效率低（21%），表示跟代理商完全没有问题的广告主仅有 17%。而代理商方认为合适的团队（86%）和代理商与客户经营团队经常沟通（85%）是良好关系的最主要因素，其次是清楚界定工作预期（65%）和双向评估（50%）。

我们可以借鉴著名广告人奥格威就"怎样当一个好客户"开出的一个 15 条规则的"处方"[1]，结合企业的广告实务进行"辨证施治"。

（1）面对广告公司要有充分的自信；

（2）选准广告公司是成功的关键；

（3）向广告公司全面彻底地介绍企业情况；

---

[1]　[美]奥格威：《一个广告人的自白》，林桦译，中国物价出版社 2003 年版，第 87—100 页。

（4）不要在创作领域里与你的广告公司比较高低；

（5）悉心照顾给你"下金蛋的鹅"；

（6）别让一层又一层的公司机构干预你的广告宣传；

（7）确保你的广告公司有利可图；

（8）不要和你的广告公司斤斤计较；

（9）双方要坦诚相见、彼此鼓励；

（10）明确企业广告要求的高标准；

（11）每个环节都要有效评估；

（12）保持高效率的工作推进；

（13）不要为有问题的产品浪费时间；

（14）相信专业人士的专业意见；

（15）必须保证充足的广告预算。

此外，需要注意的是，广告主与广告公司双方之间的合作、良好关系的维持，表现在财务方面双方必须遵守合约。在实践中，因为拖欠广告公司的酬劳导致双方关系恶化的事情时有发生。调查表明，广告公司在与广告主的合作过程中，广告主不及时付款的现象十分普遍。

广告公司的传统收费模式（代理费的收取）正在受到冲击。由于广告分工细化程度的加深，广告公司为广告主提供的服务由传统的"统包式"服务向"零售式"服务过渡。越来越多的广告公司采取多种收费方式并行的策略，主要有项目费、月费、年费、按销售额提成、根据实际工作时间来付酬等。

有的广告公司对于不同的广告客户采取不同的收费方式。如长期客户主要收取月费，而对于其他阶段性的广告客户主要收取项目服务费。收取项目费、月费、年费等服务费用不仅有利于广告公司更加明确地运用专业资源，依托专业化服务形成核心竞争力，实现自我价值，并且有利于广告公司从广告主的角度出发，更有效地协助广告主提高广告效果；此外，还可以使专业服务产生的价值与脑力劳动量挂钩，有利于广告主和广告公司的共同发展。

无论采取何种付费方式，双方遵守财务合约是合作愉快的重要因素。如果广告主由于各种原因拖延付款，就会导致广告公司不得不为客户垫资。广告公司对此十分无奈，常陷入两难困境：一方面，在巨大的广告公司同业竞争压力下拒绝垫资可能导致客户流失；另一方面，一旦广告公司垫资就必须面对艰难的催款问题，坏账过多无疑会严重影响公司本身整体的资金运作。

第四节　企业的广告预算与费用控制

我们知道，企业为具体实施的广告活动而支付的相关费用名目繁多，是广告活动诸多事项中最复杂、最困难的一项。对一个企业决策者来说，什么样的广告预算策略和广告战略相配合才是最优的，必须收集分析多年的广告、价格和销售资料，找出经验数值并进行预测。如果说广告目标的建立旨在明确广告在企业市场营销中应该做什么，那么，广告预算的编制则限制了广告能做些什么。本节重点阐述企业广告预算的一般程序、广告预算的方法与控制。

首先，我们必须明确一个问题，即企业广告预算的主要内容包括哪些？业界公认的广告费用开支项目，是美国的权威广告杂志之一的《印刷品》于 1960 年刊出的，杂志在广告主的广告投放调查和统计分析的基础上，提出了企业广告费用预算的"白灰黑三色模型"。白色表所列广告预算费用为企业必须投入和实际支出的项目，主要包括广告代理佣金、广告制作费用、媒介购买费用和其他杂费等。灰色表所列费用为可以作为广告预算费用支出也可以不作为广告预算费用支出的项目，主要包括样品费、产品展示、入户推销等费用。黑色表所列费用为绝对不可以列入广告预算费用的项目，主要包括赠品费、推销会议费、企业广告工作人员酬金等。

▶ 一、企业广告预算的程序

广告预算是建立在对未来预期收益和回报目标基础上的投资，具有一定程度的风险。因此，企业在广告预算的制订问题上必须坚持科学的决策过程。通常企业确定广告预算采取如下程序：确定广告总投资额度；分析上年度的销售额；分析历年来广告产品的销售周期，确定广告投放时机及时间范围；确定广告预算的时间分配；确定广告预算的地域、媒介、营销组合方面的分配；制订预算的控制与评价标准；确定机动经费的投入条件、时机以及效果评价办法等。

制订广告预算的方法目前为企业所采用的有数十种之多，但多少广告费用才算合理，至今仍无科学的、为企业所接受的标准方法。这里仅就企业进行广告预算必须明确的几个问题进行说明。

（一）必须明确预算期间的企业营销目标

企业应依据营销目的确立营销预算，即明确多少营销投入可以达到营销目标，或者说企业准备以多少营销费用来实现营销目标。广告服务于营销，广告预算必须在企业营销预算的指导下进行。

（二）在确定企业营销预算的基础上，明确营销与营销推广在整个营销预算中的分配比例与数额

在营销推广分配预算中，企业应进行营销推广诸要素的预算再分配，明确人员推销、促销活动、公关宣传及广告各占多少费用。不管企业对营销推广作何预算与分配，有一点必须明确，即企业的营销推广支出中哪些应计入广告预算，哪些不应计入广告预算。将大量不应计入广告预算的支出计入广告预算，会使本来就不充裕的广告预算捉襟见肘。

（三）依据确定的广告预算来确立具体的广告目的，或者是在既定的广告目标下力图使广告预算符合广告目的及要求

如果属于前者，广告目的必须依据预算而确立；如果属于后者，凡预算不能达到预定目标的，则应修订广告目的或调整广告预算。

▶ 二、企业广告预算的方法

制订一个合理的广告预算和投放方案，一方面可以有效发挥广告讯息的作用，战胜竞争对手，把自己的品牌形象传达给消费者，使品牌识别与品牌形象一致；另一方面，又可以减少浪费，以实现高收益低投入的目标。

美国学者肯尼斯·朗曼经过长期的研究指出，任何品牌的商品或服务，即使没有任何广告投放，也会有一定销售额，朗曼把这个销售额定义为临限（threshold）。企业的生产规模、管理水平、市场状况、营销策略等诸多因素决定了企业的一个最大销售值限，企业的实际销售额度只能在临限与最大销售值限之间，只有在这个临限与值限之间，企业广告投入与销售呈正相关关系，才能达到实效销售的最佳效果。

根据朗曼模型来看，企业应该追求的就是以最少的广告投资，取得最大的销售业绩。当广告投入达到一定水平以后，继续追加广告投入，所取得的效果也很有限，还会造成资金的巨大浪费。所以，朗曼提议，可以根据利润分析来确定最少广告投入和最佳销售额的结合点。尽管在企业广告实务操作中，准确找到这个最佳点是有很大难度的，但通过广告预算的手段可以尽量找到最佳点，这也充分体现了广告预算的重要意义。

（一）制订广告预算的方法

一个科学合理、严谨高效的广告投放和媒介组合方案是每一个企业和广告代理商所追求的，但实际上完美的方案还是难以找到，大多数企业和广告代理商只能依据以往的主观经验和市场动态来作出决策。于是，就有众多的企业发出了"我的广告费有一半浪费了，但我不知道浪费到哪里去了"的无奈感叹。

一般来说，企业确定广告目标之后，就要确定广告预算，即确定企业在广告活动上的资金投入。国外很多学者采用实证研究的方法，运用数学工具建模来进行定量分析，其中最具代表性的模型有以下三种。一是美国学者韦达尔和沃夫在1957年提出的"销售反应函数法模型"。他们认为广告—销售反应曲线是一条带有拐点的曲线，广告费用的增加首先会产生连续收益递增然后出现收益递减的现象。二是由美国著名学者多夫曼和斯坦纳共同设计建立的"多夫曼—斯坦纳模型"。该模型的理论意义是如果一个企业能控制某项产品的价格、质量和广告支出，那么，当利润达到最大化时，需求价格弹性的绝对值和边际广告收益（销售反应）相等。三是运用运筹学知识建立的博弈论模型。如1958年美国学者弗里德曼曾提出一些博弈论模型来说明广告预算分配问题。博弈理论方法的局限性在于无法把握竞争所产生的不确定性与其相关问题的微妙关系，因此无法确定企业市场占有率。

4

以上模型在企业实际广告预算制订中，往往因为相关数据的缺失或提供不及时，导致预算决策滞后，使企业失去宝贵的市场机会。在企业的大量营销实践中，企业广告投入预算已经形成了一些传统的定性分析的预算决策模式，这些模式简洁清晰，高效快捷，易于掌握。主要有以下几种：

1. 销售额比率法

销售额比率法是多数企业采用的广告预算方法。这种预算方法是企业以一定期限内的销售额的一定比率计算出广告费总额。具体可分为计划销售额百分比法、上年销售额百分比法、平均折中销售额百分比法，以及计划销售增加额百分比法四种。这四种方法的广告额是根据销售额和比例算出来的。

一般来说，各企业制定的比率并不一样，这不仅要视企业所在的行业及其成熟程度来确定，而且还要参考企业的战略目标定位。食品、保健品、饮料等快速消费品行业比率相对较高，家电、房产、汽车等耐用消费品行业则比率相对较低。当然，行业的成熟与否也会影响到广告比率的高低。

在确定了总体的费用比率后，还要在各个区域、各个产品间进行广告费用的二次分配，这就涉及比率问题。在制定各个区域的费用时，要考虑区域机构的市场战略地位、销售规模、组织成熟程度，区域市场的消费容量、消费习性及竞争对手的对抗性程度等。

如某广告公司合作过的安徽某品牌的植物凉茶饮料，安徽市场不仅是凉茶类饮料的优势市场，更是其规模市场。在确定安徽市场广告费用的时候，该企业营销部门最初确定其比率稍低于全国平均比率，但大家最后经讨论认为：由于凉茶类饮料的销售规模大，按全国平均比率预算，广告费用绝对值很高；而安徽市场是一个成熟的市场，广告的作用已经开始下降，但同时众多的竞争对手又一直在抢夺这块市场，对手的对抗性系数很高，确定系数时必须考虑这一因素的影响而留一部分机动费用。因此，该企业在最终确定安徽市场的费率时，适当调高了比率。

销售额比率法的最大优点是可以合理地控制销售预算。尽管产品各阶段支出会有所不同，但销售人员在制订长期的销售预算时，可做一个总量上的合理控制，把最终的广告投入与销售额的比率定出来。

销售额比率法作为决定企业整体广告预算的方法，对于稳定企业在各阶段的收益来说，是非常有用的"经验方法"，但将其作为决定每个产品的广告预算方法就存在很大问题。原因之一是根据产品生命周期的位置或者根据产品品种不同，广告费的销售额比率需要变动，固定的比率不能机械地适用于每个阶段或各个商品品种。原因之二是该方法先决定销售额的标准，再决定广告预算，这种顺序忽视了广告会提高销售额这种本来的因果关系。

2. 主观估算法

主观估算法就是以广告的销售额效果作为主观的估算依据决定广告预算的方法，也被称为"广告投入任意法"。主观的广告效果估算法是一种基于经验基础上的带有科学成分的"感性投放"。

这种估算往往由企业高层管理者的"胆识及远见"来确定，带有很大的冒险成分。一且成功，回收当然不菲，但如果失败，那也足以把企业搞垮。国内有些企业就曾凭借对市场的把握、分析和直觉，集中资源投放广告，以期实现密集轰炸的效果，然而最终却得不偿失，损失惨重。

这种方法有如下的问题：忽视市场的不确定性、缺乏客观的数据分析、轻视竞争对手的广告投入、无视从广告到销售额之间的市场反应。

3. 竞争对抗法

竞争对抗法是根据竞争对手的广告投入来确定本企业的广告预算，即在确定广告费用预算时以竞争对手为参考依据，竞争对抗法也是一种现实的经验方法。

例如某企业在确定广告费用预算时，在确知对手的年度销售目标并明确其广告投入后，分析确定其广告投资比率，参照竞争对手的广告投入进行自己的广告费用预算，并适当地增加一定的百分点。

竞争对抗法主要存在四个问题：竞争对手决定的广告费不一定科学合理；广告费的攀比有可能导致广告战；忽视本公司的市场盈亏状况；广告预算的决策模式不明确。以价格为重点的广告竞争策略并不应被企业普遍使用，一方面是因为这种策略只适用于价格较为敏感的商品，也就是商品的需求价格弹性系数高，价格的微小变动会引起较大的需求量的增加；另一方面是因为卷入价格竞争的企业产品往往没有退路，甚至会造成竞争双方两败俱伤。

4. 利润百分率法

根据利润额的不同计算方法，该方法可分为毛利润和净利润两种百分率计算法，计算方法和销售额百分率法相同。这种方法在计算上较简便、直观，其优点是广告费用和销售利润挂钩，适合于不同产品间的广告费分配。但该种广告预算方法不适合新产品的市场导入期，因为一个新产品进入市场唯一且有效的方法就是长期的广告投入。

5. 销售单位法

销售单位法是以销售每件产品的广告费用来计算广告投入的方法。按销售目标基数计算，方法简便，特别适合价格低廉的日化品等快销品。销售单位法的最大优点在于，一是可以准确掌握所销商品的广告费用开支及其变化规律；二是可以随时反馈广告效果，降低广告效果滞后性带来的不利影响。其公式为：

广告预算＝（上年广告费／上年产品销售件数）× 本年产品计划销售件数

6. 目标达成法

目标达成法是根据企业的市场营销战略制订的销售目标来确定具体的广告目标，再根据实现广告目标所需要采取的广告战略来制订出广告策略并进行广告预算。该方法即通常所说的以广告计划来决定广告预算，其公式为：

广告费＝目标人数 × 平均每人每次广告到达费用 × 广告次数

现代管理学之父彼得·德鲁克认为，管理者的本分就是追求效率，即"目标管理"，管理者的工作基本点就是完成任务以实现公司目标。广告目标明确也有利于检查广告效果。这一方法的科学之处在于，一是可以灵活地适应市场营销的瞬息变化，自由地进行广告费用的调整；二是可以结合产品的不同生命周期，采取不同的广告投入策略来调整广告攻势的强弱。

常见的确定广告预算的方法还有量力而行法、盈亏估算法、市场份额预算法、历史预算法、顾客成本预算法、市场数据模式化预算法、不确定预算法等。企业通常根据自身状况和市场条件来确定各自的预算方法。上述的广告预算方法多数是在经验或历史的基础上展开的，因此，企业在运用上述方法的过程中会产生一些误差。为了尽量减少误差，任何一家企业在做广告费用预算时，都不是单独地使用某一种方法，而是几种方法综合使用。

在现实操作中，大部分企业都倾向于为每个广告项目单独设立目标，然后作出相关预算。这种方法若能加上数据模式化，应该是较科学的预算方法。即便如此，仍有不少企业是以历史为依据或以销售额百分比为依据进行广告预算的。

每个企业的具体情况不同，决定广告预算也只能采用不同的方法。当然，企业在制订广告预算时，要适当地多运用几种方法进行综合考虑和权衡，这样得出的预算，一般来说还是比较科学的。

（二）广告预算的观念误区

把广告支出视为一项资本投资的观点，已为绝大多数企业所接受。然而，由于各企业对广告投资的具体认识和看法不一，对广告投资回收的期望不一，因而形成了某些观念误区，这不仅会影响企业的广告预算，而且还会影响企业的整体广告运作。

误区之一：以成本回收为依据来评价广告投资，并要求这种投资能产生即时的或近期的回报。

这种认识导致企业的广告支出在有限的资金资源中处于劣势地位，从而影响到合理的广告预算。以成本回收为依据来评价广告投资并非不可，问题是这种回收期望是建立在现在回收还是将来回收的基础上。因为广告效果并非全部都是即时发生的，常常是广告投资在今年，部分效果的发生要延迟到第二年，广告的效用无法反映在企业当年年度的支出与利润的结算上。这就存在怎样处理广告的延迟效果的问题，只计广告的即时效果而忽视广告的延迟效果，以此来评价广告投资的成本回收是不妥当的。

此外，广告不仅是企业走向市场的前奏和先导，是产品与市场之间的桥梁和纽带，也是企业无形资产的投入。企业无形资产的形成有多种途径和方法，广告投资应是其中重要的一种，这集中体现在广告传播所造成的品牌效应。仅拿国内知名品牌来说，据不完全统计，一些品牌价值都高达数千万元，甚至过亿元。广告所创造的这种品牌效应、为企业所积累的这种无形资产，应被视为广告最大的成本回收和最大的效益回报。

误区之二：把广告视为一种简单投资，投资多少就要求有多少效益回报。

广告投资与简单投资不一样，并非投一分钱就能收取一分钱的利润。广告运作是一项非常复杂的系统工程，任何一项广告运作都必须有最低额度的经费支持才能实现其效果。比如说，广告主至少要花10万元，才能在媒体刊播广告，才能对消费者产生影响，使广告产生效果。如果你只花5万元甚至更少的投入，那么，广告讯息可能完全被其他广告主的广告讯息掩盖，市场上可能完全看不到这个广告，企业的这个投资就算白费了，没有任何效果。

企业的一般认识和意愿是花最少的钱，以期达到最大的广告效果。广告投资与企业其他投资最大的不同就在于广告投资有最低额度的限定，低于这一最低额度，根本就不可能发生投资与产出的对应效益关系。

而认为广告投入能产生无限的销售效果，因此对广告作无计划的大量投入，则是从一个极端走向另一个极端。做广告能促进销售，但并不是说广告投入越多，销售额就一定会越大。企业在进行广告预算与广告投入时，必须建立这一重要观念，以免造成不必要的浪费。

▶ ## 三、企业广告预算的控制

企业在确定了广告预算投入总额之后，下一步的主要工作是进行广告预算的控制，主要是考虑如何高效地使用这些经费，以期达到最佳的广告效果。广告预算的控制是广告预算的具体计划执行阶段，就是根据广告计划的要求，将广告费分配到各个具体的广告活动项目中去。广告预算的分配受到诸多因素的制约，如产品情况、利润率、销售情况、市场覆盖大小、市场竞争状况、经济发展形势和各部门的实际任务等。

（一）广告预算的分配

1. 传播通路间的分配

传播通路包括普通大众媒体、促销活动、公关活动、直销等。企业及广告代理公司应综合考虑产品品牌特性和目标消费者的媒体接触习惯，选择最能展示品牌个性的一面，最有效地传播给目标消费者，并最大限度地发挥媒体传播的效应。

2. 时间的分配

是指根据产品销售的季节性和消费者接触媒体的时段性，具体分配广告费用。例如，国内白酒的销售旺季通常在每年的9月至第二年的3月，在这一阶段广告的投入就要加大。

3. 地域的分配

是指根据不同的市场区域的营销目标以及各地区不同的市场环境等因素，有所侧重地在不同区域进行广告预算的分配。

4. 产品间的分配

是指根据不同产品在市场上的推广情况、产品的生命周期以及区域市场的消费能力，采取重点产品、重点投入的方法来分配广告费用。

应当注意，企业进行广告预算分配的时候一定要做好机动费用的预留问题。预算毕竟只是一种预测，即使科学的预测都会存在许多不能预见的因素，因此，在广告预算中，有必要保留适当的预算以应付突发事件。

（二）广告预算的执行

在执行广告预算的初期，企业首先应该认真核对广告预算总额以及各预算细目。大多数情况下企业自行制订广告预算，提交给广告代理公司执行。有的企业只提出预算总额，要求广告代理公司据此建立与预算相适应的广告目的与广告计划，进行合理的费用细目的分配。

　　企业在广告预算执行过程中，能保证各项业务、各个阶段的费用支出都严格控制在预算的范围之内最好，而实际上这是很难做到的。广告主可以允许广告公司在一定范围内对预算进行调整，但原则是总体开支必须与预算相符，能有节省当然是求之不得的事。在广告预算执行过程中，节省预算与突破预算都是常有的事。多数企业会将节省预算的部分按一定的比率奖励给广告公司，但是对突破预算的部分，必须要求广告公司在事前提出具体报告及活动费用预算，经企业同意后方可实施。

思考题

1. 企业的广告管理模式有哪些，各自的优缺点是什么？
2. 试论述企业内部设置的广告业务机构的组织类型。
3. 企业的广告管理与组织形式要遵循哪些基本原则？
4. 在企业广告管理运作中，广告主管扮演了什么角色？
5. 企业广告活动运作程序的基本步骤有哪些？
6. 企业与广告公司保证双赢的合作原则是什么？
7. 企业进行广告预算必须明确的问题有哪些？
8. 企业制订广告预算的方法有哪些？各自的优缺点是什么？

本章即测即评

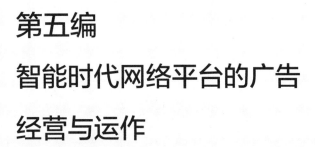

第五编
智能时代网络平台的广告
经营与运作

第十二章　网络广告的智能化发展

作为技术密集型产业，广告业总是受益于技术进步，每一次技术革命和创新都推动着广告业向前发展。20世纪后半叶，互联网的诞生与普及开启了广告业发展的新时代，催生出网络广告这一变革性的广告形态。21世纪前20年，以大数据、云计算和人工智能为代表的数字技术和信息技术的发展掀起了网络广告智能化发展的浪潮。本章主要阐述网络广告的智能化发展历程，并大致描述当下网络广告的智能化样态。

第一节　网络广告的初始形态

网络广告，也称互联网广告。从广义来看，"在网络媒体所发布的任何与商业相关的营销传播、商品促销、品牌推广的信息内容及其传播活动均可以纳入'网络广告'一词的指称范围中"[①]。从狭义来看，网络广告，是不同于传统媒体广告，伴随着互联网的普及和应用而产生的一种以网络为传播载体的新型广告形态。早期网络广告本质上是传统广告的网络平移，与传统广告相比，仅有媒介载体和效果监测方式的不同。

▶ 一、传统广告的网络平移

作为一种信息传播活动，广告总是依附于一定的媒介，传播发生在哪儿，广告就发生在哪儿。更直白地说，受众聚集在哪儿，广告就在哪儿。互联网（前身为阿帕网）诞生于"冷战"时期的美国。伴随着TCP/IP协议的正式确立以及万维网的开发应用，20世纪90年代，互联网开始向社会大众普及。互联网自由、平等、开放、创新、共享等精神内核与人类互联、沟通、分享的内在需求高度契合，自进入大众生活后，互联网就在市场和技术的双重推动下，迅速吸引了大量的用户。用户的高速增长使互联网成为资源配置与商业投资的新沃土，进而引发传统广告业务的网络转向。

1994年10月，美国电话电报公司（American Telephone & Telegraph，简称AT&T）公司花费3万美元，在《热线》杂志的网站上发布了世界上第一条网络广告——"Have you ever clicked your mouse right HERE？ YOU WILL（你用鼠标点过这儿吗？你会的）"（见图12-1）。这条旗帜广告一经发布，就在3个月内获得了高达44%的点击率，由此开启了一个新的广告时代。在中国广告市场上，IBM公司为了在中国市场推广AS/400，于1997年3月花费

---

① 黎明：《网络广告的形态演进与未来发展》，《湖北大学学报（哲学社会科学版）》2011年第6期。

3 000 美元在天极公司（TMG，天极传媒集团）核心门户网站上投放了一条 468×60 像素的动画旗帜广告，由此揭开了中国网络广告的帷幕。

图 12-1　世界上第一条互联网商业广告

　　在互联网发展初期，大多数网站采取的是 Web1.0 的传播方式：网站是传播者，单向传播信息和内容，用户只能在其提供的有限范围内被动接受，最典型的例子便是各类门户网站。作为资源集成的综合性网站，门户网站通过提供新闻报道、娱乐八卦、在线购物、商品促销、电子邮件等各种信息和服务，吸引了大量用户，成为网络广告投放的理想场所。从美国的雅虎（Yahoo）、美国在线（AOL）到国内的新浪、搜狐、百度和网易，这些相继涌现的门户网站占据了网络广告的半壁江山，孕育出以下几类早期丰富的网络广告形式。

　　一是网幅广告（Banner Ad）。一般也称旗帜广告，是最早、最常见的网络广告形式。它通常是一张嵌入到网页上的展示商品信息的图片（可以是静态，也可以是 Gif 图形和动态 Flash），占据固定大小的版面，用户点击图片便会跳转到提供产品或服务的广告主页面。

　　二是文本链接广告（Text Link Ad）。此种广告形式一段文字即为一个广告，大都是宣传推广、商品促销、优惠折扣等诱导性信息，穿插在其他内容条目中，用户点击文字便会跳转到相应页面。

　　三是富媒体广告（Rich Media Ad）。这类广告综合运用文字、图片、音频、视频等多种媒体，追求广告的表现力和视觉的冲击力，侵入式地向受众传递广告信息。常见的富媒体广告形式有弹窗广告、按钮广告、浮动广告、全屏广告等。

　　但早期网络广告本质上是传统广告的网络平移，之所以这么说，在于二者的广告形态和商业模式并无二致。从广告形态上来看，虽然早期网络广告都以网络为传播载体，但在表现方式与制作方式上并没有凸显出网络媒体"分享、互动、开放"等特征，仍是延续着传统广告的创作逻辑和模式，将传统广告的形式简单平移到互联网上，如旗帜广告、浮动广告、弹窗广告、文本链接广告等都是报纸或杂志广告的网络平移，视频广告是电视广告的网络平移，电子邮件广告是直邮广告的网络平移。早期网络广告仅有互联网的"形"，而无互联网的"质"。从商业模式上来看，同传统广告一样，这一时期的网络广告仍是一种基于点对面的大规模传播。网站一方面通过免费向用户提供信息、内容、服务而获得丰富的流量，将受众的注意力吸引过来，另一方面将受众的注意力资源通过网站广告位的形式售卖给广告商将流量变现。这种商业模式与传统媒体的二次售卖并无本质区别。换言之，早期的网络广告，仍然是按照传统广告的思路和逻辑，购买门户网站的固定版面和时段。

　　因此，尽管早期网络广告有着不同于传统广告的些许新形式和新属性，但它们本质上只是传统广告在网络上的简单平移，是将传统广告的创作逻辑和商业逻辑照搬到互联网上。

▶ 二、用户点击行为的数据反馈

在传统媒介时期，广告代理的主要业务和环节有市场和消费者调查、广告策划、广告内容生产、广告媒介投放与广告效果监测。既然早期网络广告是传统广告的网络平移，那么二者也应该遵循着一套相同的广告运作链条，即首先运用科学的调查方式了解目标消费者和市场的情况；其次根据调查内容制订广告策划方案、选择广告表现形式、生成广告内容并选择合适的媒介投放；最后，对广告传播效果进行监测与评估，总结经验教训。

与传统媒介相比，互联网的一大优势是可记录性。用户在网络上的任何操作都会留下痕迹，所有行为都会产生数据。运用基于特定算法的互联网技术来收集与分析这些数据，能够较为科学的监测用户行为，了解用户通过何种渠道接触广告、主动还是被动、接触的频次有多少、触及多少目标群体等，促使广告运作各环节趋向精准与高效。因此，数据反馈与行为监测成为网络广告较之传统广告最明显的优势。

但由于早期网络广告"数据存量小且种类单一，因此这一时期的算法模型也相对简单，未应用到广告的全流程，仅在链路末端对用户点击行为的数据反馈与搜集，无法通过算法优化广告内容与用户兴趣的匹配程度"[①]。换句话说，由于技术和数据的限制，早期网络广告仅能通过收集用户点击行为的数据来监测广告传播效果，而无法通过收集更隐秘、更复杂、更多元的数据完成其他环节的优化，其他环节仍延续着传统广告的业务模式与框架。与传统广告运作相比，早期网络广告只是效果监测方式的不同。传统广告以视听率、覆盖率、到达率、毛评点等指标监测广告传播效果，而早期网络广告以用户点击行为即曝光量和点击率作为主要指标监测广告传播效果。相对应地，也出现了千次成本（Cost Per Mille，CPM）、每次点击成本（Cost Per Click，CPC）等广告结算方式。

总之，对早期网络广告来说，无论发布形态还是作品形态，都不过是线下广告的线上平移，与传统媒介广告并无本质不同，所改变的只是用户通过登录读取信息的广告接触方式，以及利用互联网技术在链路末端对用户点击行为进行数据反馈与搜集所作的广告效果的监测方式。

第二节　网络广告的互动形态

随着信息技术的发展演进，互联网开始了新一轮的变革，由 Web1.0 时代走向 Web2.0 时代。蒂姆·奥莱利创办的奥莱利媒介公司联合其他几家公司在 2004 年发起了首届 Web2.0 大会，这一会议预示着 Web2.0 的应用的兴起与普及。[②] 不同于单向线性的 Web1.0，Web2.0 最显著的特点是开放、分享、交互、去中心化。它允许并鼓励用户参与内容生产，

---

① 段淳林、杨恒：《数据、模型与决策：计算广告的发展与流变》，《新闻大学》2018 年第 1 期。
② 彭兰：《网络传播概论》第四版，中国人民大学出版社 2017 年版，第 6 页。

用户不再是被动的内容接受者，而是主动的内容生产者与传播者。他们将自制好的内容（如文字、图片、音频和视频）上传到数字平台或网站上供其他用户观看，并以点赞、评论和转发的方式在各自的社交网络中进行分享和扩散，形成了"用户—社交网络—用户"的信息接触与传播网络。博客、SNS、维基、微信、微博等聚集了大量用户的社会化媒体，开始取代门户网站的地位，成为 Web2.0 时代网络广告投放的主阵地。

在此背景下，企业营销要想取得良好效果，就必须让用户参与到内容生产过程中来，并促进用户的扩散与分享。因而，这一时期网络广告呈现典型的"互动"特征，产生了大量新的广告形态和营销手段。常见的有口碑营销、社会化媒体营销、原生广告、赞助内容广告等。

▶ 一、口碑营销

口碑营销是一种企业利用消费者社交关系网络进行品牌信息推广与宣传的营销方式。企业通过提供一些有价值的内容和服务，让用户自发为品牌宣传。由于这种传播方式是用户自发的，可信度较高，因而较为容易使营销信息像病毒一样在用户的社交网络中迅速传播，在短时间内传达到数十万、数百万的用户，达到品牌推广的目的。

▶ 二、社会化媒体营销

社会化媒体营销是指企业在社会化媒体上开展的营销活动。企业通过发布产品信息、提供品牌服务、开展促销活动等方式来吸引用户关注，提升用户参与度和满意度，以达成营销目的。例如许多品牌在发布新品之前，通常都会在新浪微博上开展热搜宣传、创建话题讨论或者转发抽奖等活动，以吸引用户参与。

▶ 三、原生广告

原生广告是将广告作为内容的一部分来呈现，使之贴合特定平台的浏览环境。它将内容与广告穿插在一起，在不破坏用户体验的情况下，让用户自然的接收信息。由于隐蔽性较强，原生广告很容易引起用户的关注与分享。

▶ 四、赞助内容（Sponsored Stories）广告

这种广告形式由脸书于 2011 年 1 月推出，它能把用户活动变为品牌推广的广告。当用户在脸书页面上"点赞"了一个品牌、在某个位置"签到"或在网络上分享了某些内容时，脸书便会向其好友推送一个相关的广告，它出现在主页右侧的广告中，并显示分享者的姓名、头像，以及"点赞"过的评论和内容。

可以看出，Web2.0 时期的网络广告形态已不再是 Web1.0 时期传统广告的网络平移，

而是具备了与互联网媒体属性相契合的"互动"特征。它以用户体验和参与为中心，弱化了广告的说服性色彩，让用户积极参与到广告生产与传播过程中，并通过用户间的分享与互动，引起广告裂变式传播。广告主则可以从用户的评论、转发等社交行为中，收集到用户主动的广告反馈，用以完善传播策略。可以看出，用户生产的内容已然成为广告活动的重要组成部分。于是，传统意义上的广告范畴得以延伸，有关品牌推广的所有商业信息（无论是广告主发布，还是用户生成）都可被纳入"网络广告"的指称范围。

在用户深度参与的 Web2.0 时代，广告效果应当以"用户行为和态度为评价重心"[①]，单纯的点击率或曝光量已无法准确衡量实际的广告效果，点赞量、评论量、转发量、收藏量、关注量、下载量等成为新的效果评估指标，由此也出现了按行为付费（Cost Per Action，CPA）、按销售付费（Cost Per Sales，CPS）、按下载付费（Cost Per Download，CPD）等多种新的广告结算方式。

第三节 网络广告的智能化样态

不管是 Web1.0 时代，还是 Web2.0 时代的网络广告，其广告业务运作与传统媒介时期并无本质区别，仍大都依靠"人力 – 智慧"，存在诸多难以避免的局限。随着移动互联网、大数据、云计算和人工智能等技术的兴起，早期网络广告的样态逐渐被颠覆，网络广告不断向智能化发展。"智能广告是大数据、人工智能技术与广告传播结合产生的新兴广告形态。"[②] 从市场和消费者调查、广告内容生产、到广告投放、广告效果监测和广告市场交易，智能广告驱动广告全链路从"人力 – 智慧密集"走向"机器 – 智能密集"。

▶ 一、市场与消费者的智能化洞察

一般情况下，市场与消费者调查是广告活动的基础和起点，指运用科学的方法和手段，收集与广告活动有关的数据、资料，并进行整理分析，使广告活动更具目的性，是广告决策的重要依据。

然而由于人力、物力、财力的多重限制，传统的市场与消费者调查主要采取抽样调查的方式获得数据，存在诸多局限：第一，无法准确反映总体。广告调查根据广告产品的特点和目标消费者的情况，确定样本总量和抽样方式，选取一定量的研究对象展开调查研究，这在一定程度上对广告策略的制定有所帮助，不至于完全凭主观和经验决策。但是抽样调查只能在特定时间内对一部分代表性的群体做调查，不够全面准确，其调查结果具有以偏概全地叙述消费者特征的弊端。第二，静态滞后的数据收集。传统的广告调查一般在广告活动开展前期进行，基于市场和消费者的过去行为收集相对静态的数据。而市场与消费者

① 段淳林、杨恒：《数据、模型与决策：计算广告的发展与流变》，《新闻大学》2018 年第 1 期。
② 马二伟：《数据驱动下广告产业的智能化发展》，《现代传播（中国传媒大学学报）》2020 年第 5 期。

始终处于动态的变化之中，运用传统的广告调查方法无法做到实时数据的收集与动态数据的追踪，难以了解传播过程中市场和消费者的变化情况。第三，数据的客观真实性难以保证。传统的抽样调查所获取的数据，需要通过双方问答。一方面，调查人员难免会带有主观倾向地进行采访，设计引导性的问卷题目，另一方面，在面对调查时，调查对象有时会受到各类因素的影响，掩盖内心的真实想法给出不确定的答案，有时会为了配合调查工作而敷衍了事。数据的客观真实性难以保证。因此，在传统的广告运作中，市场与消费者的真正洞察，是广告人持续追寻却又一直未能真正实现的美好愿景。

随着大数据技术、数据处理技术和人工智能技术的发展，数据的搜集、存储变得更加容易，尤其是数据的挖掘和分析变得方便和准确，从而使真正意义上的市场和消费者洞察成为可能。数据驱动下的市场和消费者洞察主要是通过构建用户画像（User Profile）这种方式来实现的。用户画像的概念最早是由交互设计之父艾伦·库珀于20世纪80年代提出。用户画像是一种形象的表达，并不是我们想象的具体的用户的面相绘画，而是根据用户的人口统计学特征、浏览内容、消费偏好、消费行为等各种数据而抽象出来一个标签化的用户模型。简单地说，用户画像的基本含义就是给消费者"贴标签"。一个标签通常是高度精练的特征标志，是用一种简捷的方法描述消费者信息，每个标签通常只表示一种含义，如年龄段标签、地域标签等。标签越多越详细，也就越能描绘出一个消费者的全貌。

与传统调查方式相比，市场和消费者的智能化洞察主要体现在以下三个方面：

1. 大数据及分析技术为市场和消费者洞察提供了海量数据基础

互联网与物联网上的各种平台，以及各类传感器与移动终端，已经留下并正在持续记录数以亿计的消费者的消费"足迹"，成为我们洞察市场与消费者的数据基础。尽管在市场与消费者洞察中所使用的数据，很难称为"全样本"与"总体数据"，同样或多或少存在某种数据的"缺失"和"代表性误差"。[①] 但它在数据的充分性、整体性和系统性上，是传统广告学研究所使用的有限数据不可比拟的。广告公司既可以通过自有的数据库，也可以购买第三方数据平台的用户数据，对海量的消费者数据进行挖掘与分析，使原来无法观察到的一些消费行为特征可以受到关注，极大地减小了消费者洞察结果的误差，能更全面透彻、多方位地对消费者行为进行洞悉。在此基础上，企业可以根据消费者需求的强烈程度或购买某产品的可能性对潜在消费者进行市场分级，识别出最有可能对自己的产品内容感兴趣的人群，这些人群有时会包括那些我们根本意识不到的小众群体，而在一般情况下，广告公司是不会在市场调查中特意抽出人力、物力、财力去研究那些小众群体的。这就有助于克服传统广告调查因数据局限所产生的孤立化、碎片化与片面化的认知局限。

2. 大数据及分析技术有助于实现市场和消费者的实时洞察与预测

用户画像技术实时记录了用户的互联网行为痕迹，当用户在网络上浏览或点击某些内容时，后台就会自动记录用户的行为数据，并通过多元数据的结构化分析，完成用户标签的实时更新。例如当用户在网络平台上浏览和订购运动器材时，就会为用户添加上"运动爱好者"的标签；当用户浏览某相亲网站时，就会为用户添加上"未婚"的标签。这些行

---

① 郝龙：《"计算"的边界：互联网大数据与社会研究》，《中南大学学报（社会科学版）》2018年第2期。

为都在毫秒内自动完成。这有助于广告公司持续地、随时地观察消费者行为的改变，并根据动态的用户画像来重新调整广告传播策略，满足消费者不断变化的需求。进一步说，这还能帮助企业预测新的需求趋势或新的潜在客户，判断最有可能实现转化的潜在客户在哪里以及老客户当中的交叉销售和持续销售的可能性。因此，企业能比以前更准确地预估目标市场的规模有多大。准确的预测可以使企业制定更加具有前瞻性的营销战略并合理规划营销中的资源分配，规避过于乐观或过于悲观地评估市场和销售前景带来的资源浪费、机会浪费，进而提升投资回报率。

3. 大数据及分析技术有助于实现真实客观的市场和消费者洞察

一方面，大数据技术能采集到的数据维度非常广泛，不再局限于静态数据或简单的动态数据如性别、年龄、地区、浏览记录、消费交易记录等。一个用户在过去某个时间的所有移动记录、消费记录、社交媒体上的行为记录等都能被采集，多渠道数据的相互验证与检验可以得到客观、真实的消费者行为数据，描绘出消费者的全貌。另一方面，大数据技术是在服务器后台对用户浏览、点击、转发、评论、消费等各种行为进行记录，是在用户随意的、无限制的、没有预设环境的情况下对用户行为数据的自动捕捉，避免了诸多外在的人为干扰，体现的是用户在互联网上的自在行为，能够反映出消费者真实的消费需求、消费趋势和消费态度，进而帮助企业提升营销战略与计划的准确性与科学性。

▶ 二、智能化的广告市场交易

传统的媒介购买的市场交易，通常是以合约的方式完成的。广告公司与广告主需要事先签订合约，商定选择哪些媒介，以及购买的具体事宜，比如位置、时段、版面等，然后根据预算制定媒体排期。合约式的交易流程比较复杂，需要消耗较多的人力。特别是在移动互联网时代，随着网络媒体资源的不断丰富，广告客户逐步增多，并且日益细小化，传统的合约化交易已无法完成大规模、高频次的广告市场交易。

为了解决网络广告的自动化交易问题，程序化交易应运而生。程序化交易（Programmatic Buying）也称程序化购买、程序化广告，是指在互联网及移动互联网上，通过大数据与大数据技术的精准定向，以实时竞价、非实时竞价和头部竞价为交易模式，自动执行媒介资源购买与广告投放的广告交易机制。2005 年，程序化交易技术诞生于美国。2007 年，谷歌收购网络广告管理软件开发与广告服务商 Double Click 公司，最早开启了程序化广告业务。2012 年，程序化交易技术引入我国，百度、腾讯、阿里等互联网巨头，先后开展此项业务。之所以叫程序化交易或程序化购买，是因为它首先发生于广告市场交易和媒介购买环节，力图通过计算机程序而非人工操作完成广告市场交易和广告主的媒介购买。在其后的发展中，程序化交易才引入大数据分析与人工智能技术，进行受众定向与流量拆分，逐步向受众洞察、广告效果监测等业务环节延伸。

程序化交易需要依靠需求方平台（Demand-Side Platform，DSP）、供应方平台（Sell-Side Platform，SSP）、数据管理平台（Data Management Platform，DMP）和广告交易平台（Ad Exchange）四部分才能进行，彼此分工明确，合作紧密（见图 12-2）。其中，需求方平台是广告主投放和管理广告的平台，代表广告主在广告交易平台上寻找符合要求的媒介资源。广告主只需要提前设置好广告的目标受众、投放地域、广告出价等信息，需求方平台就能帮助广告主自动接入符合条件的媒介资源。供应方平台是媒介管理广告位的平台，帮助媒介智能化控制广告展示时间、频次等，它不但可以使优质广告位接入更多的优质客户，还可以最大程度上开发库存广告位的价值。数据管理平台是实现广告精准投放的数据管理和分析平台，通过收集和分析用户数据，为其他平台提供目标用户的偏好和特征，是实现精准投放的重要条件。广告交易平台是需求方平台和供应方平台发生交易的平台，连接着卖方和买方，一般通过实时竞价、非实时竞价或头部竞价，并按照次高价结算的方式，完成广告程序化的购买。下面重点介绍实时竞价（Real Time Bidding，RTB）这种交易机制。

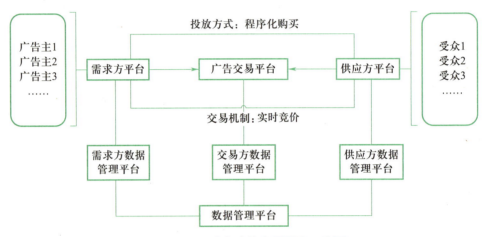

图 12-2　程序化广告交易平台示意图

实时竞价又称公开竞价，是广告业借用拍卖市场的交易模式，发展出的一套较为成熟的实时竞拍的交易机制。实时竞价在对用户数据进行分析的基础上，把用户的每次点击和浏览，通过竞拍的方式卖给广告主，出价高者获得向用户展示广告的机会。当用户打开一个网页或手机软件时，供应方平台就通过广告交易平台向需求方平台发布供应信息，每一个需求方平台上的广告主根据数据管理平台提供的分析结果进行估值，并实时作出竞价选择，随后广告交易平台将这次广告曝光机会给最高出价者。实时竞价改变了传统广告交易的方式，交易的对象不是传统的广告位，而是访问这个广告位的具体用户，实现看人购买，因人出价。

为了鼓励广告主出价，实时竞价一般采取密封第二高价成交的策略。比如两个广告主竞争同一个广告展示位置，其中一个广告主出价 1.2 元，另一个广告主出价 1.3 元，则出价 1.3 元的广告主在竞价中胜出，获得广告展示的机会，但是以 1.2 元的价格成交。以实时竞价的方式完成广告资源的市场配置，这就在很大程度上规避了因信息不对称而造成的市场强弱地位的差异和各种不公平的市场交易行为。同时，以受众定向或流量拆分的方式配置资源，不仅可以使优质用户资源卖出更大价值，还能最大程度上开发小众用户资源的价值，为不同需求的广告主提供多样化的购买方式，推动网络广告朝智能化、规模化交易的方向快速发展。

▶ **三、广告的智能化投放与精准匹配**

传统广告活动中，广告作品设计制作出来以后，需要选择合适的媒体进行发布，也就是通常所说的广告媒体投放。在所有广告花费中，广告媒体投放的费用占有很大的比重，所以媒体策略的制订历来是传统广告活动的重要内容，以至于有专门的媒体购买公司为此提供专门的服务。传统的广告投放有两大弊端，一是主要依靠人力来完成，通常需要半年以上提前制订预算，然后进行媒介排期，流程复杂，费时费力，效率低下；二是大众传播时代的广告投放，是名副其实的"广而告之"，即通过大范围且高频次的信息传播，来寻找目标消费者，至于信息覆盖范围有多少目标消费者，能寻找到多少目标消费者，几乎不得而知。这种方式与其说是匹配，不如说是"捕捉"，代价昂贵，还带有相当大的盲目性。

广告业的这两大弊端一直是广告人未曾突破的难题，导致大量人力、物力、财力的浪费。直到在移动互联网技术、大数据和人工智能技术的作用下，广告投放的方式才得以改变，由人力主导的粗放式投放转为智能化的投放与精准匹配。

网络广告的智能化投放主要依靠程序化交易完成。程序化交易摆脱了传统人力购买媒介的方式，通过机器自动完成广告购买与广告投放。程序化交易依靠机器自动执行，可以随时购买，即刻投放，不需要广告主或广告公司当面与数家媒体逐一商定广告投放位置、投放时间、投放内容等，大大降低了人力成本和时间成本，提高了广告投放的效率。相较于传统的人力购买方式，程序化交易使广告投放的各环节可以自动、瞬时完成。在用户打开网站不到 1 秒的时间内，程序化交易系统能完成从购买媒介到广告投放在用户屏幕上的全过程，且投放的形式、时间均更加灵活。

广告内容的精准匹配则集中围绕"计算广告"而展开。从 2008 年"计算广告"概念一提出，学界和业界就努力围绕此问题展开研究，重点涉及信息检索技术、定向技术、文本分类与挖掘技术，尤其是基于大数据计算的各类算法，甚至包括语言计算与情感计算，以及这类计算技术与算法在广告精准投放、个性化推送与广告目标人群定向中的运用。计算广告在互联网广告领域的典型实践包括：

（1）搜索引擎广告，该种广告主要利用信息检索技术，根据用户即时搜索的关键词来投放相应的广告。由于关键词是用户主动输入并搜索的，因而呈现的广告与用户需求也是较为匹配的。

（2）定向广告，此类广告利用网络定向技术，如储存在用户本地终端上的数据（Cookies），对用户行为进行记录，然后向用户推送相关的广告。Cookie 是存储在用户终端上的小文本数据包，实时记录了用户的互联网行为痕迹，每当用户访问网站或者使用程序时，后台便可自动将每一个用户的 Cookie 数据传送至该网站或程序应用，并通过多元数据的结构化分析，对用户实现精准的需求定向、行为定向、内容定向、关系定向等。

（3）个性化推荐广告，此类广告与定向广告相比，个性化、精准化程度更高。它利用更复杂、更精密的算法技术，如用户画像、语言计算、情感计算等，对跨平台的用户数据进行收集与分析，主动向用户推送符合其偏好的广告。例如消费者在淘宝、京东等购物网站上浏览某些商品以后，其行为数据就会被后台记录，当再次打开网页时，相关商品的广告就会出现在眼前，广告栏里还会显示其可能会感兴趣的物品、购买过该商品的其他消费者还购买了哪些物品等。

▶ 四、广告效果的智能化监测

广告效果一直是广告主最为关心和重视的问题。监测广告效果，研究与考量影响广告效果的各种因素，一直是广告业务运作的核心环节。

传统的广告效果评估主要通过比较粗放的量化指标和浅层化的质性指标。量化指标包括如报纸杂志的销售量、广播的收听率、电视的收视率等，质性指标有受众的地域、职业、年龄分布状况等人口统计学特征等。而对于目标受众对广告呈现的真实态度和反应，广告主只能通过问卷调查等形式进行验证，这样的验证方式不仅成本高昂、效率低下，而且很难保证其调查结果的精确性，受众对广告态度的真实心理认知很难被准确测量到。此外，传统的广告效果评估采用事后评价的模式。在广告传播活动结束之后，对效果进行监测，用以总结反思，这种模式对于传播过程中的问题难以及时发现与补救。这就产生了困扰广告行业人群已久的"哥德巴赫猜想"难题：我知道我的广告费有一半是浪费的，但我不知道浪费的是哪一半。

伴随着大数据、数据分析技术以及人工智能在广告业的应用，以数据为核心的自动化、实时化、精准化的广告效果监测模式才重新建构起来。

程序化交易实现了广告效果的自动监测、实时反馈。通过对多方平台数据的收集、连接与汇总，程序化交易可以自动追踪和分析出用户从曝光到购买行为的实时变化，广告与用户的每一次接触与互动都会被记录并传输到数据库之中，比如用户是否观看了广告？观看了多久？通过何种渠道观看？是否产生了购买行为？等等。此外，实时的数据反馈使广告投放有了实时调整的能力，广告主可以针对广告传播效果，随时改进广告表现方式和媒介投放方式，在不断优化中获得广告效果的持续提升。这种改变是前所未有的，如今我们有可能在一天之内就使广告投放达到广告主的预期效果。

依托大数据及大数据技术，广告效果的测量变得更加精准、真实。大数据与大数据技术不仅能够分析传统调查获得的结构化数据，还支持多种非结构化数据的挖掘、汇总与分析。例如在人工智能的帮助下，运用语义检索技术、文本挖掘技术以及网络分析技术构建算法模型，可以对消费者的评论、点赞、转发、分享等行为数据进行量化分析，捕捉用户的情绪数据与社交关系数据，直观得到消费者对待广告的态度与倾向。此外，还可以利用眼动追踪技术、面部表情识别技术、视听分析技术等多种生物技术，基于消费者的生理角度进行广告传播效果的衡量，使广告效果的测量变得精准、真实。

▶ 五、广告内容的智能化生产

广告产业是充满想象和智慧的地方，广告策划与广告创意是广告活动的核心和灵魂，也是广告活动最具有知识生产特点的业务。在广告业发展的进程中，依靠广告人的智慧与灵感，塑造了诸多经典广告案例和品牌形象，缔造了诸多广告神话。也正是由于广告人智慧的光芒，使广告产业成为"知识密集"型行业。

在过去，我们通常认为人的智力劳动在知识生产过程中是不可被取代的。但是，大数据和计算技术的运用和发展加快了"机器学习"的发展，从而推动了人工智能的进步，进而使计算机可以代替人类从事许多工作。在大数据以及人工智能技术的助推下，智能化的广告内容生产开始出现。2016 年，麦肯广告公司在日本任命机器人 AI-CDβ 为世界上第一个人工智能创意总监并指导公司的广告创意，它还亲自创作了某口香糖的电视广告。2017 年，阿里人工智能设计师"鲁班"，为双十一活动进行海报设计，每秒可以设计 8 000 张，总量达 4 亿张。2018 年 4 月，京东推出了一秒生成上千条文案的人工智能写作系统——"莎士比亚"系统。利用人工智能技术，结合京东积累的数据资源对语句进行解析与生成，该系统每秒可以"吐出"上千条文案。用户只需要输入商品有关信息，机器便可自动生成广告文案。同时在文案风格上，用户可以根据自己的喜好，选择文艺、古文等多个条件，使其产出的文案更加贴近自己的需求。

虽然智能化内容生产目前来说还不能离开人类的帮助，但是随着人工智能技术的成熟以及数据量的积累，机器系统可以分析大量创意作品，从中学习并形成新作品的创作理念。在大数据与人工智能技术的推动下，智能化广告业务运行一定会迎来更大的发展空间。

思考题

1. 谈谈早期网络广告与传统媒体广告的异同。
2. 网络广告的互动形态有哪些？
3. 与传统调查方式相比，市场和消费者的智能化洞察有哪些特征？
4. 论述广告的智能化投放与精准匹配。
5. 谈谈你对广告内容的智能化生产的理解。

本章即测即评

5

第十三章　智能广告的经营与运作

广告公司在进行业务经营和运作时总要遵循一定的模式，以保证客户服务和组织管理的高效与高质。随着数据计算技术与智能技术在广告领域的应用，广告产业的生存发展环境发生了巨大变化，传统广告公司的经营与运作模式已无法满足智能广告的需求。智能广告急需一种新的经营与运作模式。本章主要阐述有关智能广告的经营与运作问题。

第一节　网络平台的角色与职能

现代广告业的市场运作一直由媒体、广告公司、广告主三方构成，彼此分工明确、合作紧密。而在数字传播时代，传统广告公司面临着严重的生存和发展危机。坐拥丰富媒介资源和技术优势的网络平台成为广告经营活动的重要角色。

▶ 一、传统广告公司的生存发展危机

媒介代理和客户代理的市场运作模式是现代广告产业成熟的标志。在数字传播时代，无论媒介代理还是客户代理，在市场环境的变化和新技术手段的冲击下，其业务内容、业务能力、业务水平都受到了深刻的挑战，传统广告公司正在面临颠覆性的生存发展危机。

（一）基于媒介资源的丰富所造成的媒介代理的危机

广告业务的双向代理是现代广告业运转的基本模式。其中媒介代理模式形成的主要原因，在于原本受雇于单个媒介推销版面的社会人员，为获得更多的经济报酬，开始推销多个媒介的广告版面或时间，进而脱离媒介受雇者的地位，创办组建出新的媒介广告代理公司，在广告主与广告媒体之间独立进行版面或时间的批售。在传统媒介时期，优质的媒介资源一直都是极其稀缺和宝贵的，少数高覆盖率、高到达率、高收视率的稀缺媒介资源被大量的广告主竞相争夺。而广告公司，尤其是数量众多的媒介型广告代理公司，凭借自身的渠道优势、资金优势和服务优势，以"媒介掮客"的身份，从传统媒体廉价批购版面、时间等媒介资源，牢牢掌握着媒介资源，特别是优质媒介资源的配置权。大多数广告主只有通过竞相加价才能从媒介型广告代理公司手中购得稀缺的媒介资源，这才使媒介型广告代理公司得以将广告版面或时间高价零售给各广告主以赚取佣金或者差价。优质媒介资源的稀缺以及媒介配置权的独占，使媒介代理成为一种延续性制度，为媒介型广告代理公司

提供了广阔、持久的生存空间。

　　数字传播时代，信息传播和信息生产在时间、空间、内容类型以及生产模式上的多重突破，尤其是互联网海量的信息储存与海量的信息传输，已使媒介资源不再稀缺。传统中介型媒介代理业务赖以生存并引以为傲的优质媒介资源正在走向无限丰富。除了传统四大媒介，广告主还可以借助网页、搜索引擎、微博、即时通信软件等多种新兴媒介资源进行广告信息传播，尤其是网络社交媒体为广告主与消费者之间的沟通提供了免费的平台。由于互联网领域媒体资源的无限丰富，依靠资本的力量通过媒体购买来实现媒体资源的垄断与独占，已经是不可能的了。媒介型广告代理公司一以贯之的"购买—零售—赚取差价"的市场模式也就丧失了竞争优势。这就注定媒介型广告代理公司，以及综合型代理公司中纯中介型的媒介代理业务的消亡。

（二）基于智能化投放与精准匹配所带来的客户代理的危机

　　与媒介代理相比，客户代理更体现出专业性与智慧性、科学性与艺术性高度结合的双重属性，其形成的主要原因在于，广告公司能够为广告主提供多种其所需要的专业化服务，且这种服务是广告主本身所不具备的，或者广告主本身运作的水准要远低于广告公司。自艾耶父子广告公司成立以来，广告人正是依靠自身的专业知识与技能为广告客户持续提供高水平的客户代理服务，才确立起广告业不可替代的产业优势和地位。然而大数据及其分析技术正在推动广告业从"人力‒智慧密集"走向"机器‒智能密集"，人工操作型的传统客户代理在计算技术与机器智能的冲击下，几乎所有专业优势一并消失。传统的客户代理也面临着深重的挑战。

　　依托于大数据分析、程序化交易和各类数据计算技术，广告运作已经极大程度上实现了智能化投放与精准匹配。即使不借助广告代理公司，广告主也能通过各类计算机程序自动完成市场和消费者的洞察、媒体购买与投放以及广告市场交易等诸多业务，甚至比广告代理公司提供的服务更精准、客观、全面、真实、迅速。智能化投放与精准匹配不仅将夹缝生存的纯媒介型广告代理公司彻底推向了绝境，还削弱了广告主对客户代理型广告公司的依赖，使广告公司的专业地位和作用不断弱化。

（三）基于产业核心要素转移所造成的全面危机

　　媒介代理和客户代理是广告产业得以立足和发展的核心业务，而这两大核心业务也构成了驱动广告产业发展的核心要素。在现代广告产业诞生之初，广告代理公司作为媒介掮客进行版面购买与推销，劳动力是广告产业发展的核心要素。在客户代理时期，当市场与消费者调查、广告创意与策划、媒介购买与投放等业务陆续纳入广告代理业务时，知识、智慧是广告产业发展的核心要素。进入大数据时代，当上述广告业务都趋向智能化运作时，数据和技术正在取代人力（包括劳动力和智慧）成为广告产业新的核心要素。

　　产业核心要素的转移极大提升了广告运作的效率与效能，推动广告业朝着技术密集和数据密集的方向发展。但当数据和技术成为广告业的核心要素时，大量网络平台，如非广告专业类的数据公司、技术公司和互联网公司利用自身发展过程中积累的用户、数据、技术优势，开发出诸多广告技术、广告产品、广告模式，迅速入侵广告市场，不断占据传统广告产业的受众资源、客户资源、资本资源。当这些平台既是基于用户兴趣、社交、搜索、购买等行为的海量数据供应商，又是拥有并能够提供高水平技术服务的机构，从而有能力为品牌商提供基于广告制作、发布、评估优化的"一站式"互联网营销方案时，也就意味着广告主对广告公司的依赖大大削弱，传统广告公司所具有的渠道价值、创意能力、议价能力都将受到全面威胁。与正在面临全面危机的传统广告公司不同，网络平台的地位和作用一直在不断上升。

▶ 二、网络平台发布与代理的双重角色与职能

在传统的分工中，广告产业的主体主要由广告主、广告公司、广告媒体三方构成：广告主是广告活动的发起者，由提出发布广告的企业、团体或个人构成。广告主为了推销商品或服务，委托广告公司代理其广告业务，并支付广告费，因而广告主规模的大小、广告需求的多少、支付能力的高低决定了广告市场的规模；广告公司是广告活动的经营者，最早只是接受广告主和广告媒体的双向委托，承担媒介版面的购买和销售工作。随着广告公司的规模化发展和专业能力的提高以及广告市场的需求，广告公司承担的主要业务又发展出市场调查、广告策划与创意、广告设计与制作、广告效果测定等广告专业业务；广告媒体是广告媒介的组织单位，作为广告活动中的重要一环，其主要的职能是发布广告信息。

在网络广告发展初期，网络平台仅扮演着媒介的角色，承担起广告发布的职能。初期网络平台如门户网站、垂直网站，通过免费提供内容和服务获得了大量的用户资源，成为广告刊登的理想场所。但由于当时数据收集技术、存储技术与分析技术的不成熟，网络平台拥有的数据量和数据类型较少，同时缺乏对数据进行深度挖掘与分析的手段，导致流量上的优势并不能直接转化为专业服务上的优势。因此，这一时期的网络平台并没有进化出更高级的服务，只是延续着媒体的角色，向广告主出售固定的版面和时间，承担纯粹广告发布的职能。

在数字传播时代，伴随着"数据和技术"成为驱动广告产业发展的核心要素，广告产业所处的市场环境和传播环境也发生了巨大变化。一方面，媒介资源的无限丰富已经使广告主自办媒体、自主广告从可能变为现实。广告主对纯粹媒介代理的需求正在不断下降；另一方面，消费者在信息传播过程中的地位逐渐从接受者走向主导者，从以往的"人找信息"变成"信息找人"。更甚者，消费者通过主动获取商品信息、主动反馈商品意见、主动发布商品信息，广泛参与到广告活动中，变得越来越难以说服。对于这些新的要求，传统广告公司传统的运作逻辑已难以奏效。21世纪前20年，随着移动互联网、社交媒体以及通信技术的发展，拥有大量数据优势和技术优势的互联网平台公司逐步兴起并进入广告业，开始扮演着媒介与广告公司的双重角色，承担起媒介代理与客户代理的双重职能。

纵观我国各大互联网平台公司的发展历程，其发展路径皆是借由互联网，嵌入并改变

人们社会生活的各个方面，从而获得了自身的发展，如微博、淘宝、滴滴、美团、今日头条等。这些互联网平台公司满足着用户的多重需求，因而获得了平台用户的不断沉淀。而不断增长的平台用户在享受平台便利的过程中，又产生了各种形式的网络劳动并转化为大量的用户数据。在大数据及人工智能等技术的作用下，各类互联网平台型公司的数据优势最终被转化为服务上的优势。各类网络平台在实践中获得并进化出比传统广告代理更加精准的市场调查、更为合理的广告决策、更加新颖的广告创意、更为高效的广告制作、更为真实的广告反馈、更加高效的交易平台，进而延伸出了提供广告专业服务的功能。由此，传统的广告媒介发布与广告专业代理的劳动分工和角色定位，在互联网平台上发生了重合。

第二节　智能广告的运作流程与作业方式

　　传统广告生产的运作流程采取的是工业大生产的作业方式，即程序化流水线的作业方式。此种运作流程与作业方式，适宜于同一产品的批量化生产。但广告是一种个性化、差异化的产品生产，传统的广告生产与生产方式的严重冲突会造成广告产品生产的高成本和低效率。相比之下，智能广告的生产与运作，却是高度一体化的。

▶ 一、传统广告生产的运作流程

　　18 世纪 60 年代左右，以英国为首的资本主义国家陆续开展工业革命。蒸汽机、纺织机等一连串机器的发明、改良与应用引发了生产方式的变革，机器逐渐取代人力，工业化生产逐渐取代个体手工生产。人类由此进入工业经济时代。工业经济时代的大规模生产，绝大多数产业的生产运作都具有这一特征，即高度程序化的流水线作业方式。流水线作业方式，是将完整的产品生产过程分解为多个环节，各环节按照一定的顺序和标准依次对产品进行加工，直到产品最终完成。自 20 世纪初美国福特汽车公司建立起世界上第一条自动生产流水线以来，流水线作业方式和规模化生产推动了汽车、钢铁、物流、纺织等一大批产业的发展，成为工业大生产的典型特征。

　　广告业作为第三产业，尤其是第三产业中的信息服务业，每件广告作品与每次广告生产都是独特且异质的，是广告人智慧与知识、经验与见解、灵感与汗水等多种因素相互联结、相互激发、相互碰撞的综合产物，并不具备任何程序化生产和可复制的特征。但广告生产毫不例外地采取了工业化大生产的生产方式。从广告的具体业务运作来看，从起始的广告调查，到相继展开的广告目标的确定与广告策略的制订，从广告诉求与创意到广告设计与制作，从媒体选择与组合再到媒体投放，直至广告效果的检测，一则广告作品或一项广告活动，都要经过若干道严格的工序方能得以完成。这样一条广告运作链，有以下两个特征：第一，一个完整的广告业务流程被分割为多道工序，各道工序之间具有明显的顺序性。前一工序的完成是后一工序开始的基础，各道工序都必须按照固定的节奏和时段依次进行，任何环节的缺失或者越位都有可能扰乱广告业务的正常运作。广告业务运作的流程都是固定且标准的。第二，每道工序分别由不同的部门或公司负责，如专门实施市场调查的部门或公司，专门进行广告策划与创意生成的部门或公司，专门进行媒体排期与投放的部门或公司，以及专门进行效果监测的部门或公司。他们接力完成整个广告运作活动。可见，广告生产的这种高度程序化，与工业化大生产的流水线作业并无二致。

也许这种生产方式能为广告作品或广告活动提供专业化的质量保证，但批量化生产的流水线作业需要投入大量的人力、物力和时间，如对系统进行整体统筹、对各生产环节进行调控安排、对生产资源进行有效配置等，其产出效率自然是极其低下和缓慢的，无法适应变化愈来愈快的市场需求和激烈的竞争。为了改善此状况，广告公司滋生了另一种广告运作方式：小组制。小组制运作方式着眼于整个广告生产活动，将跨部门、跨环节的人员放在一起，突破了流水线生产的程序化和固定化的模式，赋予广告生产灵活性与互动性的特征，极大程度上提高了广告生产与运作的效率，使上述问题得到一定程度的克服和改善。但究其根本，广告业务运作的实质并未发生明显改变，只不过由"大循环"变为"小循环"，仍无法满足日益增长的外界需求。

▶ 二、智能广告的一体化作业方式

在大数据时代，媒介资源的无限丰富以及广告主体的多重变换，迅速拉动了广告市场的增长，对广告生产与运作的效率提出了更高的要求。在数据平台和数据分析技术的支持下，传统的广告业务形态正在经历一场深刻变革，工业大生产的流水线作业方式迎来了挑战，取而代之的将是广告生产与运作方式的一体化。智能广告正在克服传统广告生产的局限性，加速实现着广告生产与运作方式的一体化发展。

一体化是说原先若干个相互独立的主体通过一定的方式融合为一个联系紧密、彼此包容的整体。事实上，一体化应用的领域较为广泛，常见的有经济一体化、城乡一体化、物流一体化、管理一体化等。究其实质，一体化强调的是不同主体之间联系程度不断加深的过程。从生产和管理的角度来看，一体化最明显的优势在于打破了原先各环节之间相互隔绝的状态，实现了各环节功能与资源的聚合，不仅能够充分发挥各环节的比较优势，还能通过内部协同产生"1+1>2"的效果，进而极大限度地提升整个生产与管理活动的运作效率。智能广告高度一体化的作业方式不仅是指所有业务运作的智能一体化，还包括市场交易的一体化，以及业务运作与市场交易的智能一体化。

（一）所有业务运作的智能一体化

广告所有业务运作的一体化是指以精准投放为中心节点，将广告调查、广告投放与广告评估等多种业务整合在一起，提供智能化与自动化的一揽子解决方案。作为广告业务运作最后一环的广告媒体投放，熔铸了广告人所有的心血、聪明和智慧，是一道道极为复杂而又精细的业务运作程序的结晶。与传统广告投放不同的是，精准投放寻求的是情景、用户与广告三者的最优匹配，即在适当的情境下将适当的广告内容推送给适当的用户。也就

是说，精准投放不仅仅涉及媒体投放这一个环节，而是囊括用户定位、内容匹配、媒体投放等一系列环节在内。在一体化的业务模式中，当广告主提出营销传播需求时，广告公司不再需要像往常一样进行流水线作业，而只需在数据后台上传广告素材，选择投放群体的标签特征，如性别、年龄、学历、兴趣等，之后点击广告投放即可。广告投放之前所有复杂的业务程序皆由各种数据分析和算法自动完成。精准投放以自身为中心节点，解构了传统广告运作的精细化流程，实现了广告生产方式与业务运作方式的智能一体化发展。

（二）市场交易的一体化

媒体购买，是广告主最主要的经费投入，是广告市场最重要的一种交易行为。传统的媒体购买的市场交易，通常是以合约的方式完成的。广告公司需要与广告主事先签订合约，商定媒体购买的具体事宜，比如位置、时段、版面等。因其交易量巨大，所以交易双方都设置独立的部门专门来从事此项交易。例如广告公司的媒介部、媒介的经营部。在大数据时代，随着媒介资源的无限丰富，广告市场的交易量激增，合约化的交易方式将耗费大量时间，远远满足不了广告市场的交易需求。以程序化交易为代表的交易机制的兴起，便推动互联网领域的广告交易朝着一体化方向发展。广告市场交易的一体化是指将从事广告交易的双方和各类媒体资源整合在一起，自动完成从需求发布、双方对接到最终购买的一体化服务。程序化交易平台实现了海量广告主、海量媒体资源和海量用户数据的聚合，媒体方在供应方平台上发布供应信息，广告主在需求方平台上发布广告需求，通过计算机软件程序自动下单，计算机通过各种复杂算法，毫秒间自动化完成交易。

（三）业务运作与市场交易的智能一体化

在广告的整体运作中，媒体购买的市场交易行为，与广告生产的业务运作一直是彼此相对独立的，甚至媒体计划、媒体购买与媒体投放这三道紧密关联的"工序"，在稍具规模的综合型代理公司的业务运作中，都处于彼此分离的状态。广告业务运作与市场交易的分离是广告生产流水线作业方式下的必然结果。广告业务运作的目的是制作产品，市场交易的目的是把产品输出，将二者分离进行差异化运作，能够充分发挥各自的专业优势，释放整个广告运作链条的生产效率。业务运作与市场交易相分离的运作方式，与工业经济时代的大规模生产与销售相匹配，然而在寻求更快交易频次、更低交易成本和更加个性化需求的信息时代，这种方式显然具有不经济的局限性。

依托于"程序化交易"这一中心节点，广告业务与市场交易实现了一体化运作。程序化交易所改变的不仅仅是广告资源的交易模式，更重要的还在于这种方式进一步实现了广告业务运作的一体化整合。以程序化交易的方式完成广告交易，广告主购买的不再是传统意义上的版面、时段等粗放式广告资源，而是每一个真实具体的用户，并在此基础之上，自动完成广告投放、广告监测与广告反馈等一系列业务运作。程序化交易将广告市场的交易行为与业务运作进行对接，实现广告市场运作与业务运作的一体化发展并在广告运作层面，重塑着广告业。

第三节   网络平台广告的组织管理方式

传统广告公司通常采取部门制与科层制的组织管理方式。此种组织架构与管理方式，存在极大的弊端。传统管理为克服上述弊端，又在此基础上衍生出小组制的组织管理方式。而广告公司的业务类型，除媒介传播外，基本上都是一种小型化的业务类型，因而与其组织类型又存在严重冲突。智能广告的平台化一体化运作，催生了平台化一体化的智能化组织管理架构。

▶ 一、传统广告的生产组织方式

一定的组织原则与组织方式，总是与一定的生产方式与业务运作方式紧密关联。有什么样的生产方式与业务运作方式，就有什么样的组织原则与组织方式。正如上节所述，传统广告公司采用的是工业经济时代的大规模生产方式，而适应工业经济时代大规模生产方式的最佳组织框架，是"具有大量职能部门，集权化的、科层化的金字塔。几乎所有传统广告公司都采用了这种结构，任何面对大量复杂任务的组织都复制了这种结构"[1]。广告业也正是采取了职能化、科层化的金字塔式组织结构，即通常所说的职能部门制。

广告公司依据工作内容实行高度专业化的部门分工，形成了若干管理职能部门和业务职能部门。管理职能部门，如行政部、财务部、和人力资源部等，担负着公司的各种管理职能；业务职能部门，如市场调研部、客户部、创作部、媒介部、公关部等，担负着公司的各种业务运作职能。当然，不同广告公司可以根据公司的定位和实际需求来对部门进行调整，每个部门也可按职能需要进行再细化。虽然职能部门制有助于部门业务的深耕，能够为广告作品或广告运动提供专业化的质量保证，但是广告公司的业务类型，除媒介传播外，基本上都是一种小型化的业务类型。小型化的业务类型却采用了庞大冗杂的组织管理方式，这就产生了极大的冲突与弊端。

第一，沟通效率低下。这种效率低下主要表现在横向沟通和纵向沟通两方面。在纵向沟通方面，广告公司的组织管理方式使决策权和管理权集中在少数的高层手中，只有高层才享受最终决定权。在广告经营活动中，由于权限低下，基层人员事事都需向中层请示，当中层具备相应的权限时，便可直接做出决定和回复。但由于广告经营活动与企业的声誉、形象、营收等直接挂钩，因此所需权限常在中层之上，同时，为避免承担决策上的风险，中层还会继续向上请示，等待高层做出最终决策。在反复的请示、汇报与确定中，时间被大量浪费，导致决策确定与执行的过程较长，内部沟通效率低下，很难应对变幻莫测的市

---

[1]   ［美］卡萝塔·佩蕾丝：《技术革命与金融资本——泡沫与黄金时代的动力学》，田方萌等译，中国人民大学出版社 2007 年版，第 24 页。

场需求。在横向沟通方面，科层化与职能制的组织管理方式严格规定了各部门的职责与权限，不同部门有着不同的工作内容，以及为提高部门运作效率而形成的操作方式与管理方式也不尽相同，甚至部门内部还会形成独有的"部门文化"。这些无形的壁垒阻断了部门之间的交流与沟通，导致跨部门的业务协调运作变得十分困难。

第二，容易导致部门本位制。传统广告公司是以职能为中心建立的组织结构，把从事相同工作的人集合起来放在同一个部门，这样的分工模式看起来是理所当然的，能够提供高效专业的服务。但职能部门制会把工作人员局限在一个非常有限的范围内，进行高度专业化工作的人员仅能对所在部门有所了解，而无法知悉组织运作的完整流程和宏观目标，各部门人员容易片面强调自己部门的重要性，形成部门本位制。

第三，个性容易受到压制。工作人员长期待在某一部门中，每天遇到相同的人，从事相同的工作，个人的兴趣、爱好、情感、视野容易受到压制，容易变得盲目、呆板与僵化，缺乏足够的创造性与主动性，无法了解和应付新的情况和问题。

传统管理为克服上述弊端，又在此基础上衍生出小组制的组织管理方式（有关小组制的详细讨论参见第五章）。广告公司常以一个或一组广告客户为服务对象组建专门的业务小组，每个小组都是一个功能齐全的单独服务单位。小组成员来自市场部、创作部、媒体部、客户部等多个业务部门，各方在同一空间内协同完成整个广告活动，并可以随时交流与沟通，极大改善了原先部门沟通不畅的问题。此外，小组制赋予员工更大的灵活度与弹性，小组成员只需向小组主管汇报，这样与主管的沟通也更加方便、快捷，省去了大量烦琐的业务程序。虽然小组制的管理方式较之职能部门制有了一定的进步，但"仍然受限于直线式的工作流程，知识与资源难以跨项目小组交换，赶不上互联网时代社群快速变化的脚步"[①]。

▶ 二、智能广告运作平台化一体化组织管理架构

正如上节所说，一定的组织管理方式取决于一定的业务运作方式。随着大数据技术、人工智能技术，以及程序化交易、精准匹配等技术推动广告业务运作走向平台化一体化，广告产业的组织方式必然发生适应性变迁。僵硬而笨拙的金字塔式的组织结构，必然为便捷而灵巧的组织方式所取代。在数据与数据计算技术的加持下，智能广告的组织管理架构呈现出平台化和一体化的特征。

（一）平台化

大数据时代，随着信息技术和数字技术的发展，广告公司的各项业务运作和管理活动大都通过数据平台进行。数据平台一般根据广告公司现有的组织结构和业务流程进行定制化设计。不同类型和不同定位的广告公司所搭建的数据平台也不相同，但大部分广告公司都将各种业务职能和管理职能同时安放在平台之上，形成若干业务管理系统和职能管理系

---

① 唐圣瀚：《数字环境下之广告公司创新经营与管理模式》，《广告大观（理论版）》2015 年第 2 期。

统，如客户管理系统、业务管理系统、财务管理系统、库存管理系统、办公管理系统、审批系统等。每一大系统下还包括多个子系统，方便管理者进行更细致化的活动管理。

与部门制、小组制的组织管理方式相比，平台化管理的优势在于：

1. 完全扁平化

数据平台上的各系统，无论是业务系统，还是管理系统都呈现出水平分布的特征，只有流程先后顺序之分，而没有上下级的权力序列。哪怕公司员工增长再多，部门再复杂，也不会导致层级的增加。

2. 灵活性强

管理者可以根据业务变化随时对系统进行调整，例如业务管理系统中有一业务，与客户管理系统中的某一业务功能相似、关系密切，那么可以考虑将这两项业务合并，组成新的管理系统。反之，当业务管理系统中存在某一明显不协调的业务时，可以考虑将其抽出，并入其他系统或组成新的系统。平台化管理直接面向流程，方便跨系统的管理，极大提高了组织管理的柔性与灵活性。管理者也将更多扮演协调各方的角色，而不再是监督、命令的领导角色。

3. 沟通效率高

各系统不必再需要事事请示，而是将信息和数据直接传送到数据平台上，各类信息直接在平台上展示，供其他人员随时获取。管理层的决策、基层的提案都作为一种信息在平台上流动，上情可以直接下达，下情也可以直接上达。

（二）一体化

借助这样一个数据管理平台，广告运作实现了数据化生产与数据化管理的一体化。

1. 数据化生产

这意味着广告公司要以消费者和市场洞察、广告生产、媒介投放、效果监测等业务环节为板块搭建起业务管理系统。依托于数据管理平台，各业务环节之间实现了协同运作、数据共享。任何一个环节做出的决策、形成的方案和取得的成果并不是直接传递给下一环节，而是反馈到数据管理平台上，供其他所有环节参考。也就是说，所有数据和信息都是共享公开的，任何业务环节都能随时从中调用自己所需的内容，形成或调整营销传播方案。

2. 数据化管理

传统广告公司的管理全凭感觉决定，存在极大的盲目性与不科学性。而在数据管理平台上，业务运作和管理活动中的每一个步骤、操作、流转都会被平台记录，留下数据。管理者能够以这些数据为辅助，做出合理的决策与判断，例如可以根据每日业务数据、财务数据、库存数据、客户数据等，来判断业务运行是否顺利、财务是否健康、库存是否正常、售后是否完善，以及是否需要做出相应的改善和升级。通过平台后端的数据反馈，管理者就能掌握整个广告公司的运行情况，有效进行统筹管理和精准决策，极大提升组织管理的科学性。

3. 数据化生产与数据化管理的一体化

由于数据管理平台实现了各系统之间的信息共享、互联互通，生产部门与管理部门得以实现一体化的结合，生产端的信息可以随时被管理端获取，管理端的信息也可以快速反馈到生产端。在业务运作过程中，管理部门可以通过数据管理平台获知业务运作的相关数据，实时知悉一线动态，了解业务运作过程中存在哪些优势和薄弱环节，分别给予鼓励或者支持，使优势继续弘扬，风险提前规避。同时，通过数据管理平台，管理端的意见和建议可以及时传递到业务端，实施落地和应用。

思考题

1. 传统广告公司的生存危机表现在哪些方面？
2. 论述智能广告的一体化作业方式。
3. 谈谈智能广告运作平台化一体化组织管理架构。

本章即测即评

5

第十四章　智能广告的发展趋向及效应

前面几个章节分别从广告的业务运作、经营与管理等方面，对当下智能广告的发展势态做了大致阐释。任何一项重大技术的应用，决定其生命力和影响力的，更在于其未来发展趋向及其所带来的巨大效应。智能广告在未来会发展成什么样？发展过程中会产生哪些效应？哪些因素又会阻碍智能广告的发展？本章将主要针对这些问题展开讨论。

第一节　智能广告与智能发展

智能广告运作的关键在于智能技术，智能技术的成熟度和应用水平决定了智能广告的发展程度。当下，由于智能技术尚处于初级阶段，因而智能广告的发展存在着诸多局限。智能技术的突破与升级，必将极大推动智能广告的发展，促进广告产业进入一个真正"智能技术"的时代。

▶ 一、弱智能时代与强智能时代

2016 年 3 月，谷歌人工智能 AlphaGo 首次在围棋比赛中战胜韩国棋手李世石，赢得了一场备受关注的人机大战。随后，"人工智能"一词逐步进入大众视野，引发人们的广泛关注与讨论。2016 年 10 月，美国连续发布《为人工智能的未来做好准备》以及《国家人工智能研究与发展战略计划》两份重要报告，将人工智能上升到国家战略层面。2018 年，欧盟、德国、法国皆陆续出台相关政策文件，大力支持人工智能的发展。我国则自 2017 年开始，连续多年将"人工智能"写入政府工作报告中。之后，学界与业界相继掀起了人工智能的研究热潮与应用热潮。

数据、算法和算力是支撑人工智能技术发展的三大要素。其中数据是基础，为人工智能技术发展提供基础性的资源支撑；算法是核心，为机器注入观察、感知、理解和计算分析的能力，决定着人工智能的运作性能和应用前景；算力则是指计算能力，算力的大小代表着人类数据处理能力的强弱。"数算力的高低强弱，与人工智能的发展程度是成正比的，可以直观地反映出人工智能的成熟度和智能化程度。"[1]

依据机器的智能化程度，人工智能可以分为强人工智能和弱人工智能。"强人工智能

---

[1]　刘珊、黄升民：《人工智能：营销传播"数算力"时代的到来》，《现代传播（中国传媒大学学报）》，2019 年第 1 期。

（Strong AI）由美国哲学家约翰·塞尔上世纪 70 年代在其论文《心灵、大脑与程序》中提出，主要是指对人工智能持有的这样一种哲学立场：基于心智的计算模型，以通用数字计算机为载体的 AI 程序可以像人类一样认知和思考，达到或者超过人类智能水平。这种立场与弱人工智能（Weak AI）或应用人工智能相对立，后者认为 AI 只是帮助人类完成某些任务的工具或助理。"[1]

　　就目前来说，人工智能的发展水平尚处于"弱智能"时代，可实现的功能包括语义识别、语音交互、图像识别、专家系统、智能家居、自动驾驶等。例如，很多智能手机里的智能助手（"Siri""小爱同学""微软小娜"等），它们只能基于学习的数据与用户进行机械式对话，其本身并不具备自我意识和理解事物的能力。一旦用户提问超出了数据学习范畴，这些语音助手的回答就显得逻辑混乱。又如近年来大热的"人脸识别"技术，目前也只能用于分析年龄、性别、体貌特征等表层信息，无法进行深入洞察，且这些表层信息稍有变化，就可能出现机器"识别错误"的现象。总之，在"弱智能"时代，机器的智能度是极其有限的。随着"数算力"水平的提升，弱人工智能终将发展进化为强人工智能，推动人类进入强智能时代。在强智能时代，人工智能不仅仅是帮助人们完成某些任务的工具，更是可以像人类一样具有自我意识，能够理解和感知事物，即使在有限数据或不确定的环境中，也能够独立思考、自主决策。尽管目前距离强人工智能还有较长的路要走，但可以预见，强智能时代的到来必将极大提升智能技术的成熟度与应用水平，创造出前所未有的社会图景，并引发相关产业的变革。

▶ 二、从技术密集走向智能技术密集

　　从互联网诞生之日起，广告业就开启了技术密集的征程。在较长一段时间里，广告业的技术密集，主要体现在互联网技术与数字传播技术的应用上，如早期的旗帜广告、弹窗广告、浮动广告到 Web2.0 时期的赞助内容广告、搜索引擎广告、定向广告等。但这一时期，广告业对技术的应用主要集中在创新广告表现形式与增强广告吸引力等方面，对深层次的广告运作并没有产生多么大的影响，人力仍是广告业发展的核心要素。当大数据计算技术与人工智能技术嵌入广告业的发展，才促使广告业进入一个"智能技术密集"的时代。"智能技术密集"是广告业发展的更高阶段，与"技术密集"的不同之处在于所有广告业务运作都通过数据分析和智能技术完成。"智能技术密集"主导下的广告业态，数据和技术成为广告业发展的核心要素，各种机器程序将取代人力自动完成市场与消费者洞察、广告内容生产、广告购买与投放等活动，且比人力更精准、更高效、更迅速、更全面。"智能技术密集"将极大提升广告生产与运作的效率，并主导广告业的未来发展方向。

　　当广告业走向"智能技术密集"时，智能技术便成为广告业发展的关键因素，智能技术的发展水平决定了广告业的智能化发展程度。因此，与人工智能发展的"强弱"对应，广告产业"智能技术密集"也有一个从"弱智能"到"强智能"的发展。"弱智能"时代的

---

[1] 陈自富：《强人工智能和超级智能：技术合理性及其批判》，《科学与管理》2016 年第 5 期。

智能广告实践，重点在广告投放、广告市场交易以及广告内容生产三个领域，沿着三条技术路线相继展开。它部分解决了广告信息的智能化匹配问题，实现了精准营销；它解决了广告市场交易的自动化问题，摆脱了互联网广告巨大交易量单纯依靠人工操作绝难胜任的现实困境；而广告内容智能化生产的尝试，更向我们展示出广告智能化发展的灿烂未来。但由于"弱智能"时代人工智能技术发展的内生不足，广告智能化发展的几个重点实践领域，都存在严重的智能度缺陷。

（一）消费者识别

"弱智能"时代的消费者识别，主要是一种基于用户行为数据即所谓网络"足迹"所做的身份识别、行为识别，以及在此基础上的基本消费需求识别。无论细分到什么程度，它都是一种典范的类型化识别。广告平台向它所认定的被类型化了的目标消费者投放与其基本消费需求相吻合的广告，由于没有个性化内容智能生产的支持，它向类型化目标消费者投放的广告，都只能是相同内容的广告。与传统广告的消费者识别和广告投放相比，有精准程度的差别，却无本质的不同，从其整体广告投放模式来看，依然是一种基于类型化识别的群体性投放模式，即传统广告"一对多"的投放模式。它有粗放式的类型化匹配，却远非智能广告所追求的基于个性化与定制化的"一对一"的精准投放与精准匹配。

（二）程序化交易

在程序化交易领域，它依靠计算机程序解决了广告市场交易的自动化问题，却没能真正解决好受众的个性化定向与精准流量拆分的问题，其受众售卖与流量资源的配置，也仅止于一种类型化的智能水平。它所延伸的广告效果智能监测的业务，一直止步于互联网初期就已开始使用的在链路末端对用户点击行为所作的数据搜索与分析。其程序化交易中诸如实时竞价的过度商业化地开发与运用，更是偏离了智能化的初衷。

（三）智能生产

检视"弱智能"时代的广告内容的智能生产，其主要局限有：其一，每秒能完成8 000张海报的设计、能生成20 000条文案，如此的机器智能的确令人惊悚，它"解决了大企业内容制作效率和小企业内容制作能力的问题"[①]，却没有改变传统的广告内容生产方式和组织方式，差别只在于用机器智能取代了人工智慧。其二，类似阿里的海报设计与文案制作，只实现了广告创意与广告产品的对接，却没能实现与目标消费人群的对接，不是以目标消费者为指向的智能广告创意与生产。其三，它依然只是一种基于"一对多"的群体传播模式，而非针对消费者个体定制化的内容生产，因此不能支持"一对一"的高度个性化的精准投放与广告信息的精准匹配。其四，"弱智能"时代的广告内容的智能化生产，基本上还处于探索阶段和实验时期，既没能嵌入广告的智能化生产与运作流程，更没能进入大规模

---

① 韩霜：《程序化创意的现状和发展路径分析》，《广告大观（理论版）》2017年第3期。

商用。虽然一些互联网公司和科技公司开始尝试将智能创意嵌入广告业务运作，却一直未能解决针对个体消费者个性化内容的规模化生产问题。

就整体智能化发展来看，广告产业还存在一个智能"分割"与"缺环"的严重问题。广告各业务领域与业务环节的智能化发展，是相互影响和相互制约的。受众与消费者洞察影响和制约着广告的精准投放，受众定向与广告投放的智能化水平，影响和制约着程序化交易的智能化程度与效应。"弱智能"时代几大领域的智能广告实践，均存在各自的智能缺陷，相互制约却不能实现智能化的协同运作，长期以来一直各自独立发展。尤其是作为核心业务的广告内容智能化生产，既没有突破智能度的局限，也没有嵌入广告业务运作的整体流程，造成整个广告产业的智能"断链"和智能"缺环"。这种状况，与智能一体化的技术路线完全背离，也突出反映了广告产业整体智能化水平的低下。

而强智能技术的到来将极大提升广告业的智能化应用水平，突破"弱智能"时代未能突破的智能局限，为我们展示一幅智能广告发展的理想图景。

▶ 三、广告智能化发展的精准化与一体化

智能技术的突破，将重塑智能广告的新业态，推动广告业朝着精准化与一体化的方向发展。

（一）精准化

1. 用户识别

用户识别是广告运作的起点和基础，也是"强智能"时代智能广告全面升级的基础和前提。它将在强人工智能等技术支持下，从群体性定向进一步走向个性化识别，从行为追踪进一步走向心理洞察。所谓精准，一定是高度个性化的，更应该包括心理层面在内。"强智能"时代的用户识别，将有一个足以支持其个性化识别和心理洞察的数据基础。"强智能"时代用户识别的数据基础，将是一种囊括消费者物理空间与虚拟空间所有全域范围的历史数据与实时数据，以及文字、图像、音频与视频各种不同类型数据在内的真正意义上的"大数据"。一般来说，有效数据的规模越大，其分析的精准度越高。强人工智能技术驱动下的强大算法、算力可以将"弱智能"时代难以处理的诸如声音与视频等"质性数据"，全部纳入算法的范围，并且进一步深入用户的内心世界。人脸识别、语音识别等技术的运用，甚至可以从用户的目光神色、肢体动作中，洞察其内在心理与情绪。用户特定场景下特定心境的识别，皆涵盖其中。个性化识别与心理洞察，将是强智能时代对用户识别重新定义的核心，从而为"强智能"时代广告智能化的全面升级奠定基础，提供前提。

2. 内容生产与分发

（1）在"弱智能"时代，即使用机器替代人工来从事广告内容生产，也依然没能改变传统广告内容的生产方式和组织方式，依然不能支持广告内容的个性化匹配。"强智能"时代广告内容的智能化一定是针对消费者个体的个性化内容生产，并且将实现个性化内容生产的规模化。有多大规模的消费者，就将有多大规模的个性化内容生产。它将是在同一时

间同一平台上同时针对超大规模的消费个体所进行的个性化产品超大规模的生产。这种生产方式和组织方式是前所未有的;(2)"强智能"时代广告内容的智能化生产,还应该是包括文字、图片、音频、视频各种形态在内的全形态广告内容的智能化生产。"强智能"时代,在增强移动带宽等技术的支持下,广告内容生产也将进入一个新的视频时代,并将在虚拟现实(VR)/增强现实(AR)/混合现实(MR)应用的深度介入下,将广告视频内容的生产推向场景化的新阶段;(3)创意性的内容生产也将普遍进入智能生产领域。"弱智能"时代计算广告谋求的信息匹配,主要是内容的匹配,很少涉及创意的匹配,即通过最合适的创意及其表现来匹配用户的审美情趣。这是一种更高难度的匹配,如果说"弱智能"时代它还在艰难的探索,那么,"强智能"时代将逐步进入商用。总体来看,"强智能"时代广告内容的智能化生产,将是一种高度个性化且规模化的内容生产,又是一种全形态的内容生产,还将是一种充满机器智慧的创意性内容生产。

在内容分发方面,精准的内容分发与投放主要基于用户的精准识别与个性化内容生产。在"强智能"时代,有了用户的个性化识别,就会有广告内容的个性化生产。在网络容量、带宽与速率的支持下,有别于"弱智能"时代类型化分发与投放的广告信息的个性化分发与匹配,将成为一种新常态。

3. 广告的市场交易

"弱智能"时代的程序化交易技术,重点安放在广告市场的自动化交易上。所谓的用户定向与流量拆分,只是为了加强程序化交易对广告主的吸引。受用户识别的限制,其用户与流量价值的评估,以及在此基础上所进行的用户售卖与流量资源配置的智能化水平还是非常有限的。"强智能"时代,用户的精准识别以及在此基础上精准投放技术的植入,将促使程序化交易进一步从自动化走向真正的智能化,真正实现自动化市场交易中用户与流量资源的高度个性化的精准配置。

(二)一体化

在传统的广告运作中,市场运作与业务运作从来都处于分割状况。在广告业务运作中,从市场与消费者调查、广告策划、广告创意与表现、广告媒体选择与投放到广告效果的测定,这些业务环节都是彼此独立的。上一章分别对智能广告的业务运作一体化、市场交易一体化、业务运作与市场交易一体化等进行了阐述,但总的来看,"弱智能"时代广告的一体化发展,与广告的传统运作形态并没有太大差异。受技术、数据、资金等多方面限制,程序化交易、程序化投放、精准匹配以及程序化监测等并没有得到全方面的应用和普及,各业务运作环节,业务运作与市场运作仍处于彼此隔离的状况。特别是,智能化生产始终未能嵌入广告业务运作的智能链条,造成智能产业的"缺环"。

而"强智能"时代的智能广告运作将使我们看到广告业务运作的智能一体化,其中有用户识别与广告投放的智能一体化、用户识别与广告内容生产的智能一体化、广告内容生产与分发的智能一体化,最终将形成从用户识别到广告内容生产,从广告内容生产到广告分发与投放,直至广告效果的实时监测,所有广告业务的高度智能一体化。我们还将看到,广告的市场运作与广告业务运作高度一体化的智能化发展。从程序化交易平台接收到广告主广告投放的申请开始，平台就开始启动智能广告的全程化运作，无时不在、无处不在，直至广告主终止广告投放为止，这是一个全链路的智能闭环。

第二节 智能广告与智能覆盖

如果将智能广告的上述突破看作智能广告的纵向发展的话，那么随着智能技术的突破，智能广告还将实现横向的全面智能覆盖，包括全产业链的智能覆盖和全媒体的智能覆盖。

▶ 一、全产业链的智能覆盖

从现在来看，广告产业的各生产运作环节，基本都实现着一定程度的智能覆盖。唯一存在的智能产业"缺环"，就是广告内容的智能化生产。不是说广告内容没有尝试智能化生产，而是说广告内容的智能化生产没能嵌入广告生产的智能链条。正如前面所言，理想的广告业务运作的智能一体化，包括从用户识别到广告内容生产，从广告内容生产到广告分发与投放，直至广告效果的实时监测，所有广告业务高度智能一体化。但就智能广告目前的发展现状而言，机器主导的内容生产，依然没能改变传统广告内容的生产方式和组织方式，依然不能支持广告内容的个性化匹配。因而，它与追求个性化与精准化的用户识别与广告投放是相分离的，其既无法与前端的用户识别产生互动，也无法与后端的广告分发与投放等环节实现协调运作，导致智能化内容生产的"缺环"。广告智能化生产的"缺环"，使完整的广告业务运作变为：第一，广告主事先生产好广告素材或广告作品，然后将其上传到数字平台上。第二，在既有广告内容的基础上，点击投放，并通过机器自动完成用户识别、精准分发与效果监测。目前的智能化生产仅停留在第一部分，即对广告素材的创造、分析、组合、拼贴与优化等方面发挥主要作用，而始终未能实现第一部分与第二部分的串联，将广告内容的生产嵌入广告生产的智能链条中。

智能技术的突破以及智能广告的发展，将实现全产业链的智能覆盖，并带来两方面的巨大提升。一是全产业链智能化发展程度的进一步提高。这正如上一节所说，在强人工智能等技术的支持下，智能广告将实现有限智能度的突破，广告产业链上的各环节将走向真正的"精准化"与"一体化"。二是智能化内容生产将深深嵌入广告智能一体化的运作之中。强人工智能技术的突破将极大提升广告内容生产的智能度，实现针对消费者个体的个性化内容生产，并且实现个性化内容生产的规模化。如程序化创意平台（Programmatic Creative Platform）是在数据与算法驱动下对广告内容进行创作与优化的智能广告生产方式。程序化创意平台在大数据与人工智能技术的支持下，自动完成创意元素组合、文案写作等广告创作活动。机器通过学习大量的广告作品，事先设计好多套创意方案，然后根据广告需求与消费者偏好由机器自动生成创意。程序化创意平台将填补广告智能化链条的最后一环，使广告内容的智能化生产深深嵌入一体化的业务运作之中，完成与前后端各环节的对接，构成完整的智能闭环。从用户识别开始，到广告内容生产，再到广告投放与广告效果监测，智能技术将覆盖全产业链，真正达到智能广告的一体化运作。

▶ 二、全媒体的智能覆盖

当前智能广告的媒体覆盖范围主要是互联网媒体，随着智能技术的突破以及传统媒体的数字化转型，智能广告将实现互联网媒体与传统媒体的全媒体覆盖。

在"弱智能"时代，我们就已经开始讨论传统媒体发展转型的问题，之后，又围绕传统媒体的转型发展，探讨传统媒体的融媒体与全媒体发展形态的问题。其中，都涉及传统媒体数字化与网络化生存。受技术的限制，也受传统媒体资源占有的限制，时至今日，传统媒体始终未能充分实现数字化与网络化生存形态与生存方式的转变。强智能技术的超大容量与超强速率，使网络流量从稀缺资源一变而成为廉价的富余资源，从而"改变了传统媒体在与互联网的流量之争中的劣势地位，为传统媒体低成本进入互联网领域，提供了巨大的历史机遇"[1]。一旦传统媒体采取数字化与网络化生存方式，就将由不可计算变成可计算。这样，智能广告就将实现从互联网到传统媒体的全覆盖。

"弱智能"时代的互联网，还只是"人联网"，其典型形态如连接人与交易的生态系统阿里巴巴，连接人与交流的生态系统腾讯，连接人与信息的生态系统百度与字节跳动。[2]在"弱智能"时代，我们就讨论过物联的问题，由于技术的限制，物联并没能成为"弱智能"时代的应用场景。"强智能"时代的海量机器类通信，为"万物物联"提供了无限接入的网络基础，将开启大规模物联网业务。随着物联网业务的开启，世间万物皆被数字化与网络化，形成一个无所不包的互联网物质世界，构建出万物互联的智能世界。人与物互联互通，人与机器、设备互联互通，物联与人联互联互通，线上与线下互联互通，虚拟世界与物质世界互联互通，这就为智能广告提供了一个新的全域空间，或者说，智能广告将实现全媒体覆盖。

第三节 智能广告的产业主体

智能广告的兴起与发展，促使广告产业的核心生产要素由人力转为数据和技术。当数据与技术成为广告业新的核心资源与核心生产要素，拥有数据优势与技术优势的超大型互联网企业将纷纷进入新型广告市场，和众多数据型公司和技术型公司一道共同成为广告市场和广告产业新的主体。

▶ 一、超大型的互联网企业

广告产业有两大核心能力，其一为整合媒介资源并投放广告的能力；其二为分析消费

---

① 喻国明：《智媒时代：传统媒体的市场机会与操作路线》，《传媒》2019 年第 4 期。
② 郭全中：《5G 时代传媒业的可能蓝图》，《现代传播（中国传媒大学学报）》2019 年第 7 期。

者和市场并进行相应广告决策和创意表现的能力。在传统广告时期，这两大核心能力的形成主要取决于人力。在智能广告时代，数据和技术成为驱动广告产业发展的核心要素，所有的广告业务运作，从市场和消费者的精准洞察，到广告的精准投放与分发，再到广告市场的程序化交易以及广告内容的程序化生产，无一不是建立在数据和技术的基础上。

一旦数据和技术逐步取代广告人的专业技能与专业智慧，谁拥有了数据和技术，谁就拥有了提供广告服务的能力，也就拥有了话语权和竞争优势，也就更能得到广告主的青睐。传统广告公司在数据和技术两个方面的缺失，为超大型的互联网企业进入广告产业提供了契机。超大型互联网企业，如国内的百度、阿里巴巴、腾讯、字节跳动，国外的脸书、谷歌、亚马逊等，都利用自身发展过程中所积累的用户、数据、技术优势，开发出诸种基于大数据和智能技术的广告技术、广告产品、广告模式，迅速入侵广告市场，成为新的广告产业主体。

以国内互联网公司巨头百度、阿里巴巴、腾讯（"BAT"）为例，百度利用强大的数据库支撑，推出了百度灵犀、百度司南、百度舆情等市场分析、消费者洞察与营销决策系统，还推出了百度推荐、百度推广、百度 SSP 媒体服务、百度云推送、百度联盟等广告投放平台和媒介资源供应管理平台，以及百度商业服务市场、百度语音、百度大脑等广告内容智能生产系统。阿里巴巴早在 2007 年就通过成立阿里妈妈布局广告营销领域，其推出的 UniDesk、淘宝直通车、智钻、超级推荐、淘宝客、品销宝、达摩盘、淘宝联盟、阿里指数等广告工具，已经帮助阿里妈妈获得了超过 50 亿次的日推广流量，其拥有的媒体矩阵日均浏览量已经达到 200 亿次。腾讯作为国内最大的社交网络平台，掌握着人们大量的关系数据和社交数据。腾讯广告（原广点通）是基于腾讯社交网络体系的大型数字广告平台，整合汇聚了腾讯公司旗下所有的应用场景和广告资源（如 QQ、微信、QQ 音乐、腾讯新闻、腾讯视频等），可以实现广告的多点投放，全面覆盖。

近年来，以字节跳动、拼多多、快手等为代表的新一批大型互联网企业，也开始积极布局广告业。根据中关村互动营销实验室发表的《2020 中国互联网广告数据报告》，2020年互联网广告收入排名前四的阿里巴巴、字节跳动、腾讯、百度共占据了当年互联网广告收入的 78%。[①] 可以预见，这些超大型互联网企业将在未来智能广告的发展过程中发挥着越来越重要的作用，成为广告产业不可缺少的关键主体。

▶ 二、强势的数据型与技术型公司

除了这些超大型互联网平台，一大批非广告专业类的数据型、技术型科技公司也如雨后春笋般大量涌现，纷纷转型为数字广告营销公司，将业务触角伸向广告市场。这些数据型、技术型公司凭借其数据资源、技术资源优势，复制并升级了广告的两大核心能力，从而强势地向广告产业渗透，不断占据传统广告产业的受众资源、客户资源、资本资源。这些强势的数据型与技术型公司大体上可以分为两类，其一是提供数据咨询服务，偏重于互

---

① 中关村互动营销实验室：《2020 中国互联网广告发展报告》，第 7 页。

动营销、精准营销的综合性服务公司，例如秒针系统、华扬联众、三星鹏泰、悠易互通等。他们以海量样本的数据系统为支撑，充分利用大数据挖掘与分析技术、人群定向技术、搜索引擎技术等手段，为广告主提供目标受众定位、程序化购买与广告精准投放、广告效果优化等一站式智能广告服务。其二是围绕程序化广告运作形成的广告产业链。这一类别的关键参与者包括各种广告技术公司，例如需求方平台、供应方平台、数据管理平台和程序化创意平台等。它们基于强大的技术资源，为程序化广告运作提供基本的技术设施，以及关键的技术应用，助力广告产业的智能化发展。这类公司有易传播、深演智能、筷子科技等。当然，随着广告技术开发和应用水平的不断提升，一些程序化广告技术公司也开始朝着提供综合服务的方向发展。截至 2021 年 6 月，我国程序化广告技术生态如图 14-1 所示。

图 14-1   中国程序化广告技术生态图

数据来源：RTB 中国官网

这些超大型互联网企业以及数据型、技术型公司的入驻，将加速新型广告产业"数据密集"与"技术密集"特征的进一步形成与确立，但同时会削弱传统广告公司的主体地位，挤压传统广告公司的生存和发展空间。在图 14-1 中，传统广告公司，除了省广集团，几乎难见踪影。这对传统广告业来说，既是严峻的挑战，也是一次难得的机遇。传统广告公司可以以此为契机，一方面，通过兼并重组对产业链上下游进行整合，实现规模扩张和集约化发展；另一方面，要不断强化产业间的专业化分工关系，建立资源共享机制，互惠合作。

传统广告公司可以将一些数据分析与技术开发活动，外包于数据型、技术型科技公司，而专注于自己具有竞争优势的研发生产活动。更重要的是，传统广告公司要不断提升智能广告的服务能力，趁机实现数字化与智能化的转型，提高广告产业的运行效率，从而为广告产业发展创造独特的价值。

第四节　智能广告发展的效应与障碍

智能广告作为一种新兴的广告形态，在发展过程中，必然促进广告产业走向科学化与高效化，进而带来巨大的产业经济效应。然而，智能广告的发展，也必然伴随许多新的发展阻碍，并带来一系列新的问题。

▶ 一、产业经济效应

从经济学视角来看，技术的创新和变迁是产业经济增长的重要驱动力。当技术的作用范围从企业内部扩展到企业之间、其他组织，再到产业层面时，便能带来巨大的产业经济效应。由于技术的落后，传统广告产业过度依赖于人力，存在广告生产周期较长、消费者识别模糊、广告效果难以测量等问题，耗费了巨大的财力、物力、人力。发展到今天，传统广告产业已深陷高成本、低效率、低效益的产业效应的困境之中。而在大数据、计算技术和人工智能等技术的作用下，广告产业的生产力得到提升，自然其经济效益也会随之攀升。在技术的推动下，广告产业将越来越朝着低成本、高收益、低投入、高产出的方向发展。

广告产业的智能化发展，将造成广告产业的颠覆性重构，更将带来巨大的产业经济增长效应。广告产业全链路的智能覆盖，将使广告生产的智能化与一体化越来越普遍。市场和消费者的精准洞察，广告的精准投放与分发，广告市场的程序化交易以及广告内容的程序化生产等，都推动广告运作带入"秒针"时代，极大压缩广告运作周期，且所有的广告业务运作都交由机器自动完成，以往所需的人力成本被大幅度削减。此外，在数据和技术的支持下，广告主可以实时洞察每一环节、每一渠道、甚至每一个接触点的广告效果，并根据数据反馈及时调整广告策略，使广告投入的每一分钱都花在刀刃上。更进一步说，低成本、高收益的业务运作将吸引越来越多的广告主加入，而广告主数量的增长又会反过来倒逼技术的不断升级与优化，促进广告运作效率与效能的持续提升，二者构成了双向促进的正循环机制。这将极大推动广告市场的繁荣，为整个广告产业带来巨大的经济效应。普华永道 2019 年 6 月 5 日发布《中国娱乐及媒体行业展望 2019—2023 年》，指出 2018 年中国网络广告收入 567 亿美元，继续成为全球第二大广告市场，预期未来五年将以 14% 的复合年增长率发展，至 2023 年达到 1 092 亿美元。[①]

---

① 普华永道：《中国娱乐及媒体行业展望 2019—2023 年》，第 2 页。

▶ 二、服务与利益

智能广告的发展和应用，还将为消费者与广告主带来高质量的信息服务与利益。

对消费者来说，首先，智能广告为他们提供真正精准化与个性化的信息服务。智能时代下的消费者识别与洞察，不仅仅是基于用户年龄、性别、职业、收入等人口统计学属性，更是进一步走向用户的心理和生物属性洞察。基于大数据挖掘与分析技术、生物识别技术以及情感分析技术，智能广告将实现消费者深层次的心理洞察和情感计算，提供真正个性化的广告内容与服务。其次，智能广告下的消费者体验将是与场景深度结合的。这不仅仅是指针对消费者地理位置的场景适配，更是说在 AR/MR/VR 等技术的支持下，所带来的现实场景与虚拟场景的深度融合。在这种状况下，智能广告传播将实现消费者与虚拟环境的深度互动，为消费者创造身临其境的真实存在感和临场感，以及由此而生的超越现实的沉浸体验。最后，智能广告将向着资讯化与泛形态化的方向发展。在传统广告业时代，广告信息具有强烈的劝服性，被视为诱导消费者消费的营销信息和商品信息，因此，大量的广告信息会引发消费者的反感和抵制。而智能广告将使广告变得越来越资讯化与泛形态化，有助于降低消费者的抵制心理，在保证广告精准传达的同时，为消费者提供及时、便捷、有用的信息。

对广告主来说，智能广告将打通品牌广告与效果广告的界限，提供"品效合一"的理想服务。品牌广告是以树立品牌形象，提升品牌知名度、美誉度和忠诚度为目的的一种业务类型，注重于长期的广告回报。效果广告则是追求短期效益的最大化，以促进销售和提升利润为目的。尽管在实际运作过程中，二者存在一些交叉之处，但追求品牌广告与效果广告的合一，无疑是广告传播的理想目标，也是任何广告主孜孜以求的美好愿景。在大数据分析及智能技术的支持下，广告主的每个广告都能准确触达目标消费者，实现品牌的精准曝光，并通过推送与消费者兴趣、爱好相符合的广告信息，增强消费者对品牌的忠诚度与美誉度。在此基础上，广告主还可以通过数字化运作平台，实时洞察广告传播效果，并根据消费者反馈及时调整传播策略，在品牌曝光的同时实现广告效果的优化。在智能广告的未来发展中，品牌广告与效果广告之间的界限将被彻底打通，给广告主带来巨大的收益。

▶ 三、数据与技术的可及性障碍

大数据时代广告产业科学化与高效化发展，是建立在大数据与大数据分析技术基础之上的。数据与技术成为广告发展的核心产业资源。

互联网、物联网以及各类移动设备和传感器等，生成并仍在持续不断地生成规模巨大的海量数据。这些规模巨大的海量数据，从理论逻辑上看似乎是可以共享的，实际情况却不是这样。这些规模巨大的海量数据，通常表现为一种高度离散型的数据状态，而可供使用的结构化数据，还只是极少数。对那些高度离散型的非结构化数据的采集、传输、存储与使用，需要巨大的资本力量与技术力量的支持。从目前状况看，还只有极少数大型互联网公司、数据公司和通信公司，掌握分析处理这种复杂巨量大数据的技术，因而它们成了大数据的富有者，甚至是数据霸主。对绝大多数中小型互联网公司来说，它们都存在一个数据可及性问题。大型互联网公司、数据公司和通信公司的数据采集与数据拥有，造成一个个独立的数据霸权，这些数据霸权又形成一个个"数据孤岛"。"数据孤岛"不仅极大削弱数据未能联通的数据价值，也更加强化了数据的不可及性。

联合国专家小组早在 2014 年的一份报告中就指出，随着大数据技术的重要性越发凸显，未来存在这样一种可能：一个全新的不平等边界将被撕开个口子，将世界分割为掌握数据的一拨人和不掌握数据的另一拨人。在这样一种状况下，未来的互联网广告产业，将出现明显两极分化的发展趋向，强者更强弱者更弱，富者更富穷者更穷。数据和技术的可及性障碍，将成为制约智能广告发展的重大障碍。

▶ 四、隐私风险与伦理危机

在智能广告的运作过程中需要大量的数据作为支撑，巨量的消费者数据不仅由用户在互联网中留下的行为轨迹构成，还包括消费者在现实世界中的消费及其他行为留下的信息数据。商家为了获取更精准的数据，高效地触达消费者，往往极尽所能地采集一切可获取的数据，因此，在实时搜集消费者行为数据的过程中时有侵犯消费者隐私的问题发生。在强势算法面前，消费者不知道自己的哪些数据被攫取，被攫取到何种程度，甚至被逼以自己的数据换取网络使用的便利。隐私权是公民的一项基本人格权利，网络隐私权是新时代下隐私权在网络中的体现，是指自然人在网上享有私人生活安宁、私人信息、私人空间和私人活动依法受到保护，不被他人非法侵犯、知悉、搜集、复制、利用和公开的一种人权。在未经消费者同意或在消费者毫不知情的情况下，数据被采集、被使用或交易，都是一种数据侵权行为。例如剑桥分析公司在 2018 年被指控不正当使用近 8 700 万脸书用户数据，并利用这些数据向脸书的用户进行政治广告投放，帮助特朗普在 2016 年美国总统大选中获胜。最终，剑桥分析公司于 2018 年 5 月 2 日宣布停止运营，而向剑桥分析公司提供数据的脸书也受到华盛顿特区的起诉，并受到国会传唤。

智能广告的发展建立在广告算法的基础上，而广告算法作为人的逻辑作品，是不可能做到完全的客观中立和价值无涉的。开发者的价值判断和主观倾向会不自觉地渗透到算法设计和运行的每一个环节。同时，因为算法与现实是一种"对等"或"同构"关系，往往会复制现实的不公，甚至是放大现实的成见。这样，就进一步造成对消费者的算法偏见与歧视。例如所谓的"大数据杀熟"就是一种基于算法，对老用户所实行的价格歧视。此外，信息传播中的"过滤气泡"问题，以及"信息茧房"问题，常被视为新闻算法的原罪，也毫无疑问地成为广告算法的重大原罪之一。基于消费者个性化识别的广告定向技术、广告个性化推荐技术，过滤与屏蔽着消费信息的多样性，集中向消费者进行个性化广告信息的推送，引导、固化消费者的消费欲念，进而操纵与控制消费者的消费需求和消费行为。在这种个性化识别与个性化广告推荐所形成的茧房中，消费者逐渐丧失自主判断力与选择能力，渐渐对其产生依赖，并在不知不觉中被其麻痹，被其俘获，被其囚禁，陷入一种可怕

5

的"被幸福地操纵"的风险中。[1]

总之，在智能广告的发展过程中，由于技术的力量，消费者的许多权利有的被迫让渡给算法，有的则被算法无情侵犯与剥夺。消费者面临的隐私风险和伦理危机将成为制约智能广告发展的重要因素。

思考题

1. 谈谈你对"智能技术密集"广告业的理解。
2. 论述广告智能化发展的精准化。
3. 简述广告智能化发展的一体化。
4. 论述智能广告的全面智能覆盖内涵。
5. 简述智能广告的产业主体。

本章即测即评

主要参考文献

1. 郭庆光：《传播学教程》，中国人民大学出版社 1999 年版。

2. 刘林清、杨同庆：《现代广告学》，经济管理出版社 2000 年版。

3. 倪宁编著：《广告学教程》，中国人民大学出版社 2001 年版。

4. 卫军英：《广告经营与管理》，浙江大学出版社 2001 年版。

5. 张金海：《广告经营学》，武汉大学出版社 2002 年版。

6. 何海明：《广告公司的经营与管理》第 2 版，中国物价出版社 2002 年版。

7. 黄升民、黄京华、王冰：《广告调查》，中国物价出版社 2002 年版。

8. 张金海、姚曦主编：《广告学教程》，上海人民出版社 2003 年版。

9. 黄升民等：《数字化时代的中国广电媒体》，中国轻工业出版社 2003 年版。

10. 周鸿铎、夏陈安等：《电视频道经营实务》，经济管理出版社 2005 年版。

11. 周三多、陈传明、鲁明泓编著：《管理学——原理与方法》第 4 版，复旦大学出版社 2006 年版。

12. 王庆春主编：《经济学原理》，重庆大学出版社 2006 年版。

13. 张金海、黄玉波编著：《现代广告经营与管理》，首都经济贸易大学出版社 2006 年版。

14. 曾振华、胡国华、黄清华编著：《广告学原理》，暨南大学出版社 2006 年版。

15. 朱强主编：《广告公司经营与管理》，武汉大学出版社 2007 年版。

16. 刘超编著：《广告媒体策略》，中国建筑工业出版社 2008 年版。

17. 杨善林主编：《企业管理学》，高等教育出版社 2009 年版。

18. 廖秉宜：《自主与创新：中国广告产业发展研究》，人民出版社 2009 年版。

19. 张金海、程明主编：《新编广告学概论》，武汉大学出版社 2009 年版。

20. 张金海、余晓莉主编：《现代广告学教程》，高等教育出版社 2010 年版。

21. 刘传红：《广告产业组织优化研究》，湖北人民出版社 2012 年版。

22. 廖秉宜、付丹：《广告产业经济学理论与实践研究》，学习出版社 2012 年版。

23. 芮明杰主编：《产业经济学》第 2 版，上海财经大学出版社 2012 年版。

24. 彭兰：《网络传播概论》第 4 版，中国人民大学出版社 2017 年版。

25. ［美］阿尔伯特·拉斯克尔：《拉斯克尔的广告历程》，焦向军、韩骏译，新华出版社 1998 年版。

26. ［美］克劳德·霍普金斯：《我的广告生涯·科学的广告》，邱凯生译，新华出版社 1998 年版。

27. ［美］格伦·布鲁姆等：《有效的公共关系》，明安香译，华夏出版社 2002 年版。

28.〔美〕大卫·奥格威:《广告大师奥格威》,庄淑芬译,机械工业出版社2003年版。

29.〔美〕大卫·奥格威:《一个广告人的自白》,林桦译,中国物价出版社2003年版。

30.〔美〕菲利普·科特勒:《营销管理》第11版,梅清豪译,上海人民出版社2003年版。

31.〔美〕威廉·阿伦斯:《当代广告学》第8版,丁俊杰、程坪等译,人民邮电出版社2006年版。

32.〔美〕大卫·奥格威:《一个广告人的自白》,林桦译,中信出版社2010年版。

33.〔古希腊〕亚里士多德:《政治学》,吴寿彭译,商务印书馆2017年版。

第一版后记

本教材的撰写，前后历时三年。撰写过程中，最感困难的是，如何符合本课程的规定，建构起一个较为合理的框架结构。初建，推倒，重建，再推倒，再重建，反复了几个过程，才成了现在这个模样。

武汉大学开设广告学专业，"广告经营"与"广告管理"分作两门课程。我最早开设了"广告经营"这门课程，并编写了一部《广告经营学》教材供学生使用。国内外同类教材中，比较多的是集中讨论广告公司的经营管理问题。现在将"广告经营"与"广告管理"合为一体，远超出广告公司经营管理的范畴，将媒介广告经营管理与企业广告营销一并纳入其中，"管理"也似乎超出了企业微观管理的范畴而涉及国家宏观层面的管理和产业中观层面的管理。本书内容丰富而庞杂，体系的建构自然倍显艰难。现在这个框架很难说已经完美，但总算还有一些特点，也可有些交代，并聊以自慰。

感谢高等教育出版社策划编辑杨亚鸿女士、武黎女士和责任编辑张然女士对本教材编撰切实而富有诸多启迪意义的指导和建议，感谢程明先生积极、负责而和谐的合作，还要感谢下列参与教材初稿编撰的诸位先生和女士，他们是：第一、二章，张颖洁；第三、四、五、六章，胡晨辉；第七、八、十章，肖江平；第九、十一章，钱广贵；第十二、十三章，李海英；第十四、十五章，杨漾、高运锋，感谢他们辛勤而富有成效的劳动。初稿反复退改了几次，最后由张金海、程明修改定稿。廖秉宜先生也参与了书稿的部分修订工作，在此一并致谢。

祈盼专家学者及广大读者不吝赐正。

张金海二〇〇五年十二月于武昌珞珈山

第二版后记

这本教材的编写是集体智慧的结晶。

2006 年，本教材的第一版由高等教育出版社出版，历经 7 年多的时间，被百余所高校广告学专业作为本科教学的教材使用。其间，很多高校担任本课程的教师曾多次询问和督促教材的再版工作，因繁重的教学、科研和其他无法推托的事务，再版工作一拖再拖，实在是辜负很多老师的信任和重托。2012 年，本教材有机会入选第一批"十二五"普通高等教育本科国家级规划教材（广告学全国共三种），使得教材的编撰工作提上日程。

这版教材的框架结构在初版教材的基础上进行了丰富、发展和完善。我们依然将"广告经营"与"广告管理"合为一体，这里的广告管理是对作为广告行为主体的广告经营的管理，区别于对广告行业和广告产业的国家宏观管理、行业自律管理和社会监督管理。广告市场和广告产业的发展和变化依然是我们关注的重心和重点，因为这是所有广告经营与管理活动的基础。

本教材的编写聚合了 12 所学校的精英来共同完成。本书的基本框架由张金海教授确立，并在吸取撰写团队诸位专家意见的基础上，进行了多次修订。大纲最终由张金海、程明具体完成。

感谢武汉大学新闻与传播学院副院长强月新教授和院长助理、广告学系主任姚曦教授对本教材的支持与关心。感谢高等教育出版社王友富副编审为教材的出版所提出的富有价值的建议和默契的配合。感谢撰写团队所有成员的精诚合作。还要感谢下列参与教材初稿编撰的诸位先生和女士，他们是：第一章，王玉洁（安徽师范大学）；第二章，马二伟（重庆工商大学）；第三章，颜景毅（郑州大学）；第四章，徐卫华（温州大学）；第五章，曾振华（江西师范大学）；第六章，杨同庆（首都经济贸易大学）；第七章，钱广贵（华中农业大学）、王忠（合肥工业大学）；第八章，黄迎新（中南民族大学）；第九章，段淳林、佘世红（华南理工大学）；第十章，高运锋（浙江工商大学）；第十一章，王忠。感谢他们辛勤的付出、积极的合作以及在撰写过程中表现出的高度的责任感。全书最后由程明修改定稿。马二伟副教授参与了部分章节的修订工作，在此一并致谢。

撰写团队开会讨论时，大家提出来要打造一本《广告经营与管理》的"经典"教材，书稿完成之际，"经典"我们不敢说，但我们一直在努力着。

我们诚恳祈盼专家学者及广大读者的批评指正。

张金海　程明　2013 年 7 月于武汉

第三版后记

　　本书为普通高等教育"十五"国家级规划教材，2006 年出版第一版。2012 年又入选"十二五"普通高等教育本科国家级规划教材，2013 年出版第二版。初版至今十多年时间，将近两百所高校持续使用，我们甚感欣慰。

　　第二版修订时，尚处于广告的互联网平移期，即使是互联网平台的广告经营与管理，也没有发生实质性的改变，因而书稿的整体框架，只是在第一版的基础上作了一些补充和完善，比如说在第一编中增加了"广告产业"一章，在第三编第九章中增加了"网络媒介的广告经营运作"一节。

　　第二版修订至今，又过去了将近 10 年时间。这 10 年，传统媒体仍在，传统媒体广告仍在，互联网平台的广告经营与管理却在计算技术嵌入下发生了颠覆性改变。教材旧有的"知识装置"，有必要作进一步补充和完善。

　　本次修订，重点思考了两个方面的问题。其一，尽管互联网平台的广告经营与管理发生了颠覆性改变，广告经营与管理的基础性知识并没有过时，"广告市场与广告产业""广告公司的经营与管理""媒介的广告经营与管理""企业的广告营销"仍然是其重要知识点。因此，教材已建构起的较为成熟的框架结构，仍然不作改变。但对其中许多重要问题，比如中国广告市场的发展现状、中国广告代理制的实施现状、中国广告产业的发展历程、跨国广告集团全球化扩张等，本版都作了数据与材料的更新。此一方面的工作，由程明教授与王灏博士生共同完成。其二，基于互联网平台广告经营与管理颠覆性改变的实际状况，在原有四编的基础上，另增设"智能时代网络平台的广告经营与运作"一编，将其作为一个新的"知识装置"组装进原有的框架结构，使之更为合理和完善。这是我们共同面对的新问题。第五编的具体章目由张金海和程明教授共同商定，特邀湖南师范大学曾琼教授执笔撰写。曾琼教授对计算广告颇有研究，近年在高级别刊物上发表过相关研究论文，是国内此一研究领域颇有影响的学者。总体修订完成后，由张金海、程明作最后审定。

　　教材一路走来颇为不易。感谢杨亚鸿、武黎、王友富、张然几位编辑老师为本教材的初版、再版所贡献的智慧和所付出的劳动，感谢武黎、洪世英两位老师为本次修订和出版所给予的精心指导与扶助。感谢一版二版以及本次修订合作的同学们、老师们、教授们、博士们。所有这一切我们都感铭在心。

　　"文章千古事，得失寸心知。"谨以此书就教于方家及读者诸君，惶然为记。

张金海　程明

2022 年 4 月 20 日于武汉